我国涉外商事审判
在全球经济治理中的作用路径及完善策略

FUNCTIONAL WAYS AND IMPROVEMENT STRATEGIES OF
FOREIGN-RELATED COMMERCIAL TRIALS OF CHINA
IN THE GLOBAL ECONOMIC GOVERNANCE

李伯轩 / 著

中国政法大学出版社

2023·北京

声　明　1. 版权所有，侵权必究。

　　　　2. 如有缺页、倒装问题，由出版社负责退换。

图书在版编目（CIP）数据

我国涉外商事审判在全球经济治理中的作用路径及完善策略/李伯轩著. —北京：中国政法大学出版社，2023.11
　ISBN 978-7-5764-1111-9

　Ⅰ.①我… Ⅱ.①李… Ⅲ.①涉外经济法－海商法－审判－研究－中国 Ⅳ.①D922.294.4

中国国家版本馆 CIP 数据核字(2023)第 179762 号

出　版　者	中国政法大学出版社	
地　　　址	北京市海淀区西土城路 25 号	
邮寄地址	北京 100088 信箱 8034 分箱　邮编 100088	
网　　　址	http://www.cuplpress.com（网络实名：中国政法大学出版社）	
电　　　话	010-58908285(总编室) 58908433（编辑部） 58908334(邮购部)	
承　　印	北京旺都印务有限公司	
开　　本	720mm×960 mm　1/16	
印　　张	16.25	
字　　数	253 千字	
版　　次	2023 年 11 月第 1 版	
印　　次	2023 年 11 月第 1 次印刷	
定　　价	75.00 元	

◎ 作者简介

　　李伯轩，男，山东青岛人，中国政法大学国际法学院副教授，法学博士，研究方向为国际经济法、国际争端解决，曾在《社会科学》《浙江大学学报（人文社会科学版）》《国际商务》《国际经贸探索》等刊物发表多篇学术论文，著有专著《我国可再生能源补贴制度的进路：国际经验的借鉴与 WTO 规则的考量》，并参与多部学术著作和教材的撰写，主持法治建设与法学理论研究部级科研项目、中国法学会部级法学研究课题、北京市社会科学界联合会青年社科人才资助项目等多个研究课题。

本书为 2021 年度法治建设与法学理论研究部级科研项目"我国涉外商事审判在全球经济治理中的作用路径及完善策略研究"（项目编号：21SFB3023）最终成果。

本书得到"中央高校基本科研业务费专项资金"资助（supported by "the Fundamental Research Funds for the Central Universities"）。

前 言

自 21 世纪以来，全球经济治理作为全球治理的一个重要分支得到了学界越来越多的关注。目前，以国际法为视角的全球经济治理方面的研究大多将注意力集中在行政机关主导的国际经贸规则的构建和国际合作的开展。相较而言，法院通过涉外商事审判参与全球经济治理方面的研究尚显薄弱。

在国内关于涉外商事审判的现有研究中，有学者提出，随着国际经贸交往的加深，我国法院在涉外商事审判中应更新观念，准确适用法律，合理化解纠纷；也有学者分析了涉外商事审判机构升级完善的路径及其对于增强我国司法国际公信力的现实意义；还有学者从实务操作的角度，对我国法院审理的涉外商事纠纷进行了类型化的分析。总体而言，这些研究多是聚焦于涉外商事审判解决纠纷的原生功能，但对其可能产生的外部效应关注较少。

在国外，随着全球治理理念的兴起，学者们开始注意到涉外商事审判与全球经济治理之间的联系。有学者探讨了全球法律多元化对全球经济治理的挑战以及来自涉外商事审判的回应；另有学者分析了为涉外商事审判提供指引的传统规范在全球经济治理中暴露出的不足以及改进方向；还有学者提出，国内法院具有借助涉外商事审判影响全球经济治理格局的能力。然而，这些研究对于涉外商事审判在全球经济治理中的作用机理的探索依然不够全面和深入。

与以往的研究相比，本书的创新点体现在三个方面：首先，本书探讨了我国涉外商事审判与全球经济治理的联系，以新的视角审视了我国涉外商事审判的价值；其次，本书揭示了我国涉外商事审判对全球经济治理的影响，以新的维度分析了我国涉外商事审判的功能；最后，本书提出了我国涉外商事审判在全球经济治理浪潮中的发展方向，以新的思路构设了我国涉外商事审判的完善策略。

本书对于我国涉外商事审判在全球经济治理中的作用路径及完善策略的

探究兼具理论和实践意义。就其理论意义而言，本书拓展了对于我国涉外商事审判的认知角度，丰富了相关研究的智力积累；挖掘了我国涉外商事审判与全球经济治理的内在联系，提升了相关研究的理论深度；实现了我国涉外商事审判与全球经济治理的理论对接，增强了相关研究的本土化水平。就其实践意义而言，本书有助于指引我国涉外商事审判的发展，服务我国对外开放格局；有助于推动我国参与全球经济治理，发挥我国维护国际公平正义的大国担当；有助于满足我国"一带一路"建设的法治需求，促成合作共赢的国际关系。

  本书共分为7章。第一章"我国涉外商事审判与全球经济治理的连接"旨在发掘我国涉外商事审判与全球经济治理之间的关联性。第二章"我国涉外商事审判对全球经济治理权分配的影响"、第三章"我国涉外商事审判对全球经济治理规则的影响"和第四章"我国涉外商事审判对全球经济治理的辐射效应"旨在揭示我国涉外商事审判在全球经济治理中发挥作用的方式。第五章"以对接全球经济治理为导向的我国涉外商事审判的理念升级"、第六章"以对接全球经济治理为导向的我国涉外商事审判的硬件建设"和第七章"以对接全球经济治理为导向的我国涉外商事审判的机制完善"旨在从理念、硬件和机制这三个方面，探究以对接全球经济治理为导向的我国涉外商事审判的完善策略。

  本书是2021年度法治建设与法学理论研究部级科研项目"我国涉外商事审判在全球经济治理中的作用路径及完善策略研究"的成果。在此，我想感谢我的工作单位中国政法大学对该项研究的支持，以及项目组成员孙海波、吴盈盈、车路遥、张建、阳兴龙、孙世民对该项研究的付出。希望本书能够丰富全球经济治理和涉外商事审判领域的研究成果，推动我国涉外商事审判在全球经济治理中发挥应有的作用。

李伯轩
2023年10月

目录 CONTENTS

第一章　我国涉外商事审判与全球经济治理的连接 …………… 001
第一节　我国在全球经济治理中的角色 ………………………… 001
一、全球经济治理的演进 ………………………………… 001
二、我国参与全球经济治理的外部环境与内在条件 ……… 009
三、我国推动全球经济治理变革面对的挑战与未来的走向 … 012
第二节　我国涉外商事审判概述 ………………………………… 016
一、涉外商事审判的特点 ………………………………… 016
二、我国涉外商事审判的发展 …………………………… 019
三、我国涉外商事审判的制度构造 ……………………… 024
第三节　我国涉外商事审判与全球经济治理的关联性 ………… 034
一、目标上的关联 ………………………………………… 034
二、手段上的关联 ………………………………………… 037
三、价值上的关联 ………………………………………… 039

第二章　我国涉外商事审判对全球经济治理权分配的影响 …… 043
第一节　全球经济治理权分配模式的演化 ……………………… 043
一、资本主义时期的吸纳模式 …………………………… 043
二、20世纪70年代后的嵌入模式 ………………………… 044
三、全球化震荡下的分化模式 …………………………… 047
第二节　我国涉外商事审判在全球经济治理权分配中的作用方式 … 049

一、在国家之间分配全球经济治理权 …………………………… 050
二、在国内机构与国际机构之间分配全球经济治理权 ………… 056
三、在政府机构与非政府组织之间分配全球经济治理权 ……… 060

第三节 我国涉外商事审判在全球经济治理权分配中的平衡之道 … 066
一、单边主义与多边主义的平衡 ………………………………… 066
二、己方利益与他方利益的平衡 ………………………………… 068
三、私人利益与公共利益的平衡 ………………………………… 071

第三章 我国涉外商事审判对全球经济治理规则的影响 ………… 077
第一节 全球经济治理规则的现状与展望 ………………………… 077
一、全球经济治理的规则导向性 ………………………………… 077
二、全球经济治理规则的体系架构 ……………………………… 079
三、全球经济治理规则的发展趋势 ……………………………… 085

第二节 我国涉外商事审判对全球经济治理规则的解释功能 …… 087
一、解释的价值 …………………………………………………… 087
二、解释的依据 …………………………………………………… 091
三、解释的方法 …………………………………………………… 094

第三节 我国涉外商事审判对全球经济治理规则的推进功能 …… 098
一、对国内法的推进 ……………………………………………… 098
二、对条约的推进 ………………………………………………… 100
三、对国际惯例的推进 …………………………………………… 102
四、对一般法律原则的推进 ……………………………………… 104

第四章 我国涉外商事审判对全球经济治理的辐射效应 ………… 107
第一节 对微观层面的案件当事人的影响 ………………………… 107
一、纠纷的化解 …………………………………………………… 107
二、行为的规导 …………………………………………………… 109

第二节 对中观层面的国内经济秩序的影响 ……………………… 110
一、规范市场主体的活动 ………………………………………… 110

二、营造良好的法治环境 ………………………………… 112
　　三、激发国内市场的活力 ………………………………… 113
第三节　对宏观层面的国际经济秩序的影响 ………………… 117
　　一、推动国际法治 ………………………………………… 117
　　二、促进生产要素流动 …………………………………… 121
　　三、增进合作共识 ………………………………………… 126

第五章　以对接全球经济治理为导向的我国涉外商事审判的
　　　　理念升级 …………………………………………… 131
　第一节　我国涉外商事审判功能的再认识 ………………… 131
　　一、法律功能 ……………………………………………… 132
　　二、经济功能 ……………………………………………… 134
　　三、政治功能 ……………………………………………… 135
　　四、社会功能 ……………………………………………… 137
　第二节　我国法院在涉外商事审判中的意识转型 ………… 139
　　一、主体意识 ……………………………………………… 140
　　二、利益意识 ……………………………………………… 142
　　三、互惠意识 ……………………………………………… 145
　第三节　我国涉外商事审判的价值取向 …………………… 148
　　一、国内法治与国际法治相协调 ………………………… 148
　　二、国家主义与全球主义相兼顾 ………………………… 150
　　三、被动司法与能动司法相结合 ………………………… 151

第六章　以对接全球经济治理为导向的我国涉外商事审判的
　　　　硬件建设 …………………………………………… 154
　第一节　涉外商事审判机构的专业化 ……………………… 154
　　一、我国涉外商事审判机构建设的现状 ………………… 154
　　二、国际商事审判机构建设的域外经验 ………………… 156
　　三、我国涉外商事审判机构的完善策略 ………………… 158

第二节　涉外商事审判法官的专业化 ······ 160
一、涉外商事审判法官专业化的现实意义 ······ 160
二、涉外商事审判法官培养机制的创新 ······ 162
三、涉外商事审判法官引进机制的探索 ······ 163
四、涉外商事审判法官管理机制的改进 ······ 165

第三节　国际商事专家委员会的智力支持 ······ 168
一、国际商事专家委员会的建设现状 ······ 168
二、专家委员选任机制的完善 ······ 170
三、专家委员工作机制的完善 ······ 172

第七章　以对接全球经济治理为导向的我国涉外商事审判的机制完善 ······ 175

第一节　以增强我国涉外商事审判国际公信力为目标的完善策略 ······ 175
一、抑制法律适用的任意性 ······ 175
二、矫正外国法查明的乱象 ······ 177
三、增进域外法解释的国际视角 ······ 180

第二节　以增强我国涉外商事审判国际影响力为目标的完善策略 ······ 184
一、重视典型案例的推广 ······ 184
二、激发对国际法塑造的参与 ······ 186
三、促进法官的国际交流 ······ 190
四、提升我国法院判决被承认与执行的可能 ······ 193

第三节　以增强我国涉外商事审判国际吸引力为目标的完善策略 ······ 197
一、进一步放开协议管辖中实际联系要求的限制 ······ 197
二、构建诉调仲有机衔接的涉外商事纠纷解决机制 ······ 200
三、推进涉外商事审判的信息化建设 ······ 205

参考文献 ······ 208

简称对照表 ······ 243

第一章

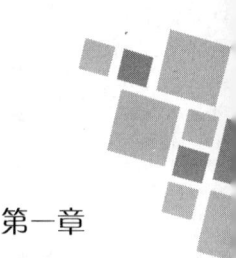

我国涉外商事审判与全球经济治理的连接

全球经济治理是全球治理的一个重要分支。在全球经济治理体系中,由行政机关主导的国际经贸规则的构建与国际合作的开展得到了广泛、持续的关注,而国内法院的作用却常常被低估甚至被忽视。事实上,在经济全球化的时代背景下,一国法院的影响力已然超越了法院地国的地理边界。

第一节 我国在全球经济治理中的角色

自党的十八大以来,我国对于全球治理日益重视。[1]近年来,我国正以更加积极的姿态参与全球经济治理,勇于在国际舞台上发出中国的声音。

一、全球经济治理的演进

全球经济治理是经济全球化的产物。它并非一成不变的,而是随着时代的发展不断演进。

(一)萌芽阶段

在1821年至1914年第一次经济全球化时期,贸易、资本和人员的跨国流动达到历史新高。[2]然而,此时的经济全球化尚未促成各工业化国家创设用于协调彼此利益的政府间机制,全球经济治理的理念和制度框架仍未成形。全球经济秩序的维系基本上依赖于各国政府对私人所作的随时以固定汇率将

---

[1] 在党的十八大之前,全球治理作为我国对外战略的宏观时代背景被提及。直至党的十八大,我国才明确提出了加强同世界各国的交流合作,推动全球治理机制变革的方针。参见蔡拓:《中国参与全球治理的新问题与新关切》,载《学术界》2016年第9期。

[2] 参见张宇燕:《全球经济治理:结构变化与我国应对战略研究》,中国社会科学出版社2017年版,第96~101页。

本国货币兑换成黄金的承诺。[1]

1816年，英国《金本位制度法案》确认了英镑锚定黄金的发行模式。金本位制的施行大大促进了英国经济的发展，使英镑成了全球的硬通货。英国的货币制度随后被其他欧洲国家所效仿。例如，德国于1871年，丹麦、瑞典、挪威于1873年开始实行金本位制。到19世纪末时，金本位制已经在资本主义国家获得了很高的普及度。在金本位制下，国际贸易收支的不平衡可以借助黄金的流动而恢复，所以各国政府并未感受到构建国际机制以干涉全球市场自发调节的迫切性。

在第一次世界大战前，国际金本位制包含了6条经典的法则：第一，固定的官方黄金价格，本币能够以此价格与黄金进行自由兑换；第二，黄金可以自由输入和输出，经常账户和资本账户的划转和交易不受限制；第三，银行券和铸币由被标记的国家黄金储备作支撑，存款货币的长期增长取决于金矿储备的可得性；第四，如若发生黄金外流所引发的短期流动性危机，国内银行可以以较高利率从中央银行处获得贷款；第五，假如一国本币与黄金的自由兑换临时中断，那么该国在危机过后应当尽快恢复兑换，必要时可以以国内经济的通货紧缩为代价；第六，各国的一般价格水平依赖于世界黄金供需市场。[2]前三条法则在实行金本位制的国家是有明文规定和自动执行的；后三条法则是这些国家为了维护金本位制在国际层面上的正常运行，而必须主动或被动加以遵守的。

在第一次世界大战爆发后，陷入战争的欧洲各国相继宣布停止本币与黄金的兑换以及本币与外币的兑换。[3]战争结束后，英法曾试图重建金本位制，但以失败告终。1932年，国际货币体系分化为三个阵营：一是由美国及其他继续保持金本位的国家组成的黄金集团；二是由英国和以本国货币盯住英镑的国家组成的英镑集团；三是以德国为首，由中东欧国家组成的外汇管制集团。为了留住黄金，英镑集团推动货币持续升值，外汇管制集团则直接限制

---

[1] 参见陈伟光、刘彬、聂世坤：《融合还是分立：全球经济治理制度变迁的逻辑》，载《东北亚论坛》2022年第3期。

[2] See Ronald I. McKinnon, "The Rules of the Game: International Money in Historical Perspective", *Journal of Economic Literature*, Vol. 31, No. 1, 1993, pp. 1–44.

[3] 参见陆寒寅：《再议金本位制和30年代大危机：起因、扩散和复苏》，载《复旦学报（社会科学版）》2008年第1期。

汇兑。他们的做法使黄金集团经受着严峻的维持储备的压力，最终导致黄金集团成员国放弃金本位制，转而采用浮动汇率。迈入浮动汇率时代后，各国经济政策的自主性得到了极大解放，但也催生了频繁的冲突。协调各国经济政策、构建开放的贸易体系和稳定的货币体系的必要性逐渐凸显出来。

（二）形成阶段

1944年，44个国家的代表在美国新罕布什尔州的布雷顿森林镇参加了举世闻名的布雷顿森林会议，以商讨全球经济秩序的重建问题。与会代表签署了《国际货币基金协定》和《国际复兴开发银行协定》。由这两个协定发展而来的国际货币基金组织（International Monetary Fund，以下简称IMF）和世界银行总部都设在了美国华盛顿。这是由当时美国在全球经济中的核心地位所决定的。

1947年，《关税与贸易总协定》（General Agreement on Tariffs and Trade，以下简称GATT）获得通过。该协定的秘书处设在了瑞士的日内瓦。这是欧洲为抗衡美国所作的安排。第二次世界大战后，欧洲开始反思内部的利益冲突和观念矛盾所导致的领导力旁落问题。1965年的《布鲁塞尔条约》将欧洲煤钢共同体、欧洲原子能共同体和欧洲经济共同体合并为欧洲共同体。建立欧洲共同体的主要目的是促进欧洲经济一体化，减少贸易和投资自由流动的阻碍。

在20世纪40至60年代期间，涉及人权、战争、海洋等国际公法内容的多边制度得到了确认。在达成政治共识的基础上，贸易、投资、金融等经济领域的多边调控机制随之受到了更多国家的接纳。法国著名思想家让·博丹（Jean Bodin）在《国家六论》中率先提出并系统论证了主权理论。[1]该理论的问世对于近现代国际关系的塑造和维系发挥了重要作用。[2]作为主权的下位概念，经济主权意指一国在对内对外一切经济事务方面所享有的独立自主之权。[3]博丹在《国家六论》中将主权描述为具有最高性、绝对性、永久性

---

[1] 此后，雨果·格劳秀斯（Hugo Grotius）、托马斯·霍布斯（Thomas Hobbes）、约翰·洛克（John Locke）、让—雅克·卢梭（Jean-Jacques Rousseau）、格奥尔格·威廉·弗里德里希·黑格尔（Georg Wilhelm Friedrich Hegel）、约翰·奥斯丁（John Austin）等学者从国际法、契约君主主权论、议会主权论、人民主权论、国家人格君主主权论、功利主义主权论等角度对主权理论进行了充实和发展。参见刘青建：《国家主权理论探析》，载《中国人民大学学报》2004年第6期。

[2] 参见刘仁山、徐敏：《论国家主权理论的新发展》，载《南京社会科学》2002年第9期。

[3] 参见陈安：《美国1994年"主权大辩论"及其后续影响》，载《中国社会科学》2001年第5期。

和不可分割性的特点。[1]受其影响,传统的经济主权观延续了绝对主权的理念。然而,经济全球化时代的来临给传统的经济主权观带来了巨大的冲击。[2]全球经济多边秩序的形成意味着国家不得不摒弃狭隘的利益观,将自身置于国际经济组织和国际经贸规则的约束之下。这是国家摆脱绝对主权观的束缚,在一定程度上让渡经济主权的体现。[3]

（三）动荡阶段

布雷顿森林体系确立了美国在世界经济中的主导地位。在 IMF 中,每个成员国拥有 250 票基本票的投票权。此外,他们的投票权还受到基金缴纳份额、向 IMF 的借贷情况等因素的影响。美国最初持有的总份额占基金总额的 31%,而 IMF 的重大决策需要 80% 以上的票数通过,特别重大的决策则需要 85% 以上的票数通过。这意味着 IMF 一切重大和特别重大的决策都离不开美国的同意。[4]1969 年,当《国际货币基金协定》经过第一次修订后,特别多数票的表决事项从 9 项增加至 21 项。1976 年,当《国际货币基金协定》经过第二次修订后,特别多数票的表决事项进一步增加至 53 项。特别多数票表决事项的增多加剧了以美国为首的发达国家与发展中国家之间的权力差距。[5]

布雷顿森林体系对于美国而言是把"双刃剑"。美国在从中获益的同时,也承受着其带来的不利影响。自 20 世纪 60 年代初起,因受到特里芬难题的困扰,布雷顿森林体系频繁出现由美国国际收支逆差加剧而导致的运行不畅。随着全球经济迅速发展,海外市场对美元的需求处于快速、持续增长的状态。此外,美国的财力在越南战争中被大量消耗。这些因素致使美国的财政赤字越发严重,美元信誉遭受了严重的打击。虽然美国政府采取了利率平衡税、"自愿对外信贷限制计划"和"对外直接投资计划"等一系列限制金融机构和跨国公司向外输出资本的举措,但收效甚微。

---

[1] 参见江河：《国家主权的双重属性和大国海权的强化》,载《政法论坛》2017 年第 1 期。

[2] 参见张学慧、谭红：《全球化背景下对国家主权的再思考》,载《当代法学》2004 年第 6 期。

[3] 参见张建英：《经济全球化中的国家主权让渡与维护》,载《社会科学战线》2002 年第 4 期。

[4] 参见胡键：《全球经济治理体系的嬗变与中国的机制创新》,载《国际经贸探索》2020 年第 5 期。

[5] 参见黄梅波：《国际货币基金组织的内部决策机制及其改革》,载《国际论坛》2006 年第 1 期。

1971年8月，理查德·尼克松（Richard Nixon）总统在全国电视讲话中公布了美国的"新经济政策"。依据该政策，美国将征收10%的进口附加税，暂停美元与黄金之间的兑换，并削减10%的对外援助。美国声称该政策的初衷是重振美元的国际地位以及推动国际货币体系的改革。美国的"新经济政策"单方面切断了美元与黄金的联系。这标志着作为布雷顿森林体系核心的"黄金—美元本位制"的瓦解。[1]在"新经济政策"公布之后，就美元贬值还是欧日货币升值的问题，西方国家展开谈判。1971年12月，IMF执行董事会和"10国集团"[2]代表在美国华盛顿史密森学会大厦达成了《史密森协定》。该协定的主要内容包括：美元对黄金贬值10%；其他发达国家对美元的汇率升值；维持固定汇率制，但汇率波动幅度上调至2.25%；美国承诺取消10%的进口附加税。通过《史密森协定》，美元实现了自《国际货币基金协定》签订以来的首次正式贬值。

事实上，美国既没有承诺将采取实质性的举措来维持新的汇率安排，也没有承诺将恢复美元与黄金之间的兑换。美国的真正意图在于借助外汇市场的持续波动，建立脱离黄金约束的美元本位制。尼克松总统曾提到，美国所期待的不是对布雷顿森林体系的局部修补，而是超越该体系的根本性变革。[3]由于美国奉行放任政策，大量美元涌入欧洲，引发了抛售美元的热潮。美国财政部部长乔治·舒尔茨（George Shultz）提议美元的第二次贬值，以推动浮动汇率的形成。[4]1973年2月，尼克松总统接受了舒尔茨的建议，宣布美元再次贬值10%。面对美国单方面的行动，英国、加拿大以及欧洲经济共同体国家被迫实行浮动汇率。[5]至此，维护固定汇率制的努力失败，《史密森协定》被废弃，作为布雷顿森林体系另一重要支柱的固定汇率制寿终正寝。[6]

---

〔1〕 参见舒建中：《试论美国与布雷顿森林体系的解体》，载《西南大学学报（社会科学版）》2017年第3期。

〔2〕 "十国集团"（Group-10）成立于1961年11月，成员国包括比利时、加拿大、法国、德国、意大利、日本、荷兰、瑞典、英国和美国。

〔3〕 参见舒建中：《试论美国与布雷顿森林体系的解体》，载《西南大学学报（社会科学版）》2017年第3期。

〔4〕 See John S. Odell, *U. S. International Monetary Policy: Markets, Power, and Ideas as Sources of Change*, Princeton University Press, 1982, p.313.

〔5〕 See Richard N. Cooper, "Prolegomena to the Choice of an International Monetary System", *International Organization*, Vol. 29, No. 1, 1975, p.87.

〔6〕 参见王在帮：《布雷顿森林体系的兴衰》，载《历史研究》1994年第4期。

布雷顿森林体系的消亡揭示出全球经济治理虽在形式上受制于多边机制，但在实质上依然未摆脱权力导向的阴影。美国凭借其在全球经济中的主导地位，左右着多边治理的格局，不断为美国霸权的延续找寻新的战略支点。[1] 现实主义主张，在世界政府缺位的情况下，国家若要生存和发展，便需要在任何情况下，尽可能地为自身谋取利益。[2]这反映出国家利益的一个基本属性，即冲突性。尽管全球化使得国家与国家之间相互依赖的程度逐渐加深，但是由于国家为自身谋利的本能，国际合作仍然存在难以克服的脆弱性。[3]

（四）探索阶段

在20世纪70年代，发生了两次石油危机。油价的暴涨不但加剧了石油进口国的贸易赤字，而且使得新确立的浮动汇率制面临巨大的冲击。[4]美国试图扩大美元的输出，以缓解其收支赤字。然而，这种做法依然无法扭转美国收支赤字增长的趋势，反而引发了全球性的通货膨胀。[5]经济的衰退导致失业率上升和贸易保护主义抬头。发达国家开始实行"新重商主义"的政策方针。战后得到普遍推崇的贸易自由化遭到严峻的挑战。国际市场陷入混乱和停滞状态，国际贸易摩擦明显增多。[6]

石油危机附带性地引发了拉美债务危机。脱离实际的经济发展目标、殖民时期遗留的畸形经济结构、欠妥的外债政策是此次危机发生的内在原因。石油危机作为外部原因起到了推波助澜的作用。面对石油危机，发达国家采取的紧缩政策将发展中国家特别是本就债务沉重的拉美国家推向了深渊，具体表现在：（1）发达国家不仅提高了进口关税，还设置了进口限额、严格的海关手续和质量检查等非关税壁垒；（2）发达国家压缩了对来自发展中国家

---

[1] 参见舒建中：《试论美国与布雷顿森林体系的解体》，载《西南大学学报（社会科学版）》2017年第3期。

[2] 参见李少军：《论国家利益》，载《世界经济与政治》2003年第1期。

[3] 参见李由：《全球经济治理机制变迁与中美方案的历史考察》，载《经济问题》2018年第6期。

[4] 参见徐孝明：《第二次石油危机的动因及其影响新探》，载《首都师范大学学报（社会科学版）》2009年第4期。

[5] See Thomas G. Paterson & J. Garry Clifford, *America Ascendant: US Foreign Relations Since 1939*, D. C. Heath & Company, 1995, p. 206.

[6] See Simon Bromley, *American Hegemony and World Oil: The Industry, the State System, and the World Economy*, Polity Press, 1991, p. 212.

的初级产品的需求,并有意压低此类产品的价格;(3)国际金融市场借贷利率飙升,达到20世纪30年代大萧条以来的最高水平,拉美国家的债务成本急剧增长;(4)发达国家大幅度削减了针对拉美国家的官方援助。[1]

20世纪60年代中期,发展中国家普遍对其在全球治理中与发达国家的参与地位不平等和获利不均衡的问题表达了不满。1974年,联合国大会通过的《建立新的国际经济秩序宣言》和《发展中国家经济合作行动纲领》旨在保障各个国家平等地参与国际经济事务,并对发展中国家的利益诉求给予了特别关注。石油危机和拉美债务危机的发生一方面使得南北差距问题愈发凸显,可另一方面也促使发达国家和发展中国家共同探索更加平衡的治理机制。例如,1975年,非洲、加勒比海和太平洋地区的46个发展中国家与欧洲经济共同体国家达成了《洛美协定》;1992年,美国、加拿大、墨西哥签署了《北美自由贸易协定》;1995年,由众多发达国家和发展中国家组成的世界贸易组织(World Trade Organization,以下简称WTO)开始正式运作。

(五)转型阶段

1997年的东亚金融危机和2008年的全球金融危机给世界经济造成了重创。在这两次危机之后,国际社会开始深刻反思已有的全球经济治理机制的有效性、公平性和合法性问题。首先,已有的机制存在权力结构失衡的弊病。WTO、IMF和世界银行被称为战后世界经济的"三驾马车",成为全球经济治理不可或缺的支柱力量。在既有的机制下,发达国家掌握了绝对的话语权,而新兴发展中国家的权力与其经济实力已不相匹配,失衡的权力分配导致治理体系内部矛盾加深,催生离心倾向,减损了治理的效果。其次,已有的机制存在规则设计的缺陷。一致同意的议事规则致使多边贸易体制几乎处于停滞状态,美国的一票否决导致WTO上诉机构停摆;IMF缺乏对系统性金融风险的预警能力,难以引导国际社会及时走出全球金融危机的泥潭;世界银行的份额结构、投票权的分配、执行董事会的组成和决策程序长期受到诟病,内部改革举步维艰。[2]最后,已有的机制难以适应新的经济样态。全球化、网络化、智能化、民主化的发展促使国际产业分工更加精细。这对实体间、

---

[1] 参见余文健:《拉美债务危机:成因与对策》,载《求是学刊》1992年第2期。

[2] 参见陈伟光、刘彬、聂世坤:《融合还是分立:全球经济治理制度变迁的逻辑》,载《东北亚论坛》2022年第3期。

产业间、国家间、区域间的政策协调提出了更高的要求。规模更大和融合度更高的集体行动更加依赖于自治的制度体系，而既有的治理机制已显滞后。[1]

面对运行不畅、内忧外患并存的全球经济治理，许多国家不禁心存疑虑，有的国家甚至选择退回到单边主义、保护主义的窠臼之中。全球化进程受阻，逆全球化抬头。可另一方面，全球经济所面临的严峻危机使国际社会深刻地意识到改革全球经济治理已是势在必行。外部因素和内部因素的共同作用促使全球经济治理进入转型期。在这一阶段，以平等为基础、以合作为动力、以开放为导向、以共赢为目标的全球经济治理观逐渐形成。在新理念的指引下，全球经济治理呈现出以下新特征：

第一，新兴经济体的话语权得以提升。从经济学的视角来看，全球经济治理在本质上属于全球公共品的提供。公共品的公共性体现在其供给和消费的主体不是单个个体，而是许多个体或集体。[2]经济实力衰退的传统强国会表现出怠于提供全球公共品的倾向，其他国家则可能基于自利的本性而选择"搭便车"。[3]全球公共品的供给不足必然会损害全球经济治理秩序的稳定。在此情况下，新兴经济体以全球公共品提供者的姿态更加积极和深入地参与全球经济治理便显得十分必要。提升新兴经济体的话语权是全球经济治理转型的重要一环。例如，IMF 在其机构改革中，赋予了有活力的新兴市场和发展中国家更多的份额比重和投票权；[4]世界银行发展委员会通过的改革方案包括从发达经济体向新兴经济体转移投票权。此外，在国际经济事务中，新兴经济体越发注重彼此之间的协调与合作，以期共同实现独立自主的发展。他们在国际经济组织内部协同行动、互补优势，并通过区域和跨区域的合作机

---

〔1〕 参见林跃勤：《全球经济治理变革与新兴国家制度性话语权提升研究》，载《社会科学》2020 年第 11 期。

〔2〕 参见裴长洪：《全球经济治理、公共品与中国扩大开放》，载《经济研究》2014 年第 3 期。

〔3〕 参见程永林、黄亮雄：《霸权衰退、公共品供给与全球经济治理》，载《世界经济与政治》2018 年第 5 期。

〔4〕 IMF 前总裁多米尼克·斯特劳斯—卡恩（Dominique Strauss-Kahn）曾表示，这是 IMF 成立以来的一次根本性的变革，也是最大规模的有利于新兴市场和发展中国家的权力调整，这样做是为了认可他们在全球经济中越来越大的作用。International Monetary Fund, "Press Release: IMF Executive Board Approves Major Overhaul of Quotas and Governance", 5 November 2010, https://www.imf.org/en/News/Articles/2015/09/14/01/49/pr10418, last visited on 11 May 2022.

第一章　我国涉外商事审判与全球经济治理的连接

制来提升其在全球经济治理中的地位。[1]如今，"金砖国家"（BRICS）、印巴南对话论坛（IBSA Dialogue Forum）、"二十国集团"（Group of 20）等合作机制正向世界展示出新兴经济体在全球经济治理中的大有可为。[2]

第二，既有治理机制得到完善升级。全球经济治理的转型并不意味着彻底推翻原有的治理机制，另起炉灶。对已有的机制加以完善是一种经济高效的实现全球经济治理升级的方式。比如，IMF 将代表权向有活力的经济体转移，提高了基本投票权，重视保护最贫穷国家的投票权益，开始使用新的份额计算公式；[3]为了强化总干事和秘书处推动多边贸易谈判的能力，WTO 选择发展中国家的代表担任总干事，并增加在秘书处任职的发展中国家工作人员的比例。[4]

第三，新型治理机制不断涌现。例如，在国际金融领域，深受金融危机影响东南亚国家认为，在频繁的国际资本流动和大幅度的汇率波动的冲击下，盯住大国汇率以保持货币稳定的成本过高，所以东南亚国家联盟（以下简称东盟）与中日韩三国在泰国清迈签订了建立区域性货币互换网络的《清迈协议》，由各国以外汇储备出资，设立货币互换安排；"金砖国家"在第五次领导人峰会上决定建立金砖国家新开发银行，以增强其对金融风险的抵抗能力和危机后的恢复能力，缓解对于美元和欧元的过度依赖，构筑共同的金融安全网。[5]

二、我国参与全球经济治理的外部环境与内在条件

在党的十八大后，我国不断提升参与全球经济治理的广度和深度。在全球经济治理变革的关键时期，积极推动全球经济治理体系向着更加公正合理的

---

〔1〕　参见徐秀军：《新兴经济体与全球经济治理结构转型》，载《世界经济与政治》2012 年第 10 期。

〔2〕　参见［美］迈尔斯·凯勒：《新兴大国与全球治理的未来》，游腾飞编译，载《学习与探索》2014 年第 10 期。

〔3〕　参见黄薇：《国际组织中的权力计算——以 IMF 份额与投票权改革为例的分析》，载《中国社会科学》2016 年第 12 期。

〔4〕　参见刘敬东：《浅析 WTO 未来之路——WTO 改革动向及思考》，载《法学杂志》2013 年第 4 期。

〔5〕　参见王燕、陈伟光：《经济全球化与全球经济治理的制度转型》，载《学术界》2018 年第 4 期。

方向发展是我国在当前外部环境和内在条件双重作用下的明智之举。[1]

(一) 我国参与全球经济治理的外部环境

第一,传统强国的衰退为我国参与全球经济治理创造了更为广阔的空间。第二次世界大战后,以美国为首的西方资本主义国家表现出了强烈的全球经济治理的愿景。然而,国际力量的此消彼长改变了这种局面。曾在国际舞台上十分活跃的美国逐渐回到了保护主义的老路上。作为全球经济治理的另一股重要力量,欧盟在英国脱欧、难民危机、债务危机等一系列事件的冲击下,对于塑造和维持国际经济秩序越发显得力不从心。中国有为增进全球福祉而承担大国责任的觉悟,有为维护全球经济持续健康发展而贡献智慧的意愿。中国积极参与全球经济治理能够满足国际社会对于公共品的需求,是符合国际社会的普遍期待和共同利益的。[2]

第二,治理机制改革的呼声为我国参与全球经济治理带来了绝佳的契机。现有的全球经济治理机制的代表性和有效性长期受到诟病。尤其是在新兴经济体蓬勃发展的今天,维护西方资本主义国家特权、忽视南北国家利益平衡的旧有体制已成为众矢之的。[3]作为发展中国家的一员,我国始终坚持共商共建共享的治理观,主张各国主权平等与和平共处,倡导以对话协商代替零和博弈。我国参与全球经济治理将有利于整体提升新兴经济体的国际话语权,切实推动南北国家的协调发展和互利共赢,显著增强治理的公正性和可持续性。

(二) 我国参与全球经济治理的内在条件

第一,迅速提升的经济实力是基本前提。1956 年,我国的经济总量仅为 1030.7 亿元,但到了 2020 年,我国的经济总量已经突破了百万亿元。这样的经济增长速度远高于同期世界经济的增长速度。[4]国家统计局于 2022 年 2 月发布的《2021 年国民经济和社会发展统计公报》显示,2021 年度,我国国内生产总值比上年增长 8.1%,在全球主要经济体中名列前茅,经济规模达到

---

[1] 参见张雪:《新时代中国参与全球经济治理:进展、挑战与努力方向》,载《国际问题研究》2022 年第 2 期。

[2] 参见张媛媛:《大变局下中国参与全球治理的机遇、挑战与策略》,载《甘肃社会科学》2021 年第 4 期。

[3] 参见秦亚青:《全球治理:多元世界的秩序重建》,世界知识出版社 2019 年版,第 128 页。

[4] 参见福建师范大学竞争力研究中心课题组:《中国共产党百年经济建设的辉煌成就与宝贵经验》,载《东南学术》2021 年第 4 期。

1 143 670 亿元，稳居全球第二大经济体。我国的人均国内生产总值超过 8 万元人民币，在世界人均国内生产总值水平之上，接近高收入国家人均水平下限。国家外汇管理局发布的《2021 年中国国际收支报告》显示，我国的外汇储备稳定在 3.2 万亿美元左右。[1] 作为一个发展起点低、人口基数大的发展中国家，我国的经济腾飞令人称奇。

第二，协调联动的内外政策是重要保障。我国若要将经济实力转化为全球经济治理的话语权，关键在于我国需要能够统筹国内和国际政策，使两者相互联结形成制度上的合力。近年来，一方面，我国通过宏观政策的优化，强化内部经济对全球经济系统的正面外溢效应；另一方面，我国积极地与其他全球经济治理主体展开交流互鉴，力图解决不同主体之间的制度、标准不对称的问题。在"十三五"期间，我国以"构建全方位开放新格局"为目标，坚定不移地扩大对外开放，加速国内制度与国际接轨的步伐，突破了全球经贸合作要素优化配置的制度障碍。[2] 2018 年的中央经济工作会议首次明确提出"制度型开放"的概念。制度型开放是在国际和区域间，通过贸易规则、投资规则、生产管理标准等方面的协调和融合来促进经济开放。它包含"对外开放"和"自我开放"两个层面。前者强调的是与国际通行的规则、管理手段、标准的对接；而后者强调的是构建规则和政策统一的国内大市场。[3] 我国参与全球经济治理的过程同时也是调和国内制度与国际制度的过程。在这一过程中，我国需要借鉴域外的有益经验，推动国内制度的完善和升级，对接国际先进做法；发挥自身优势，引领特定领域的制度安排，谋求适宜的制度空间；在制度竞争中保持开放学习的态度，积极应对制度挤压，持续提供制度供给，促成国内制度向国际制度的转化，塑造有利于自身发展的制度环境。[4]

第三，先进科学的治理理念是有力指引。全球经济治理体制的革新离不

---

[1] 参见国家外汇管理局国际收支分析小组：《2021 年中国国际收支报告》，载 http://www.gov.cn/shuju/2022-03/25/content_ 5681503. htm，最后访问日期：2022 年 5 月 16 日。

[2] 参见张雪：《新时代中国参与全球经济治理：进展、挑战与努力方向》，载《国际问题研究》2022 年第 2 期。

[3] 参见常娱、钱学锋：《制度型开放的内涵、现状与路径》，载《世界经济研究》2022 年第 5 期。

[4] 参见刘彬、陈伟光：《制度型开放：中国参与全球经济治理的制度路径》，载《国际论坛》2022 年第 1 期。

开正确理念的引导。[1]在关于全球经济治理未来走向的讨论中，不同治理主体的立场和方案实际上是他们所持治理理念的外化表达。我国能够在全球经济治理领域凝聚多方力量的重要原因在于具有中国特色全球经济治理理念的强大吸引力。习近平主席在国内外多个重要场合提到了构建人类命运共同体的伟大构想，以及打造开放、包容、普惠、平衡、共赢的新型经济全球化的愿景。[2]经济全球化的日益深化将世界各国各民族的利益和命运紧紧地联系在了一起。一个分裂的、充斥着斗争和对抗的国际经济体系最终将把人类的发展引至死胡同。我国的全球经济治理理念以维护全世界的和平与繁荣为基本出发点，以呼吁世界各国各民族携手并进、和谐共处为核心内容，反映了我国对世界发展趋势的准确把握和对全人类命运的深刻思索。[3]我国一贯主张世界命运由各国共同掌握，国际规则由各国共同书写，全球事务由各国共同治理，发展成果由各国共同分享。[4]我国倡导双赢、多赢、共赢的新格局，摒弃你输我赢、赢者通吃的旧模式，呼吁增加新兴市场国家和发展中国家在全球经济治理中的话语权，推动各国在全球经济合作中的权利平等、机会平等和规则平等。[5]

三、我国推动全球经济治理变革面对的挑战与未来的走向

百年未有之大变局为我国参与全球经济治理创造了难得的机遇。然而，复杂多变的国际局势、挥之不去的旧有观念、层出不穷的经济样态为我国推动全球经济治理变革提出了严峻的挑战。我国应如何在全球经济治理中发挥出应有的作用是一个值得深思的问题。

（一）我国推动全球经济治理变革面对的挑战

首先，西方国家的对华政策造成的阻碍。依据结构现实主义"权力位势"的观点，国际结构改变的核心原因在于国家实力对比的变化，即一个国家在

---

[1] 参见罗来军：《推动全球治理体制更加公正合理》，载《红旗文稿》2021年第3期。
[2] 参见高杨、曲庆彪：《人类命运共同体理念与新型经济全球化愿景》，载《西北民族研究》2022年第2期。
[3] 参见杨洁勉：《牢固树立人类命运共同体理念》，载《求是》2016年第1期。
[4] 参见习近平：《共同构建人类命运共同体——在联合国日内瓦总部的演讲》，载http://www.xinhuanet.com/2017-01/19/c_1120340081.htm，最后访问日期：2022年5月19日。
[5] 参见王新萍等：《平等、开放、合作、共享，共同完善全球经济治理（G20再出发·构建创新、活力、联动、包容的世界经济）》，载http://world.people.com.cn/n1/2016/0918/c1002-28719448.html，最后访问日期：2022年5月19日。

权力结构中的位置高低取决于该国与他国相比的相对实力的强弱。[1]国家的相对实力越强,其在权力结构中的位势就越高,安全压力会越低;反之,国家的相对实力越弱,其在权力结构中的位势就越低,安全压力会越大。权力位势的稀缺性诱使不同国家陷入了带有零和性的"位势竞争"之中。[2]我国综合实力的不断提升触动了西方国家的神经。他们妄图通过在国有企业、产业补贴、技术转让等方面采取集体行动,构建高标准、小范围、包含排他性条款的经贸安排,来遏制我国的经济发展。[3]

其次,逆全球化的沉渣泛起造成的阻碍。全球化是国与国之间的联系不断深化的过程,是人类社会发展的必由之路,是不可逆转的历史趋势。[4]然而,全球化的进程并不是一帆风顺的,而是在曲折中盘旋上升。[5]逆全球化是全球化发展到一定历史阶段后滋生出来的一种倾向。它与全球化此消彼长、互为掣肘。逆全球化的勃兴意味着全球化的式微,反之亦然。西方发达国家是当前逆全球化的始作俑者。究其原因:一方面,发达国家内部收入分配机制的痼疾、严重的社会分化、长期的经济低迷给民粹主义、孤立主义的泛起创造了机会,政府错误地将这些问题归咎于经济全球化,从而走上了保护主义的老路;另一方面,在百年未有之大变局下,经济全球化的红利正向着发展中国家倾斜,全球经济治理的话语权也在向着发展中国家转移,福利的衰减和主导权的流失导致发达国家爆发出了抵制全球化的非理性情绪。[6]在逆全球化思潮的裹挟下,发达国家开始采取孤立、保守的对外经济政策。

最后,新兴领域的治理困境造成的阻碍。新兴领域治理需求的出现伴随着治理主导权的竞争,涉及大国间的博弈以及参与国利益的重新分配。不少

---

[1] See Kenneth N. Waltz, *Theory of International Politics*, McGraw-Hill, 1979, pp. 102-105.

[2] See Randall L. Schweller, "Realism and the Present Great Power System: Growth and Positional Conflict over Scarce Resources" in Ethan B. Kapstein & Michael Mastanduno eds., *Unipolar Politics: Realism and State Strategies after the Cold War*, Columbia University Press, 1999, p. 28.

[3] 比如,美国、加拿大和墨西哥三国达成的《美加墨协定》规定了"毒丸条款",以限制缔约方与"非市场经济国家"签订自由贸易协定。

[4] 参见江时学:《"逆全球化"概念辨析——兼论全球化的动力与阻力》,载《国际关系研究》2021年第6期。

[5] 参见佟家栋、何欢、涂红:《逆全球化与国际经济新秩序的开启》,载《南开学报(哲学社会科学版)》2020年第2期。

[6] 参见马超、王岩:《逆全球化思潮的演进、成因及其应对》,载《思想教育研究》2021年第6期。

国家仍受到零和博弈思维模式的束缚,将竞争和对抗视为经济全球化过程中的永恒主题,而将合作和共赢视为实现自身利益诉求的有限的、暂时的、妥协性的手段。这使得新兴领域的治理面临着"制度惯性"和"路径依赖"的难题。[1]此处以数字经济治理为例。尽管数字经济已成为促进全球经济增长的新支点,但是由于不同国家持有相左的观点,所以围绕该问题所进行的WTO多边谈判进展缓慢。相关的议题已被纳入区域性和双边性的治理框架之中。然而,参与国在隐私保护、国家数据主权、本地存储要求、数据垄断、强制授权、关税征收等方面依然存在明显的分歧。[2]鉴于发达国家相互之间以及发达国家与发展中国家之间的立场差异一时间难以消弭,数字经济治理仍有很长的一段路要走。[3]

(二)我国推动全球经济治理变革的未来走向

第一,持续推进经济高质量发展,夯实全球经济治理话语权的物质基础。我国经济实力的稳步提升是我国在全球经济治理中发挥影响的重要前提。改革开放40余年来,我国经济已迈入了高质量发展的新阶段。高度重视并积极应对经济发展的"速度换挡节点"、"结构调整节点"和"动力转换节点"是我国未来经济工作的重点之一。我国应当立足新阶段、贯彻新观念、建构新格局。首先,我国应将社会主义制度与市场经济深入有机结合,不断解放和发展生产力;[4]其次,我国应深化供给侧结构性改革,不断优化产业结构,加快构建现代化的产业体系;[5]最后,我国应重视科技在推动经济发展方面

---

[1] 参见韩召颖、吕贤:《全球经济治理创新:一项基于议题调适和规则重构的分析》,载《世界经济与政治论坛》2021年第1期。

[2] 参见王中美:《跨境数据流动的全球治理框架:分歧与妥协》,载《国际经贸探索》2021年第4期。

[3] 比如,欧盟和美国在跨境数据流动问题上持不同立场。欧盟将个人隐私保护视作开展跨境数据流动的前提条件;而美国则致力于推动跨境数据的自由、高效的流动,以期充分释放数据流动的经济效能。相应地,欧盟和美国采纳了不同的跨境数据流动规制模式。欧盟采用的是以地理区域为基准、充分保护为前提的事前防御规制模式,而美国采用的是以国籍管辖为基准、问责制为前提的事后监管规制模式。参见刘宏松、程海烨:《跨境数据流动的全球治理——进展、趋势与中国路径》,载《国际展望》2020年第6期。

[4] 参见"中共中央关于坚持和完善中国特色社会主义制度 推进国家治理体系和治理能力现代化若干重大问题的决定",载http://www.gov.cn/zhengce/2019-11/05/content_5449023.htm,最后访问日期:2022年5月21日。

[5] 参见李金华:《供给侧改革背景下新兴经济体发展现实比较及延伸思考》,载《财贸经济》2020年第4期。

的潜力，紧跟科技发展的潮流，准确把握科技发展的动向，在新技术革命中掌握主动、有所作为。

第二，促进高水平的对外开放，充分融入经济全球化的时代大潮。得益于对外开放，我国有效利用了国内国外两个市场，充分共享了全球化的红利，缔造了后发国家经济发展的奇迹。随着我国全面开启社会主义现代化建设的新征程，我国的对外开放也需要向着更高层次迈进，由流动型开放向制度型开放转变。流动型开放属于"边境开放"，即通过减少关税和非关税壁垒促进商品和生产要素的自由流通；而制度型开放属于"边境后开放"，即要求国内的制度和管理体系与国际高标准的经贸规则相衔接和相兼容。[1]制度型开放不仅是我国深度参与全球经济治理体制改革，稳步提升制度性话语权的重要保障，还是推进国家治理体系现代化的必要途径。[2]为了实现高水平的对外开放，我国应当加强自身在全球产业链、供应链、技术链中的地位，提升抗击经济波动的能力，防范地缘政治对我国经济内循环可能造成的冲击；推动产业数字化和数字产业化，提高贸易便利化水平，增强我国的国际竞争比较优势；优化进出口结构，合理限缩贸易顺差；继续推进自由贸易试验区和自由贸易港的建设，打造新型竞合态势，构建具有全国性、全域性、全功能性的开放新格局。[3]

第三，坚持和维护多边主义，推动合作共赢的国际关系。两次世界大战给全人类带来了惨痛的教训：歧视性的国际安排将不可避免地加剧国际冲突。因此，第二次世界大战后的多边主义更加强调各国主权平等，倡导各国寻求共识。多边主义要求依靠制度而不是权势来维持世界秩序，依靠协商而不是压迫来管理共同事务，依靠互谅而不是威胁来达成国际合作。[4]全球经济治理针对的是全球性问题，回应的是不同国家的共同关切。它与多边主义的理念价值具有内在的一致性。多边主义已经被实践反复证明是解决全球经济问题的唯一和平方案。进入21世纪以来，在全球权力结构发生深刻变化的背景下，多边主义遭受了巨大的冲击。然而，即便是在如此艰难的时期，我们依

---

[1] 参见赵龙跃：《高水平对外开放的理论创新与战略抉择》，载《人民论坛·学术前沿》2022年第1期。
[2] 参见张智奎：《新时代推动制度型开放的挑战与路径选择》，载《国际贸易》2021年第7期。
[3] 参见姚树洁：《中国高水平对外开放的内在逻辑及战略路径》，载《人民论坛·学术前沿》2022年第1期。
[4] 参见秦亚青：《世界秩序的变革：从霸权到包容性多边主义》，载《亚太安全与海洋研究》2021年第2期。

然应当高举多边主义的大旗，坚信单边主义、霸权主义、保护主义是违背历史发展规律的，是注定行不通的。[1]我国是多边主义坚定的践行者和维护者。2021年1月，习近平主席在世界经济论坛发表《让多边主义的火炬照亮人类前行之路》的致辞。他强调，国际事务应由大家共同商量，世界的前途应由各国共同掌握，绝不能把个别国家制定的规则强加于他人。我国外交部于2023年9月发布的《关于全球治理变革和建设的中国方案》再次表明了我国坚持多边主义、反对单边主义和保护主义的立场，以及推动经济全球化朝着更加开放、包容、普惠、平衡、共赢的方向发展的愿景。我国未来将继续实施互利共赢的开放战略，以实际行动践行多边主义，向世界证明中国的发展不但能造福自身，而且将惠及世界。[2]

第二节　我国涉外商事审判概述

对外开放使得涉外商事案件的数量逐渐增多，类型不断丰富。我国的涉外商事审判便是随着对外开放的浪潮逐步发展起来的。

一、涉外商事审判的特点

审判是指在争议当事方以及其他第三方的参与下，中立的法官对案件进行审理并加以判决的活动。[3]它是审理和判决的合称。审理包括搜集证据、审查证据、询问证人等活动，目的是查明案件的事实，确认案件的性质；判决则是要根据案件的事实和性质，适用相关法律，给出处理的结果。涉外商事审判是审判的一个分支。它具有以下特点：

第一，涉外商事审判针对的是涉外案件。已失效的《中华人民共和国涉外经济合同法》（以下简称《涉外经济合同法》）第2条曾从订立合同主体的角度规定了经济合同的涉外性认定标准。[4]《最高人民法院关于贯彻执行

---

〔1〕参见丑则静：《维护践行多边主义破解全球治理之困》，载《红旗文稿》2021年第10期。

〔2〕参见侯冠华：《习近平多边主义重要论述探析》，载《理论探索》2021年第2期。

〔3〕参见闵春雷：《以审判为中心：内涵解读及实现路径》，载《法律科学（西北政法大学学报）》2015年第3期。

〔4〕《涉外经济合同法》第2条规定，本法的适用范围是中华人民共和国的企业或者其他经济组织同外国的企业和其他经济组织或者个人之间订立的经济合同。但是，国际运输合同除外。

〈中华人民共和国民法通则〉若干问题的意见（试行）》（以下简称《民通意见》）第178条对《涉外经济合同法》中的主体标准加以扩展，提出了涉外民事关系的3种情形，即主体涉外、标的物涉外和法律事实涉外。[1]2020年修正的《最高人民法院关于适用〈中华人民共和国涉外民事关系法律适用法〉若干问题的解释（一）》（以下简称《法律适用法司法解释（一）》）第1条和2022年修正的《最高人民法院关于适用〈中华人民共和国民事诉讼法〉的解释》（以下简称《民事诉讼法司法解释》）第520条规定了5种涉外民事关系的情形，除前述《民通意见》第178条中的3种情形外，还增加了经常居所地涉外以及兜底性条款。[2]《最高人民法院关于设立国际商事法庭若干问题的规定》（以下简称《国际商事法庭规定》）第3条就最高人民法院国际商事法庭受理案件的涉外性认定标准作出了规定。该条款与前述《法律适用法司法解释（一）》第1条和2022年《民事诉讼法司法解释》第520条的规定基本一致，只是不含兜底性条款。[3]在《涉外经济合同法》之后，我国一直是通过司法解释来界定何为涉外。曾有专家建议将这一问题在法律中加以明确，[4]但是从目前的情况来看，司法解释途径更有利于以灵活的方式调整

---

[1]《民通意见》第178条第1款规定：“凡民事关系的一方或者双方当事人是外国人、无国籍人、外国法人的；民事关系的标的物在外国领域内的；产生、变更或者消灭民事权利义务关系的法律事实发生在外国的，均为涉外民事关系。”

[2]《法律适用法司法解释（一）》第1条和2022年《民事诉讼法司法解释》第520条均规定了5种涉外民事关系的情形，但是两个条款的措辞略有不同。《法律适用法司法解释（一）》第1条规定：“民事关系具有下列情形之一的，人民法院可以认定为涉外民事关系：（一）当事人一方或双方是外国公民、外国法人或者其他组织、无国籍人；（二）当事人一方或双方的经常居所地在中华人民共和国领域外；（三）标的物在中华人民共和国领域外；（四）产生、变更或者消灭民事关系的法律事实发生在中华人民共和国领域外；（五）可以认定为涉外民事关系的其他情形。”2022年《民事诉讼法司法解释》第520条规定：“有下列情形之一，人民法院可以认定为涉外民事案件：（一）当事人一方或者双方是外国人、无国籍人、外国企业或者组织的；（二）当事人一方或者双方的经常居所地在中华人民共和国领域外的；（三）标的物在中华人民共和国领域外的；（四）产生、变更或者消灭民事关系的法律事实发生在中华人民共和国领域外的；（五）可以认定为涉外民事案件的其他情形。”

[3]《国际商事法庭规定》第3条规定：“具有下列情形之一的商事案件，可以认定为本规定所称的国际商事案件：（一）当事人一方或者双方是外国人、无国籍人、外国企业或者组织的；（二）当事人一方或者双方的经常居所地在中华人民共和国领域外的；（三）标的物在中华人民共和国领域外的；（四）产生、变更或者消灭商事关系的法律事实发生在中华人民共和国领域外的。”

[4]参见王胜明：《涉外民事关系法律适用法若干争议问题》，载《法学研究》2012年第2期。

涉外性的认定标准，及时地回应时代发展。〔1〕

第二，涉外商事审判处理的是商事关系。商事关系是社会生产力发展到一定阶段的产物。私有制的出现意味着一主体不能随意占有其他主体的物品，从而催生出以等价交换为基本原则的商品交换制度，商事关系由此形成。法学意义上的商事概念建立在对不同时期的商事实践和商事习惯加以概括的基础之上。〔2〕商事关系在若干方面区别于民事关系。（1）参与主体方面。民事关系的主体多为具有民事权利能力的自然人；而商事关系的当事人至少有一方为商主体。商主体是指具有商事权利能力，享有商事权利和承担商事义务的个人和组织。持续地从事某种经营活动是商主体的基本特征。与民事主体相比，商主体的外延较小。只有具备法定条件、被法律允许从事商事活动，并办理了相关核准登记手续的民事主体，才能成为商主体。（2）主观目的方面。商主体作为理性的"经济人"，以利润最大化为行为出发点。商主体的逐利行为对个人财富和社会财富均能起到增进作用。商事审判应依法保护和鼓励商主体通过正当手段和合法途径去获取经济利益。〔3〕（3）外在表现方面。在民事关系中，即便存在交易行为，该行为也多以满足主体的自身生活需求为目的，交易链短；而商事关系中的交易以营利为目的，具有集团交易和系列交易的特点，交易链长。（4）纠纷解决方面。一旦商主体之间发生纠纷，他们更愿意选择带有强制性的裁判手段来维护自身的利益，表现出一种争财不争气的理性态度；而民事关系则掺杂了更多的市民伦理道德，所以在民事纠纷中，有的当事人更在乎获得感情上的慰藉和情理上的支持。（5）变化性方面。在良性竞争状态下，商主体在确定交易对象时保有双向选择权，同类商主体之间的相互可替代性使得商事关系更加灵活和多变；而在有些民事关系中，存在不宜变动或不可变动的情形，〔4〕此类民事关系更为注重对静态关系的确认，而非对动态关系的规制。〔5〕

---

〔1〕 参见张春良：《制度型对外开放的支点：私法关系涉外性之界定及重构》，载《中国法学》2019年第6期。

〔2〕 参见赵万一：《商法》，中国人民大学出版社2017年版，第3~4页。

〔3〕 参见胡道才：《发挥商事审判的规制指引功能 推进社会管理创新》，载《人民司法》2011年第1期。

〔4〕 比如，法律和道德不鼓励婚姻关系的频繁变动，自然血亲关系完全不以民事主体的意志为转移等。

〔5〕 参见江必新：《商事审判与非商事民事审判之比较研究》，载《法律适用》2019年第15期。

第三，涉外商事审判涉及专业交易。通常而言，商事交易复杂度高且专业性强。这不可避免地增加了涉外商事审判的难度。比如，我国企业境外间接上市所引发的纠纷是一类典型的涉外商事案件。我国企业境外间接上市可分为三个阶段：（1）设立离岸公司；（2）离岸公司以股权收购、股权置换、资产并购等手段反向收购境内公司；（3）由离岸公司申请境外上市。在上述每个阶段，均有可能产生纠纷。[1]不同于普通公司，离岸公司是在离岸法域注册成立的公司，其注册登记地与实际经营地相分离。这使得法院在审理涉及离岸公司的案件时需要在管辖权、准据法、送达等方面创新性地适用法律。关联交易在境外间接上市案件中普遍存在。反向并购、换股等交易形式是实际控制人利用公司制度，将资产从左手倒向右手的过程。[2]关联交易的广泛存在致使法官常常难以查明交易的真实性，也对保护第三人的合法权益提出了挑战。

二、我国涉外商事审判的发展

在改革开放之前，我国的对外经济交往并不活跃。在这一时期，我国法院鲜有涉外商事审判的实践。改革开放的施行大大促进了我国涉外商事审判的发展。这不仅体现在涉外商事审判的法律依据更加完备，而且体现在涉外商事审判走上了专业化的道路。

（一）审判依据的完善

为了适应改革开放所带来的调整涉外民商事关系的现实需要，我国从 20 世纪 80 年代起逐步在若干国内法中加入关于涉外民商事关系的规定。比如，1985 年《涉外经济合同法》第 5 条规定，涉外经济合同的当事人有权选择处理合同争议所适用的法律，如果当事人未作选择，则适用与合同有最密切联系国家的法律；1985 年《中华人民共和国继承法》（以下简称《继承法》）第 36 条规定，当我国公民继承我国境外的遗产或者继承我国境内的外国人遗

---

[1] 例如，在境外公司收购境内公司过程中，可能产生股权转让纠纷；在境外公司协议控制境内公司过程中，可能产生合同纠纷；在当事人为了企业境外上市而向其他企业融资过程中，可能产生借贷纠纷等。参见麻锦亮：《"走出去"纠纷：涉外商事审判面临的挑战与应对》，载《法律适用》2014 年第 12 期。

[2] 例如，在北京佳程房地产开发有限公司诉香港佳程广场有限公司等借款合同纠纷再审案中，北京佳程公司主张其与香港佳程公司之间关于佳程大厦的买卖是为了配合香港佳程公司上市。参见（2016）最高法民申 578 号。

产时，或者当外国人继承我国境内的遗产或者继承我国境外的中国公民遗产时，动产适用被继承人住所地法律，不动产适用不动产所在地法律；1986年《中华人民共和国民法通则》（以下简称《民法通则》）第8章"涉外民事关系的法律适用"包含9个条款，涉及涉外民事行为能力的法律适用、涉外不动产所有权的法律适用、涉外合同的法律适用、涉外侵权行为的法律适用、涉外婚姻关系的法律适用、涉外扶养关系的法律适用、涉外继承关系的法律适用等问题；1991年《中华人民共和国收养法》第20条规定，在我国收养子女的外国人应提供收养人的年龄、婚姻、财产、职业、健康、有无受过刑事处罚等情况的证明材料，这些材料必须经过收养人所在国公证机构或公证人的公证，并且需要经过我国驻该国使领馆的认证；1992年《中华人民共和国海商法》（以下简称《海商法》）第14章"涉外关系的法律适用"包含9个条款，涉及国际条约和惯例的适用、法律适用的约定、船舶所有权的法律适用、船舶抵押权的法律适用、船舶优先权的法律适用、船舶碰撞的法律适用、共同海损理算的法律适用、赔偿责任限制的法律适用等问题；1995年《中华人民共和国票据法》（以下简称《票据法》）第5章"涉外票据的法律适用"包含8个条款，涉及涉外票据的定义、涉外票据债务人民事行为能力的法律适用、涉外票据出票时记载事项的法律适用、涉外票据追索权行使期限的法律适用等问题；1995年《中华人民共和国民用航空法》（以下简称《民用航空法》）第14章"涉外关系的法律适用"包含7个条款，涉及涉外民用航空器所有权的法律适用、涉外民用航空器抵押权的法律适用、涉外民用航空器优先权的法律适用、涉外民用航空器对地面第三人损害赔偿的法律适用等问题；1999年《中华人民共和国合同法》（以下简称《合同法》）第126条规定，涉外合同当事人有权选择处理合同争议所适用的法律，但法律另有规定的除外，如果当事人未作选择，应适用与合同有最密切联系的国家的法律。

法官是"法律的嘴巴"。[1]一方面，包含涉外条款的国内法的出现为法官审理涉外民商事案件提供了白纸黑字的法律依据；另一方面，立法的滞后性促使法官需要对已有的国内法进行"释法补漏"。在这一过程中，最高人民法院及时总结了法官在涉外民商事审判中遇到的现实问题，并就此颁布了一

---

[1] 参见［德］G·拉德布鲁赫：《法哲学》，王朴译，法律出版社2005年版，第75~76页。

系列颇具指导意义的司法解释。比如，1985年《最高人民法院关于贯彻执行〈中华人民共和国继承法〉若干问题的意见》第63条规定，如果涉外继承的遗产为动产，应适用被继承人生前最后住所地国家的法律；1987年《最高人民法院关于适用〈涉外经济合同法〉若干问题的解答》针对《涉外经济合同法》的适用范围、处理涉外经济合同争议的法律适用、无效涉外经济合同的确认、涉外经济合同的撤销、涉外经济合同的违约责任等问题作出了解释；1988年《民通意见》第178条至第195条针对定居国外的我国公民的民事行为能力、无国籍人的民事行为能力、法人的民事行为能力、涉外婚姻有效性认定的法律适用、外国法的查明途径等问题作出了解释；2007年《最高人民法院关于审理涉外民事或商事合同纠纷案件法律适用若干问题的规定》（以下简称《涉外民商事合同规定》）包含12个条款，针对涉外民事或商事合同适用法律的范围、当事人合意选择法律、社会公共利益保护等问题作出了解释；2015年《民事诉讼法司法解释》中的"涉外民事诉讼程序的特别规定"包含30个条款，针对涉外民事案件的认定、诉讼文书的送达、外国法院判决的承认和执行等问题作出了解释。

（二）审判机构的调整

1999年，最高人民法院印发了第一个《人民法院五年改革纲要》。该纲要指出，从1999年至2003年，人民法院改革的目标之一是调整法院的内设机构，以使审判人员和司法行政人员能够得到合理配置。2000年，最高人民法院将民事审判庭、经济审判庭、知识产权审判庭、交通运输审判庭进行了机构调整，组建了4个新的民事审判庭。[1]民事审判第四庭是在原经济审判庭涉外组和交通运输审判庭的基础上组建而成的。民事审判第四庭的业务具体包括：（1）审判第一、二审涉外、涉港澳台合同纠纷、侵权纠纷、证券、期货、票据、公司、破产等案件；（2）审判第一、二审涉外、涉港澳台以及

---

[1] 四个民事审判庭各司其职。民事审判第一庭主要负责最高人民法院审理的婚姻家庭、人身权利、劳动争议、房地产及相关合同、农村承包合同等纠纷案件，审查和审判不服下级人民法院生效裁判的有关民事案件；民事审判第二庭主要负责最高人民法院审理的第一、二审合同、公司、证券、保险、票据等商事纠纷案件，审查和审判不服下级人民法院生效裁判的商事审判监督案件；民事审判第三庭主要负责最高人民法院审理的第一、二审知识产权及竞争纠纷案件，审判不服下级人民法院生效裁判的知识产权及竞争审判监督案件；民事审判第四庭主要负责最高人民法院审理的第一、二审涉外、涉港澳台民商事案件和海事、海商案件，审判不服下级人民法院生效裁判的涉外、涉港澳台民商事和海事、海商审判监督案件。

国内当事人之间的信用证案件；(3) 审判第一、二审海事、海商案件；(4) 审查高级人民法院认为因涉外仲裁条款无效、失效或内容不明确而应由人民法院受理的案件，不予执行涉外仲裁裁决的案件，撤销涉外仲裁裁决或通知仲裁机构重新仲裁的案件，不予承认和执行外国仲裁裁决的案件；(5) 审查申请承认和执行外国法院商事海事判决的案件；(6) 审判不服高级人民法院生效裁判的涉外、涉港澳台商事和海事、海商申请再审案件，立案庭移送的不服中级人民法院和海事法院生效裁判的涉外、涉港澳台商事和海事、海商申请再审案件；(7) 处理分工范围内法律适用问题的请示；(8) 审批高级人民法院关于延长相关案件审限的申请。[1]

2001年12月，《最高人民法院关于涉外民商事案件诉讼管辖若干问题的规定》（以下简称《诉讼管辖规定》）获得通过。该规定适用的案件包括：涉外合同纠纷；涉外侵权纠纷；信用证纠纷；撤销、承认、执行国际仲裁裁决的申请；涉外民商事仲裁条款效力的审查；承认、执行外国法院民商事判决、裁定的申请。[2]根据《诉讼管辖规定》第1条，享有第一审涉外民商事案件管辖权的法院包括国务院批准设立的经济技术开发区的人民法院；省会、自治区首府、直辖市所在地的中级人民法院；经济特区、计划单列市的中级人民法院；最高人民法院指定的其他中级人民法院；高级人民法院。《诉讼管辖规定》关于涉外民商事案件管辖权的设置在当时具有积极的意义。在基层人民法院的法官尚缺乏审理涉外民商事案件的业务水平和实践经验的情况下，倘若将大量涉外民商事案件交由基层人民法院管辖，审判的质量恐怕难以得到保证。[3]

随着涉外民商事案件数量的增多，以及基层人民法院涉外审判水平的提升，2022年8月通过的《最高人民法院关于涉外民商事案件管辖若干问题的规定》（以下简称《案件管辖规定》）将第一审涉外民商事案件的管辖权原则上赋予了基层人民法院。此外，最高人民法院于2017年发布的《关于明确第一审涉外民商事案件级别管辖标准以及归口办理有关问题的通知》规定，包括信用证纠纷、保函纠纷、跨境破产协助案件、民商事司法协助

---

[1] 参见宋建立：《涉外商事审判：原理与实务》，法律出版社2016年版，第3~4页。

[2] 参见《诉讼管辖规定》第3条。

[3] 参见丁伟：《我国对涉外民商事案件实行集中管辖的利弊分析——评〈最高人民法院关于涉外民商事诉讼管辖权若干问题的规定〉》，载《法学》2003年第8期。

案件在内的10类案件需由涉外审判庭或专门合议庭审理。[1]然而,《案件管辖规定》第5条指出,涉外民商事案件均应由专门的审判庭或合议庭审理。这样的立法变化折射出我国各级人民法院涉外商事审判组织的建设已经日臻完备。

（三）审判活动的专业化

我国当代民商法律体系是以服务改革开放和满足市场经济需要为导向而形成的。在制定《民法通则》时,我国还处于计划经济时代,商事法律关系赖以存在的市场经济并未成形,所以《民法通则》承担起了调整各类平等主体间的权利义务关系和弘扬私权理念的重担,以至于民法一度被视作私法的代名词。[2]2017年,全国人民代表大会常务委员会原副委员长李建国在《民法总则（草案）》的说明中提到,我国的民事立法将秉持"民商合一"的传统,以编纂民法典的形式,完善我国民商事领域的基本规则。[3]在此种思想的指引下,我国现行的民商立法呈现出一种兼具民法商法化和商法民法化特征的民商混同体例。[4]正是因为民事和商事之间存在着如此紧密的联系,所以在很长一段时间内,在我国的涉外司法领域,涉外民事审判与涉外商事审判总是被捆绑在一起。

进入21世纪后,涉外商事审判开始获得更多的特别关注。2001年10月,

---

〔1〕《关于明确第一审涉外民商事案件级别管辖标准以及归口办理有关问题的通知》第2条规定:"下列案件由涉外审判庭或专门合议庭审理:（一）当事人一方或者双方是外国人、无国籍人、外国企业或者组织,或者当事人一方或者双方的经常居所地在中华人民共和国领域外的民商事案件;（二）产生、变更或者消灭民事关系的法律事实发生在中华人民共和国领域外,或者标的物在中华人民共和国领域外的民商事案件;（三）外商投资企业设立、出资、确认股东资格、分配利润、合并、分立、解散等与该企业有关的民商事案件;（四）一方当事人为外商独资企业的民商事案件;（五）信用证、保函纠纷案件,包括申请止付保全案件;（六）对第一项至第五项案件的管辖权异议裁定提起上诉的案件;（七）对第一项至第五项案件的生效裁判申请再审的案件,但当事人依法向原审人民法院申请再审的除外;（八）跨境破产协助案件;（九）民商事司法协助案件;（十）最高人民法院《关于仲裁司法审查案件归口办理有关问题的通知》确定的仲裁司法审查案件。前款规定的民商事案件不包括婚姻家庭纠纷、继承纠纷、劳动争议、人事争议、环境污染侵权纠纷及环境公益诉讼。"

〔2〕参见赵万一:《民商合一体制下商法独立的可能性及其实现路径》,载《法学杂志》2021年第7期。

〔3〕参见李建国:《关于〈中华人民共和国民法总则（草案）〉的说明》,载http://www.xinhuanet.com/2017-03/09/c_129504877.htm,最后访问日期:2022年6月5日。

〔4〕参见赵万一:《民商合一体制下商法独立的可能性及其实现路径》,载《法学杂志》2021年第7期。

最高人民法院在深圳市召开了首次全国法院涉外商事海事审判工作会议。会议的主要任务是总结改革开放以来全国涉外商事审判的基本经验，部署今后一段时期内涉外商事审判工作的前进方向，研究在大民事审判格局下如何充分发挥涉外商事审判的作用，讨论我国加入WTO后在涉外商事审判领域可能遇到的新情况，探索如何构建具有中国特色的涉外商事审判制度。[1]截至2023年2月，共举行了6次全国法院涉外商事海事审判工作会议。这些会议解决了我国涉外商事审判工作中许多亟待理清的现实问题，促进了我国涉外商事审判水平的持续提升。

自2018年《关于建立"一带一路"国际商事争端解决机制和机构的意见》（以下简称《国际商事争端解决意见》）通过以来，最高人民法院和地方人民法院相继设立了多家国际商事法庭。这是我国对国际先进经验的有益借鉴，也是我国构建具有中国特色涉外商事审判制度的重要尝试。主动回应商事主体对于多元纠纷解决方式的迫切需求，打造面向国际商事纠纷的专业化司法机制，已成为一个国家参与全球经济治理，塑造国际交易秩序，强化自身竞争优势的重要举措。我国海事法院的发展为国际商事法庭的建设提供了很好的参照。在航运业的快速发展带来大量海事纠纷的背景下，我国适时抓住机遇，推动建成了专门的海事法院，将自身打造成为亚太地区的海事司法中心。与海事审判相比，涉外商事审判的涉及面更广、影响力更大。我国国际商事法庭的建立标志着涉外商事审判的特殊性和重要性正受到前所未有的重视。可以预见的是，国际商事法庭将把我国的涉外商事审判推向一个新的台阶，成为推动我国与世界经济接轨不可或缺的一股力量。

三、我国涉外商事审判的制度构造

涉外商事审判是我国法治建设的重要组成部分。它的依法顺利开展需要一个完整的制度架构作为支撑。

（一）管辖权

依据是否对国内案件和涉外案件的管辖权加以区分，民商事案件管辖权的立法可以分为单轨制和双轨制两种模式。前者对国内民商事案件和涉外民

---

[1] 参见中国法律年鉴编辑部：《中国法律年鉴2002》，中国法律年鉴社2002年版，第170页。

商事案件的管辖权未作区分，适用统一的规定；而后者对国内民商事案件和涉外民商事案件的管辖权进行区分，分而治之。[1]我国1991年《中华人民共和国民事诉讼法》（以下简称《民事诉讼法》）采用的是双轨制模式。1991年《民事诉讼法》第243条至第246条针对涉外民商事案件的管辖权作出了特别规定。

我国采用双轨制模式有其合理性。国内民商事案件的管辖权解决的是管辖权在一国内部如何分配的问题，而涉外民商事案件的管辖权还要解决管辖权在不同国家之间如何分配的问题。相应地，国内民商事案件管辖权分配的结果是由国内某个地区、某个级别的法院来审理当事人之间的争议，而涉外民商事案件管辖权分配的结果是由某个国家的法院来审理当事人之间的争议。由此来看，国内民商事案件管辖权的影响仅限于一国之内，而涉外民商事案件管辖权的影响却带有国际性。如果一国过分地限制国内法院对涉外民商事案件的管辖权，则相当于放弃了通过司法对全球化施加影响的机会；反之，如果一国过分地扩张国内法院对涉外民商事案件的管辖权，则会加重自身的司法负担并可能引发与他国的管辖权冲突。

《民事诉讼法》在2007年、2012年、2017年、2021年和2023年经历了5次修正。2021年《民事诉讼法》第4编"涉外民事诉讼程序的特别规定"第24章"管辖"仅有第272条和第273条两个条款。他们涉及对在我国境内没有住所的被告提起诉讼的合同纠纷或其他财产权益纠纷的管辖权，以及在我国境内履行中外合资经营企业合同、中外合作经营企业合同、中外合作勘探开发自然资源合同所引发的纠纷的管辖权。与2021年《民事诉讼法》相比，在2023年《民事诉讼法》中，关于涉外民商事案件管辖权的规定得到了显著完善。2023年《民事诉讼法》修改了涉外民商事案件管辖的一般规则和人民法院的专属管辖权，增加了当事人协议选择人民法院管辖、当事人同意接受人民法院管辖、平行诉讼和不方便法院的规定。

上述规定解决了应由我国法院还是外国法院管辖的问题。在确定应由我国法院管辖的情况下，究竟应由哪一级的法院管辖同样需要明确。2022年《案件管辖规定》指出，除法律另有规定外，基层人民法院管辖第一审涉外民

---

[1] 参见李晶：《涉外民事管辖权立法完善研究》，载《政治与法律》2013年第8期。

商事案件；中级人民法院负责管辖争议标的额大[1]、案情复杂、一方当事人人数众多、或者其他在本辖区有重大影响的涉外民商事案件；高级人民法院负责管辖诉讼标的额人民币 50 亿元以上或者其他在本辖区有重大影响的第一审涉外民商事案件。此外，2018 年 6 月通过的《国际商事法庭规定》第 2 条列明了 5 类应由最高人民法院国际商事法庭管辖的涉外商事案件。[2]

（二）法律适用

在我国，关于涉外民商事关系法律适用的立法经历了一个长期的探索过程，可以大致概括为以下四个阶段。

第一，以民商事单行法为载体的分散嵌入立法阶段。1985 年 3 月通过的《涉外经济合同法》第 5 条和第 6 条[3]的规定开创了新中国涉外民商事关系法律适用立法的先河。[4]此后的 1985 年《继承法》第 36 条[5]、1992 年《海商法》第 14 章"涉外关系的法律适用"、1995 年《票据法》第 5 章"涉

---

[1] 根据《案件管辖规定》第 2 条，争议标的额大是指：（1）对于北京、天津、上海、江苏、浙江、福建、山东、广东、重庆辖区中级人民法院，诉讼标的额人民币 4000 万元以上（包含本数）；（2）对于河北、山西、内蒙古、辽宁、吉林、黑龙江、安徽、江西、河南、湖北、湖南、广西、海南、四川、贵州、云南、西藏、陕西、甘肃、青海、宁夏、新疆辖区中级人民法院，解放军各战区、总直属军事法院，新疆维吾尔自治区高级人民法院生产建设兵团分院所辖各中级人民法院，诉讼标的额人民币 2000 万元以上（包含本数）。

[2] 这 5 类案件分别为：（1）当事人依照《民事诉讼法》的规定协议选择最高人民法院管辖且标的额为人民币 3 亿元以上的第一审国际商事案件；（2）高级人民法院对其所管辖的第一审国际商事案件，认为需要由最高人民法院审理并获准许；（3）在全国有重大影响的第一审国际商事案件；（4）依照《国际商事法庭规定》第 14 条申请仲裁保全、申请撤销或者执行国际商事仲裁裁决；（5）最高人民法院认为应当由国际商事法庭审理的其他国际商事案件。

[3] 《涉外经济合同法》第 5 条规定："合同当事人可以选择处理合同争议所适用的法律。当事人没有选择的，适用与合同有最密切联系的国家的法律。在中华人民共和国境内履行的中外合资经营企业合同、中外合作经营企业合同、中外合作勘探开发自然资源合同，适用中华人民共和国法律。中华人民共和国法律未作规定的，可以适用国际惯例。"第 6 条规定："中华人民共和国缔结或者参加的与合同有关的国际条约同中华人民共和国法律有不同规定的，适用该国际条约的规定。但是，中华人民共和国声明保留的条款除外。"

[4] 《涉外经济合同法》是第一部涉及涉外民商事关系法律适用的全国人民代表大会及其常务委员会制定的法律。但是，在《涉外经济合同法》之前，国务院 1983 年颁布的行政法规《中华人民共和国中外合资经营企业法实施条例》已有关于涉外民商事关系法律适用的规定。该条例第 15 条规定："合营企业合同的订立、效力、解释、执行及其争议的解决，均应适用中国的法律。"

[5] 《继承法》第 36 条规定："中国公民继承在中华人民共和国境外的遗产或者继承在中华人民共和国境内的外国人的遗产，动产适用被继承人住所地法律，不动产适用不动产所在地法律。外国人继承在中华人民共和国境内的遗产或者继承在中华人民共和国境外的中国公民的遗产，动产适用被继承人住所地法律，不动产适用不动产所在地法律。中华人民共和国与外国订有条约、协定的，按照条约、协定办理。"

外票据的法律适用"、1999年《合同法》第126条均是在民商事实体法中嵌入式地添加了涉外民商事关系法律适用的内容。

第二,以《民法通则》为载体的集中嵌入立法阶段。1986年《民法通则》是新中国第一部民商事基本法,也是涉外民商事关系法律适用立法的里程碑。该法第8章"涉外民事关系的法律适用"共包含9个条款,涉及涉外民事行为能力的法律适用、不动产所有权的法律适用、涉外合同的法律适用、涉外侵权的法律适用、涉外婚姻关系的法律适用、涉外扶养关系的法律适用、涉外继承关系的法律适用、公共秩序保留等内容。《民法通则》的颁行实现了我国涉外民商事关系法律适用规则的一次系统集成,标志着该领域的立法迈入了集中规定与分散规定并存的阶段。[1]

第三,以《民法(草案)》为载体的全要素嵌入立法阶段。2002年,第九届全国人民代表大会常务委员会第三十一次会议分组审议了《民法(草案)》。该草案的第9编专门用于规范涉外民商事关系的法律适用。《民法(草案)》第9编在《民法通则》第8章的基础上,不但增加了反致、外国法查明、国际惯例的适用等一般规定,以及不当得利、无因管理、物权、知识产权等领域法律适用的特别规定,而且对合同、侵权、婚姻家庭、继承等领域的法律适用规则进一步地加以细化。由于《民法(草案)》体系庞大、内容繁杂,所以在一审之后,全国人民代表大会常务委员会采取了分编审议的方式。《民法(草案)》第9编旨在对涉外民商事关系法律适用进行全景式的覆盖。尽管2020年通过的《民法典》并未保留《民法(草案)》的第9编,但该编的内容延续到了2010年的《中华人民共和国涉外民事关系法律适用法》(以下简称《涉外民事关系法律适用法》)中。

第四,嵌入立法与专门立法并存互补阶段。2010年《涉外民事关系法律适用法》是我国首部全面、系统地规定涉外民商事关系法律适用的专门法。该法共有8章52条,针对婚姻家庭、继承、物权、债权、知识产权等领域的法律适用作出了专章的规定。相较于《民法通则》第8章,《涉外民事关系法律适用法》的规定更加详尽。后者以特别立法的形式实现了涉外民商事关系法律适用规则的高度集成。在《涉外民事关系法律适用法》颁行之后,《海商

---

[1] 参见丁伟:《〈民法典〉编纂催生2.0版〈涉外民事关系法律适用法〉》,载《东方法学》2019年第1期。

法》《票据法》等单行法中关于涉外民商事关系法律适用的规定依然有效。由此在涉外民商事关系法律适用方面，形成了嵌入立法与专门立法相配合的格局。

（三）外国法查明

外国法的查明（ascertainment of foreign law），又称外国法的证明（proof of foreign law），是指一国法院在审理涉外民商事案件时，如果依据本国的冲突规范应适用某一外国实体法时，如何查明该外国法关于这一涉外案件中特定问题的规定。[1]在我国，外国法查明的立法大致经历了三个发展阶段。

第一阶段以1988年《民通意见》第193条的颁行为标志。《民通意见》第193条列举了5种外国法查明的途径，并指明倘若通过已列途径仍无法查明外国法，应适用我国法律。[2]该条款在此后的涉外民商事案件的审判实践中起到了重要的指导作用，但是在查明责任的分配方面，除第1种途径指明应由当事人提供外，其余4种途径均未明确是由法官依职权查明抑或是依当事人申请查明。在总结实践经验的基础上，最高人民法院于2005年印发的《第二次全国涉外商事海事审判工作会议纪要》第51条表明，我国的通行做法是采取混合查明模式，即当事人负主要的查明责任，法官在当事人查明有困难时可以自由裁量是否依职权查明外国法。[3]

第二阶段以2007年《涉外民商事合同规定》第9条的颁行为标志。该规定的第9条区分了当事人合意选择法律与法院依职权选择法律两种情形。前者采用当事人查明模式，后者采用混合查明模式。[4]尽管在混合查明模式部

---

[1] 参见韩德培主编：《国际私法》，高等教育出版社、北京大学出版社2000年版，第135页。

[2] 《民通意见》第193条规定："对于应当适用的外国法律，可通过下列途径查明：（1）由当事人提供；（2）由与我国订立司法协助协定的缔约对方的中央机关提供；（3）由我国驻该国使领馆提供；（4）由该国驻我国使馆提供；（5）由中外法律专家提供。通过以上途径仍不能查明的，适用中华人民共和国法律。"

[3] 《第二次全国涉外商事海事审判工作会议纪要》第51条规定："涉外商事纠纷案件应当适用的法律为外国法律时，由当事人提供或者证明该外国法律的相关内容。当事人可以通过法律专家、法律服务机构、行业自律性组织、国际组织、互联网等途径提供相关外国法律的成文法或者判例，亦可同时提供相关的法律著述、法律介绍资料、专家意见书等。当事人对提供外国法律确有困难的，可以申请人民法院依职权查明相关外国法律。"

[4] 《涉外民商事合同规定》第9条规定："当事人选择或者变更选择合同争议应适用的法律为外国法律时，由当事人提供或者证明该外国法律的相关内容。人民法院根据最密切联系原则确定合同争议应适用的法律为外国法律时，可以依职权查明该外国法律，亦可以要求当事人提供或者证明该外国法律的内容。当事人和人民法院通过适当的途径均不能查明外国法律的内容的，人民法院可以适用中华人民共和国法律。"

分并未明确法官与当事人查明责任的主次之分,但是该规定第9条对法官与当事人的查明责任的区分依然被视作立法上的进步。[1]

第三阶段以2010年《涉外民事关系法律适用法》第10条的颁行为标志。该法将外国法查明放在了具有总则意义的第一章中。《涉外民事关系法律适用法》第10条[2]承继了《涉外民商事合同规定》第9条区分当事人合意选择法律与法院依职权选择法律的立法思路,但是两者在查明责任的分配上略有不同。针对当事人合意选择法律的情形,《涉外民事关系法律适用法》采用了当事人查明模式;而针对法院依职权选择法律的情形,《涉外民事关系法律适用法》采用了有关机关查明模式,并未提及当事人的查明责任,并且在依职权查明的主体中增加了与法院并列的仲裁机构和行政机关。2020年《法律适用法司法解释(一)》进一步明确了可被认定为不能查明外国法的情况以及法院认定经查明的外国法的程序。[3]

(四)取证

2021年《民事诉讼法》第67条第2款规定,对于法院认为审理案件需要的证据,或当事人及其诉讼代理人因客观原因不能自行收集的证据,应由法院调查收集。关于何为法院认为审理案件需要的证据,2022年《民事诉讼法司法解释》第96条并未将域外证据列入其中。[4]换言之,人民法院不能仅因

---

[1] 参见马明飞、蔡斯扬:《"一带一路"倡议下外国法查明制度的完善》,载《法学》2018年第3期。

[2] 《涉外民事关系法律适用法》第10条规定:"涉外民事关系适用的外国法律,由人民法院、仲裁机构或者行政机关查明。当事人选择适用外国法律的,应当提供该国法律。不能查明外国法律或者该国法律没有规定的,适用中华人民共和国法律。"

[3] 《法律适用法司法解释(一)》第15条规定:"人民法院通过由当事人提供、已对中华人民共和国生效的国际条约规定的途径、中外法律专家提供等合理途径仍不能获得外国法律的,可以认定为不能查明外国法律。根据涉外民事关系法律适用法第十条第一款的规定,当事人应当提供外国法律,其在人民法院指定的合理期限内无正当理由未提供该外国法律的,可以认定为不能查明外国法律。"第16条规定:"人民法院应当听取各方当事人对应当适用的外国法律的内容及其理解与适用的意见,当事人对该外国法律的内容及其理解与适用均无异议的,人民法院可以予以确认;当事人有异议的,由人民法院审查认定。"

[4] 2022年《民事诉讼法司法解释》第96条规定:"民事诉讼法第六十七条第二款规定的人民法院认为审理案件需要的证据包括:(一)涉及可能损害国家利益、社会公共利益的;(二)涉及身份关系的;(三)涉及民事诉讼法第五十八条规定诉讼的;(四)当事人有恶意串通损害他人合法权益可能的;(五)涉及依职权追加当事人、中止诉讼、终结诉讼、回避等程序性事项。除前款规定外,人民法院调查收集证据,应当依照当事人的申请进行。"

证据形成于或者处于域外，便依职权启动域外取证程序。[1]关于何为当事人及其诉讼代理人因客观原因不能自行收集的证据，2022年《民事诉讼法司法解释》第94条列举了3种情形。[2]从该条款的措辞来看，域外证据仅能符合第1款第3项的描述，即当事人及其诉讼代理人因客观原因不能自行收集的其他证据。最高人民法院在对2022年《民事诉讼法司法解释》第94条第1款第3项所作的进一步解释中指出，社会生活复杂多样，所以有必要设置这一兜底性规定，但是该条款的适用必须慎重，需要由当事人及其诉讼代理人针对导致不能自行收集证据的客观原因举证说明。[3]这表明当事人若想让法院代为域外取证并非易事，因为当事人不能仅以所需证据在域外为由便向法院提出此种主张，而是必须提供证据用以证明域外证据不具可获得性。

2023年《民事诉讼法》新增了域外取证的规定，弥补了此前该领域直接立法的缺失。它的第284条写道："当事人申请人民法院调查收集的证据位于中华人民共和国领域外，人民法院可以依照证据所在国与中华人民共和国缔结或者共同参加的国际条约中规定的方式，或者通过外交途径调查收集。在所在国法律不禁止的情况下，人民法院可以采用下列方式调查收集：（一）对具有中华人民共和国国籍的当事人、证人，可以委托中华人民共和国驻当事人、证人所在国的使领馆代为取证；（二）经双方当事人同意，通过即时通讯工具取证；（三）以双方当事人同意的其他方式取证。"

域外取证可分为直接取证模式和间接取证模式。前者包括3种途径，即外交和领事人员取证、当事人及其代理人取证、特派员取证；后者是指通过司法协助进行域外取证，即由法院地国的相关机关依据条约或者互惠关系，委托证据所在国的有关机关代为取证。2023年《民事诉讼法》第284条吸纳了直接取证模式和间接取证模式的要素。此规定有助于丰富域外取证的手段，

---

〔1〕 参见曹佳、普畅：《民商事案件域外取证研究——以民事诉讼法为视角》，载《江汉学术》2019年第3期。

〔2〕 2022年《民事诉讼法司法解释》第94条规定："民事诉讼法第六十七条第二款规定的当事人及其诉讼代理人因客观原因不能自行收集的证据包括：（一）证据由国家有关部门保存，当事人及其诉讼代理人无权查阅调取的；（二）涉及国家秘密、商业秘密或者个人隐私的；（三）当事人及其诉讼代理人因客观原因不能自行收集的其他证据。当事人及其诉讼代理人因客观原因不能自行收集的证据，可以在举证期限届满前书面申请人民法院调查收集。"

〔3〕 参见杜万华、胡云腾主编：《最高人民法院民事诉讼法司法解释逐条适用解析》，法律出版社2015年版，第155页。

提高域外取证的效率，保证域外取证的效果。

（五）司法文书送达

涉外民商事司法文书送达是指人民法院对在我国领域内无住所的当事人送达人民法院有关民商事司法文书的活动。此处的司法文书包括起诉状副本、上诉状副本、传票、授权委托书、判决书、裁定书、决定书、调解书、证明书、送达回证等。[1]根据2023年《民事诉讼法》第283条的规定，人民法院可以通过以下方式向在我国领域内无住所的当事人送达司法文书：

第一，受送达人所在国与我国缔结或共同参加的条约所规定的方式。我国与他国签订的许多双边司法协助条约均涉及涉外民商事司法文书的送达。比如，《中华人民共和国和西班牙王国关于民事、商事司法协助的条约》第2条提到，该条约涵盖的司法协助的范围包括送达司法文书，并且第2章从请求手续、执行方式、送达证明、费用免除等方面就如何送达作出了具体规定。除双边司法协助条约外，我国还加入了《关于向国外送达民事或商事司法文书和司法外文书公约》（以下简称《海牙送达公约》）。根据该公约的规定，各个缔约国应指定一个中央机关负责接收来自其他缔约国的送达请求书，并予以转递请求送达的司法文书。公约的第1章含有关于司法文书在缔约国之间送达方式的明确规定。

第二，外交途径送达。1986年，最高人民法院、司法部、外交部发布了《关于我国法院和外国法院通过外交途径相互委托送达法律文书若干问题的通知》。根据该通知的规定，我国法院通过外交途径向国外当事人送达司法文书的基本程序为：请求送达的司法文书必须经过高级人民法院审查，由外交部领事司转递；请求送达的法院需要注明受送达人的姓名、性别、年龄、国籍、国外详细的外文地址，并将案件的基本情况告知外交部领事司；请求送达的法院需要附上送达委托书，送达委托书与请求送达的司法文书必须附有对方国家文字或者对方国家同意使用的第三国文字的译本。

第三，委托我国驻受送达人所在国的使领馆代为送达。此种送达方式专门适用于具有我国国籍、但居住在我国领域之外的受送达人。根据最高人民法院、外交部、司法部于1992年3月发布的《关于执行〈关于向国外送达民事或商事司法文书和司法外文书公约〉有关程序的通知》的规定，我国使领

---

[1] 参见张绳祖：《论涉外司法文书的送达》，载《人民司法》2006年第2期。

馆代为送达的基本程序为：送达委托书和请求送达的司法文书应由有关中级人民法院或专门人民法院送交高级人民法院，然后转呈最高人民法院，送达证明需要按照原途径退回相关法院。司法部、最高人民法院、外交部于1992年9月发布的《关于执行海牙送达公约的实施办法》第9条补充规定，当我国法院需要通过我国驻《海牙送达公约》缔约国的使领馆向居住在该国的我国公民送达司法文书时，应将请求送达的司法文书、致使领馆的送达委托书、空白送达回证交予最高人民法院，由最高人民法院直接交予或经司法部转递我国驻该国使领馆。

第四，向受送达人的诉讼代理人送达。2021年《民事诉讼法》第274条第4项将此种送达方式的受送达的主体设定为受送达人委托的、有权代其接受送达的诉讼代理人。最高人民法院在1995年《关于能否向境外当事人的诉讼代理人直接送达法律文书问题的答复》中曾提到，如果在我国境外的当事人全权委托诉讼代理人代理诉讼，则诉讼代理人有权代当事人接受送达；如果在我国境外的当事人仅部分委托诉讼代理人处理诉讼事宜，则只要没有明确约定诉讼代理人不得代当事人接受送达，诉讼代理人仍应被视为有权代为接受。2023年《民事诉讼法》第283条第1款第4项中的诉讼代理人不再含有"有权代其接受送达"的限定。这意味着，只要受送达人在所涉案件中委托了诉讼代理人，该诉讼代理人便应当接受送达。

第五，向受送达人在我国领域内设立的独资企业、代表机构、分支机构或者业务代办人送达。最高人民法院在2002年《关于向外国公司送达司法文书能否向其驻华代表机构送达并适用留置送达问题的批复》中曾提到，如果受送达人在我国领域内设有代表机构，则这不属于《海牙送达公约》规定的"有须递送司法文书以便向国外送达的情形"，此时人民法院可以依据《民事诉讼法》的规定向受送达人在我国领域内设立的代表机构送达司法文书，而不必依据《海牙送达公约》向国外送达。2021年《民事诉讼法》第274条第5项将此种送达方式的受送达的主体设定为受送达人在我国领域内设立的代表机构、分支机构、业务代办人。2023年《民事诉讼法》第283条第1款第5项在代表机构、分支机构、业务代办人之外，还将受送达人在我国领域内设立的独资企业列为受送达的主体。

第六，向受送达人在我国领域内设立的法人或者其他组织送达。这是2023年《民事诉讼法》新增的一种送达方式。根据2023年《民事诉讼法》

第 283 条第 1 款第 6 项的规定，此种送达方式的适用需要同时满足以下条件：（1）受送达人为外国人或无国籍人；（2）受送达人在我国领域内设立的法人或者其他组织担任法定代表人或者主要负责人；（3）受送达人与该法人或者其他组织为共同被告。

第七，向外国法人或者其他组织的法定代表人或者主要负责人送达。这也是 2023 年《民事诉讼法》新增的一种送达方式。根据 2023 年《民事诉讼法》第 283 条第 1 款第 7 项的规定，此种送达方式的适用需要同时满足以下条件：（1）受送达人为外国法人或者其他组织；（2）该外国法人或者其他组织的法定代表人或者主要负责人在我国领域内。

第八，邮寄送达。在我国的司法实践中，邮寄送达是指人民法院通过国家邮政机构，以挂号信或法院专递的方式向当事人或其他诉讼参与人传递司法文书。[1] 2023 年《民事诉讼法》第 91 条规定，在直接送达司法文书有困难时，人民法院可以采用邮寄送达，以回执上的收件日期为送达日期。涉外民商事案件的邮寄送达与非涉外案件的邮寄送达在本质上别无二致。针对涉外民商事案件的邮寄送达，2023 年《民事诉讼法》第 283 条第 1 款第 8 项另规定："受送达人所在国的法律允许邮寄送达的，可以邮寄送达，自邮寄之日起满三个月，送达回证没有退回，但根据各种情况足以认定已经送达的，期间届满之日视为送达。"

第九，电子送达。为了弥补传统的线下送达方式的不足，电子送达应运而生。[2] 电子送达是指借助电子手段、光学手段或其他类似手段传递司法文书。[3] 它有广义和狭义之分。广义的电子送达包括以电话、短信、传真、网络等媒介向受送达人传送司法文书；而狭义的电子送达则被认为仅指借助网络信息技术传送司法文书。[4] 2023 年《民事诉讼法》第 283 条第 1 款第 9 项未列举电子送达的具体方式，但是对其设定了两个限制条件：（1）所采用的电子送达方式应能够确认受送达人收悉；（2）所采用的电子送达方式不为受送达人所在国的法律禁止。

第十，受送达人同意的方式。2021 年《民事诉讼法》未规定此种送达方

---

[1] 参见王建平：《邮寄送达制度研究》，载《政治与法律》2010 年第 1 期。
[2] 参见宋朝武：《民事电子送达问题研究》，载《法学家》2008 年第 6 期。
[3] 参见鞠海亭：《电子方式送达法律文书问题研究》，载《人民司法》2006 年第 5 期。
[4] 参见郑世保：《电子民事诉讼行为研究》，法律出版社 2016 年版，第 198~199 页。

式。2023年《民事诉讼法》的这一新规定体现了对当事人意思自治的尊重。然而，在送达方式这一点上，当事人的意思自治并非没有限度的。根据2023年《民事诉讼法》第283条第1款第10项的规定，受送达人同意的送达方式不得与受送达人所在国的法律相抵触。

第十一，公告送达。公告送达是指人民法院以公开方式，将拟送达的司法文书内容告知受送达人，公告期间届满后即产生送达的效力。[1]公告送达是一种例外的送达方式，即只有当通过其他送达方式不能实现送达时，该方式才能得以适用。它是送达程序的最后一道防线。不同于其他送达方式，公告送达能够产生强制通知的效果。由于受送达人故意躲避、下落不明等原因，法院通过除公告送达外的其他方式无法送达的现象屡见不鲜。在此种情况下，法院可以借助登报、张贴公告等途径将司法文书的内容公之于众，在经过一段时间后，不论受送达人是否真的知悉相关信息，均可推定司法文书已经送达。针对涉外民商事案件的公告送达，2023年《民事诉讼法》第283条第2款规定："不能用上述方式送达的，公告送达，自发出公告之日起，经过六十日，即视为送达。"从本质上讲，公告送达是一种拟制送达。[2]所谓拟制指的是法律上不容反驳的推定或假定。[3]由于公告送达具有拟制送达的属性，所以法院在采用这种送达方式时必须慎重。

第三节　我国涉外商事审判与全球经济治理的关联性

在经济全球化时代，涉外商事审判的影响完全可能超越法院地国的边界而延伸至国际社会。我国的涉外商事审判与全球经济治理看似是两个不同层面的问题，却在目标、手段和价值方面存在潜在的关联性。

一、目标上的关联

从经济学的视角来看，全球经济治理的本质在于提供全球公共品。保罗·

---

〔1〕 参见张晋红、蔡伟珊：《论民事诉讼公告送达制度的完善》，载《人民论坛》2010年第14期。

〔2〕 参见何四海、何文燕：《民事公告送达的法理分析——基于传播的视角》，载《求索》2008年第6期。

〔3〕 参见江伟等：《〈中华人民共和国民事诉讼法〉修改建议稿（第三稿）及立法理由》，人民法院出版社2005年版，第140页。

第一章 我国涉外商事审判与全球经济治理的连接

塞缪尔森（Paul Samuelson）主张，集体消费性是公共品的本质特征，即个人对某产品的消费不会因他人同时消费而遭到效用上的减损。[1]曼库尔·奥尔森（Mancur Olson）则更为强调公共品的非排他性，即集体中的任何个体对该类产品的消费是无法被有效阻止或排除的。[2]总体而言，公共品应具备两个特征，即非竞争性与非排他性。[3]前者是指某个个体对公共品的消费不会减少其他个体对公共品的消费量；后者是指公共品一旦被提供，群体内的个体对公共品的消费便是不可被排除的。[4]全球公共品是公共品的一个分支。与国内公共品相比，全球公共品更为丰富多样。[5]它存在于国际关系的方方面面，比如，世界和平、公海航行、知识产权保护、环境保护等。[6]伴随着全球化的深入发展，越来越多的国际议题带有了公共属性。

全球公共品面临着严峻的供给不足问题。全球公共品与一般意义上的公共品有所不同，因为在前者的语境下，单个经济体算是"私人"，全球各经济体的联合算是"公共"。各经济体为了追逐自身利益而参与全球治理，全球治理的效果是非竞争和非排他的，所以每个经济体都会试图搭其他经济体的"便车"，而不希望别的经济体来搭自己的"便车"。[7]国际经贸交往中的

---

[1] See Paul A. Samuelson, "The Pure Theory of Public Expenditure", *The Review of Economics and Statistics*, Vol. 36, No. 4, 1954, p. 387.

[2] See Mancur Olson, *The Logic of Collective Action: Public Goods and the Theory of Groups*, Harvard University Press, 1965, p. 14.

[3] See Oliver Morrissey, Dirk Willem te Velde & Adrian Hewitt, "Defining International Public Goods: Conceptual Issues" in Inge Kaul et al. eds., *Providing Global Public Goods: Managing Globalization*, Oxford University Press, 2003, pp. 32-33.

[4] 需要注意的是，公共品并不总是具有完全的非竞争性和非排他性，所以公共品可分为"纯公共品"和"非纯公共品"。如果某种产品仅部分地具有非竞争性或非排他性，则该产品属于非纯公共品。非纯公共品又可以细分为具有非竞争性但可以进行排他性消费的"俱乐部产品"和具有非排他性却有竞争性的"共用资源"。在现实中，完全的非竞争性仅存在于少数产品中，因为对公共品同时消费的人数增长到一定程度通常会或多或少地降低个体的消费效用；严格的非排他性也几乎不存在，因为采取特定的安排和技术便能够排除部分个体的消费。See Inge Kaul, Isabelle Grunberg & Marc A. Stern, "Defining Global Public Goods" in Inge Kaul, Isabelle Grunberg & Marc A. Stern eds., *Global Public Goods: International Cooperation in the 21st Century*, Oxford University Press, 1999, pp. 4-5.

[5] See Vivian Lei, Steven Tucker & Filip Vesely, "Foreign Aid and Weakest-Link International Public Goods: An Experimental Study", *European Economic Review*, Vol. 51, No. 3, 2007, pp. 599-623.

[6] See Charles P. Kindleberger, "International Public Goods without International Government", *The American Economic Review*, Vol. 76, No. 1, 1986, pp. 7-8.

[7] 参见张宇燕、李增刚：《国际经济政治学》，上海人民出版社2008年版，第121页。

"集体行动困境"导致了全球经济问题。全球经济治理的兴起便是为了修正国际层面上的"集体行动困境",促成多元经济体的集体行动。[1]

谁来当供给主体是全球公共品供给中的核心议题。过去,发达国家作为全球经济的领导者和规则的制定者,扮演了全球公共品供给者的角色。然而,当前的全球经济格局正在发生变化,日渐崛起的发展中国家是否应当以及应在多大程度上担负起全球公共品供给的重任引发了普遍的关注和激烈的讨论。围绕着国际机构的创设、规则的制定、议程的设置、代表权的分配等问题,不同经济体之间各执一词的局面屡见不鲜。[2]

影响全球公共品供给主体更迭的因素主要有两个。一是,供给的能力。无论是常规性还是突发性全球经济问题的应对都离不开经济强国的参与。已有的全球经济治理结构存在着难以克服的制度惯性,往往无法及时根据国家间经济实力此消彼长的变化作出调整。当原先作为全球公共品供给主体的大国实力下滑时,全球经济治理便会面临公共品真空的危机。在没有其他经济体及时补充全球公共品供给的情况下,就会出现"金德尔伯格陷阱"。[3]二是,供给的意愿。"国家利益"一词早在 16 世纪时便出现在了意大利政治家的著述中。民族国家体系的发展推动了现代意义上的国家利益概念的诞生。[4]国家利益意指民族国家追求的好处、权利或者受益点。[5]一国的国家利益是动态变化的。当一国的软硬实力或其所处的全球或地区秩序发生改变时,该国的国家利益便需要被重新界定。冲突性是国家利益的基本属性。全球公共品的供给意愿归根结底取决于供给主体所能获得的利益是否与其承担的义务相匹配。自全球金融危机以来,新兴国家成了全球化的积极推动者,而传统的发达国家则表现出了保护主义的政策倾向。这使得全球化从全面扩容

---

[1] 参见裴长洪:《全球经济治理、公共品与中国扩大开放》,载《经济研究》2014 年第 3 期。
[2] 参见孙吉胜:《新冠肺炎疫情与全球治理变革》,载《世界经济与政治》2020 年第 5 期。
[3] "金德尔伯格陷阱"由美国哈佛大学教授约瑟夫·奈(Joseph Nye)提出。它最早源于美国经济史学家查尔斯·金德尔伯格(Charles Kindleberger)的论断。不同于"修昔底德陷阱"所担心的崛起国对现有大国的挑战,"金德尔伯格陷阱"的核心问题在于全球公共品的供给。金德尔伯格曾在《1929-1939 年世界经济萧条》一书中指出,第一次世界大战之后,国际领导者地位的更替造成了全球治理中的领导力真空,这给世界经济的运行和政治的稳定带来了极大的冲击。参见郭艳琴:《超越"金德尔伯格陷阱",开启全球经济治理新时代》,载《经济问题探索》2019 年第 2 期。
[4] 参见刘志云:《论国家利益与国际法的关系演变》,载《世界经济与政治》2014 年第 5 期。
[5] 参见王逸舟:《国家利益再思考》,载《中国社会科学》2002 年第 2 期。

期转向了局部收缩期。[1]新兴国家与发达国家之间的实力角力和利益博弈影响着双方供给全球公共品的意向。如今,我国不但具备了供给全球公共品所需的综合实力,而且表达出了供给全球公共品的强烈愿望。我国所进行的全球公共品的供给正在弥补由发达国家的本国利益优先倾向所导致的全球公共品的供给不足,推动国际经济秩序从"中心支配外围"朝着"平等互惠"方向转变。[2]

在关于全球公共品供给主体的讨论中,是由新兴发展中国家还是由传统发达国家来提供全球公共品是一个宏观层面的问题。在微观层面,该讨论关注的是在一国内部,应由何种机关来承担全球公共品供给的职能。全球公共品的供给常常与行政机关联系在一起,可事实上司法机关同样具备此种职能。通过涉外商事审判,我国法院不仅为国际规则的适用提供了平台,还能够对国际规则加以解释甚至是影响国际规则的生成。不同经济体通常会在全球范围内或区域范围内联合进行国际规则的生产和消费。用于调整不同经济体之间关系的国际规则在消费侧和生产侧具有理论上的非竞争性和非排他性,所以国际规则本身便是一类重要的全球公共品。从这个意义上讲,我国的涉外商事审判是以一种隐性的方式供给全球公共品。相似地,国际规则这一全球公共品的生产往往是由少数强势经济体所主导,而消费此种全球公共品的经济体在经济社会发展程度上有着不可忽视的差异性。这使得看似中性的国际规则很可能隐含着事实上的不平等。我国法院在涉外商事审判中对于国际规则的能动适用不但可以从"量"上弥补全球公共品供给的不足,而且可以从"质"上矫正全球公共品供给的偏差。

二、手段上的关联

全球经济治理是一种基于规则的治理。詹姆斯·罗西瑙(James N. Rosenau)认为,治理在本质上是一种以多数接受原则为基础的规则体系。[3]

---

[1] 参见王帆:《责任转移视域下的全球化转型与中国战略选择》,载《中国社会科学》2018年第8期。

[2] 参见李敦瑞:《全球经济治理体系变革的机制及其趋势》,载《治理研究》2021年第5期。

[3] See James N. Rosenau, "Governance, Order, and Change in World Politics" in James N. Rosenau & Ernst-Otto Czempiel eds., *Governance without Government: Order and Change in World Politics*, Cambridge University Press, 1992, p.4.

国际法治是与全球治理相伴而生的概念。它被视作全球治理的理想状态。[1]国际法治的精髓在于将规则作为构建国际秩序的基础、调整国际秩序的依据、恢复国际秩序的指引。[2]有学者甚至直接将全球治理定义为依据国际规则管理全球公共事务的活动。[3]

全球金融危机的爆发深刻地揭示了全球经济治理在经济高度相互依赖时代的重要性，也加深了国际社会对于一个以规则为导向的国际经济体系的渴求。[4]如今，国际社会正在通过国际规则的重塑来实现全球化的升级。一方面，国际社会在试图变革旧有规则（如对以《巴塞尔协议》为代表的国际金融监管规则的修订）；另一方面，国际社会也在努力创设新的规则（如亚洲基础设施投资银行制度的建立）。[5]

从本质上讲，涉外商事审判属于司法活动。所谓司法，即法的适用，指的是国家司法机关及司法人员依据法定的职权和程序，运用法律处理案件的专门活动。司法有三个基本要素：第一，司法以解决纠纷为主要目的；第二，行使司法权的主体应为中立的第三方；第三，解决纠纷的依据是法律。[6]建设中国特色社会主义法治体系是习近平法治思想中具有原创性和时代性的理念，是新时代全面依法治国的总抓手。[7]从本体论上看，法治体系是指一国法治的整体运行体制，包括该国的立法活动及其所形成的法律体系，也包括该国的执法、司法、普法、守法等法律实施环节，还包括该国用于保证法律正常运行的监督和保障机制。总体而言，法治体系反映的是一国法治运作的规范化和有序化程度，以及法治运作的各个环节相互衔接、协同起效的状态。司法一向是法治体系不可或缺的一环。司法的质量直接影响着法律的尊严能否

---

[1] See Mattias Kumm, "International Law in National Courts: The International Rule of Law and the Limits of the Internationalist Model", *Virginia Journal of International Law*, Vol. 44, No. 1, 2003, p. 19.

[2] 参见何志鹏：《国际法治：一个概念的界定》，载《政法论坛》2009 年第 4 期。

[3] 参见钱静、肖永平：《全球治理视阈下的国际法治构建》，载《学习与实践》2016 年第 11 期。

[4] See G. John Ikenberry, "The Future of the Liberal World Order: Internationalism after America", *Foreign Affairs*, Vol. 90, No. 3, 2011, pp. 66-67.

[5] 参见陈德铭等：《经济危机与规则重构》，商务印书馆 2014 年版，第 65 页。

[6] 参见熊先觉：《司法学》，法律出版社 2008 年版，第 9 页。

[7] 参见徐显明：《论坚持建设中国特色社会主义法治体系》，载《中国法律评论》2021 年第 2 期。

得到维护，法治国家的目标能否得以实现。[1]

全球经济治理与涉外商事审判都与"法"密切相关。全球经济治理讲求的是依法而治，涉外商事审判讲求的是依法而判。权力必须受到制约。权力之恶不单是理论上的臆想，更是在实践中得到了反复的印证。权力的潜在风险不仅体现在权力的行使会被偏激的目标所裹挟，最终导致不良的后果，还体现在虽然权力的行使本是出于良善的目标，但不当的行使方式最终使权力偏离了正轨。[2]以司法制约权力的理念自古有之。[3]在经济全球化的背景下，一国的涉外商事审判已然能够对全球经济治理权的分配以及全球经济治理赖以存在的规则体系施加影响。全球经济治理与涉外商事审判之间的连接在一定程度上得益于两者均需依法而行的特质。

三、价值上的关联

如今，人类管理活动的重心正逐步从"统治"（government）转向"治理"（governance）。[4]统治和治理都需要权威的支撑，但两者权威的来源有所不同。统治的权威来自国家和政府，而治理的权威来源更为广泛。格里·斯托克（Gerry Stoker）主张，在"治理"模式下，政府已不再是唯一的权力中心，因为在其行使权力得到认可的情况下，各类公私主体都可以成为不同层面的权力中心。[5]在"统治"模式下，权力的运行是自上而下、单一向度的；而"治理"则倡导以合作网络的权威取代单一的政府权威，它的权力向度是多元、相互的。作为"治理"理念在国际层面的应用，全球经济治理反映的同样是公共实体与私人实体之间逐渐演进的、多层次的合作关系。[6]

多元主体合作的重要性在全球经济治理的语境下被反复强调。这里所说

---

[1] 参见倪弘:《司法公正与法治国家》,载《西南民族学院学报（哲学社会科学版）》1999年第2期。

[2] 参见庞正:《论权力制约的社会之维》,载《社会科学战线》2016年第2期。

[3] 参见杨建军:《法治国家中司法与政治的关系定位》,载《法制与社会发展》2011年第5期。

[4] 参见俞可平:《全球治理引论》,载《马克思主义与现实》2002年第1期。

[5] 参见[英]格里·斯托克:《作为理论的治理:五个论点》,华夏风译,载《国际社会科学杂志（中文版）》2019年第3期。

[6] 参见薛安伟、张道根:《全球治理的主要趋势、诱因及其改革》,载《国际经济评论》2020年第1期。

的合作指的是不同主体相互协调政策，协同管理全球经济事务，实现共同利益的行为。[1]国际合作并非易事。有学者曾试图以"囚徒困境"理论来解释国际合作。[2]然而，该理论并不足以准确描述国际合作的复杂性，因为摆在主体面前的并非只有"合作"与"不合作"两个选项，他们还需要考虑以何种条件开展合作。[3]尽管国际合作通常面临重重困难，但是全球经济治理作为一种高级形态的国际合作，依然获得了普遍的关注和认可。全球经济治理之所以能够吸引不同主体共同参与，原因在于它有助于在一个无世界政府的状态下建立和维持必要的国际经济秩序。

全球经济治理将"秩序"引入了超出单个经济体应对能力的国际经济问题的处理方案中。[4]"秩序"是全球经济治理的魅力所在。国际经济在不同的历史阶段呈现出了不同的特点，用以调整经济秩序的手段也相应地发生着变化。在20世纪30年代以前，西方经济学家提出，在充分竞争的条件下，经济可以依靠市场的价格机制和竞争机制实现自我调节。在这一时期，国际经济秩序处于一种"无为而治"的状态。[5]然而，经济危机的爆发暴露出了旧有经济秩序的固有缺陷。于是，凯恩斯主义应运而生。依照约翰·凯恩斯（John Keynes）的观点，经济运行不能完全依赖于市场调节，国家为维护正常的经济秩序有必要施加干预。[6]到了20世纪70年代，经济滞胀问题浮现出来。[7]以凯恩斯主义为指导的经济秩序受到了严重的冲击。国际经济形势的复杂化使人们意识到单纯依靠市场调节或者单纯依靠政府干预都不是最佳的

---

[1] 参见曾巧生：《全球治理的价值、内涵及中国的国家定位》，载《求实》2016年第11期。

[2] See Andrew T. Guzman, *How International Law Works: A Rational Choice Theory*, Oxford University Press, 2008, p. 25.

[3] See James D. Morrow, "Modeling the Forms of International Cooperation: Distributive Versus Information", *International Organization*, Vol. 48, No. 3, 1994, p. 395.

[4] 参见俞可平主编：《治理与善治》，社会科学文献出版社2000年版，第267页。

[5] 参见蒋明、蒋海曦：《现阶段全球经济新秩序初论》，载《当代经济研究》2013年第7期。

[6] 参见张秀娈、陈新岗：《试论凯恩斯主义经济学对美国经济史的影响》，载《山东社会科学》2007年第5期。

[7] 从狭义上讲，滞胀是用以描述20世纪70年代，美国的产出增速和通货膨胀反向变动的专门词汇。从广义上讲，滞胀指的是一段时期内失业率与通货膨胀率高涨，经济增长停滞甚至降低的经济状况。根据经济停滞与通货膨胀的程度与步调，滞胀包括三种具体形式：一是严重的经济停滞与通货膨胀并存；二是"滞"与"胀"在空间上并存，时间上继起，表现为严重的经济停滞与缓和的通货膨胀或者缓和的经济停滞与严重的通货膨胀的组合；三是轻微的经济停滞与通货膨胀并存。参见魏冬、冯采：《对滞胀问题的研究：一个文献综述》，载《价格理论与实践》2021年第4期。

第一章 我国涉外商事审判与全球经济治理的连接

方案。货币主义、新古典主义、新自由主义、后凯恩斯主义等理论随之兴起。这些理论试图在"自由放任"与"政府干预"之间找到一条中间道路。在利益共享与风险共担的经济全球化时代，国际经济秩序的脆弱性更加显露出来，因为一国的经济困境很可能会蔓延开来，最终阻碍全球经济的正常运行。全球经济治理的勃兴正是为了应对国际经济秩序面临的系统性风险。

司法的价值是多元的。有学者认为，司法的价值在于秩序、公正、效益。[1]也有学者主张，司法的价值包括自由、秩序、正义、效率等。[2]总而言之，司法与秩序之间有着密切的联系。秩序是指整齐而有条理的状态。秩序是人类社会的一项普遍追求，这源自自然界有序模式广泛而深刻的影响。[3]事实上，秩序与自由是相伴而生的，因为自由只能在有限的范围内实现，当社会中的个体依照共同的范围来行使自由时，这种共同的范围便构成了秩序。人类社会的秩序分为两类：一类是内部秩序，即自发秩序；另一类是外部秩序，即人造秩序。虽然内部秩序是社会秩序不可或缺的方面，但是该秩序的本质特征在于自生自发，它强调的是维护秩序所需的最少量的规则能够在无强制实施的情况下得到遵守。[4]秩序建立在社会中的个体遵守规则的基础之上，可是想要人人自觉遵守规则是不切实际的，所以有必要引入其他机制，在内部秩序之外人为地创设和维持外部秩序。司法便是为了满足人类社会对于外部秩序的需求而产生的。[5]

经济秩序是社会秩序的一个子集。司法与经济秩序之间的联系是微妙的。英国是世界各国中司法改革的先驱。1602年，英国普通法院宣布，国王特许私人在本国输入、制造、售卖纸牌的独占性权利是无效的，因为它违反了习惯法和议会通过的法案。这标志着英国的司法已经开始脱离王权的束缚。1641年，特权法院的废除是英国司法发展史上的另一标志性事件。查理一世

---

[1] 参见陈光中、陈瑞华、汤维建：《市场经济与刑事诉讼法学的展望》，载《中国法学》1993年第5期。

[2] 参见李文健：《转型时期的刑诉法学及其价值论》，载《法学研究》1997年第4期。

[3] 参见[美]E·博登海默：《法理学——法哲学及其方法》，邓正来、姬敬武译，华夏出版社1987年版，第207页。

[4] 参见[英]弗里德利希·冯·哈耶克：《法律、立法与自由》（第1卷），邓正来、张守东、李静冰译，中国大百科全书出版社2000年版，第54页。

[5] 参见杨宇冠：《论刑事司法制度的基本价值目标：自由与秩序》，载《广东社会科学》2012年第2期。

同意法官的任命不再遵从国王的意志，而是应当依据候选者良好的品行。大卫·休谟（David Hume）将之称作"为防止专断的权力闯入普通法院迈出的伟大一步"。[1]英国普通法院通过开展司法活动，摒弃了旧有的凭借国王特权获取财富的体制，转而保护每个主体公平参与市场的权利，将交换正义、市场公正等奉为经济运行的基本法则。一国的司法对其本国经济秩序产生影响并不是英国特有的个例。早在我国1992年的《最高人民法院工作报告》中，为经济建设服务便被列为了司法工作的目标之一。市场经济是一种法治经济。我国法院的司法活动对于培育、维护、宣扬市场经济所尊崇的权利观念、规则观念、平等观念、自由观念起到了重要的作用。[2]

全球经济治理的价值在于秩序，司法的价值亦在于秩序。两者在价值上的关联性意味着司法完全可能在全球经济治理中发挥效用。非涉外司法活动的影响力大多仅限于法院地国境内，所以其与全球经济治理之间的关系不甚明显。相较而言，涉外商事审判的涉外性使得此类司法活动的影响力已经超越了法院地国的边界，其与全球经济治理之间的关系更易被注意到。

---

[1] David Hume, *The History of England*, Vol. 5, Liberty Fund Inc., 1983, p. 330.

[2] 参见韦群林：《从"经济"到"秩序"：论司法对市场经济秩序的保障作用》，载《中国市场》2007年第40期。

第二章

我国涉外商事审判对全球经济治理权分配的影响

各国政府部门、国际机构、非政府组织是全球经济治理的典型主体。涉外商事审判能够在他们之间进行全球经济治理权的分配。这是其对全球经济治理施加影响的重要体现。

第一节 全球经济治理权分配模式的演化

戴维·赫尔德（David Held）提出，全球治理不仅是指通过正式的制度和组织以维持世界秩序，还涉及其他组织和压力团体对国际规则和权威体系所形成的影响。[1]全球经济治理同样讲求政府组织与非政府组织的合作、政治国家与公民社会的合作。[2]纵观全球经济治理的发展史，治理权在不同主体之间的分配模式主要经历了吸纳、嵌入、分化三个阶段。

一、资本主义时期的吸纳模式

资本主义时期的全球经济治理更多地体现为资产阶级为了追逐利益而在全球范围内建立联系。[3]建立联系的本质是使商品的生产和消费具有世界性。在这一过程中，各国人民日渐被卷入世界市场之中。彼时，世界市场网络的运行是单向的而非交互的。发达的资本主义经济体不断将其他经济体吸纳到资本主义的生产方式中，按照自己的面貌来塑造国际经济秩序。欧洲是资本

---

[1] 参见[英]戴维·赫尔德等：《全球大变革：全球化时代的政治、经济与文化》，杨雪冬等译，社会科学文献出版社2001年版，第87页。

[2] 参见薛安伟、张道根：《全球治理的主要趋势、诱因及其改革》，载《国际经济评论》2020年第1期。

[3] 参见胡键：《全球经济治理主体间关系研究》，载《国际经贸探索》2021年第9期。

主义的发源地。资本主义时期的全球化既是资本走出欧洲的过程，也是世界欧洲化的过程。在欧洲内部，这表现为农村从属于城市的过程；而在欧洲外部，这表现为未开化或半开化的经济体从属于西方文明经济体的过程。其中必然掺杂了许多的不对等性：一方面，从资本之间的关系来看，这是一个少数资本家剥夺、利用多数资本家的过程；另一方面，从发达经济体与殖民地的关系来看，这是一个资本从发达经济体流向殖民地，而利润从殖民地流向发达经济体的过程。

资本有强弱之分。在原始积累完成之后，实力强大的资本侵蚀实力弱小的资本所引发的资本集中现象贯穿了资本主义的发展历程。强弱资本之间的矛盾不仅出现在一国内部，也存在于国与国之间。强弱有别的欧洲资本主义国家在对外扩张中争夺世界市场和殖民地的斗争便是这种矛盾的具体体现。频繁的斗争显然不利于利益的攫取和积累，所以不同的经济体出于追逐利益的共同本性，不得不探索除斗争以外其他解决分歧的方式。这便是资本主义时期全球经济治理兴起的原因。

扩张是资本主义的天性。资产阶级试图将自己的生产方式强加于殖民地，但这不可避免地引发了难以调和的矛盾。资产阶级与殖民地之间的矛盾从根本上说是以自己的劳动为基础的自然经济制度与以剥削他人的劳动为基础的资本主义经济制度之间的矛盾。殖民地持续高涨的反殖民运动显然不利于资产阶级在殖民地建立稳定的统治秩序。如何能够有效地进行统治成了摆在资产阶级面前亟待解决的问题。

在这一时期，无论是资本之间矛盾的解决，还是资产阶级与殖民地之间矛盾的解决，均是采用了吸纳策略。资本之间的吸纳表现为大资本吞并小资本的过程；资产阶级对殖民地的吸纳则表现为前者重塑后者生产方式的过程。在上述过程中，吸纳的一方成了国际经济体系中的引领者，而被吸纳的一方相应地成了国际经济体系中的被引领者。全球经济治理权在吸纳方与被吸纳方之间完成了一种不平等的分配。这种不平等性决定了资本主义时期的全球化不是平和的，而是充满腥风血雨的。

二、20世纪70年代后的嵌入模式

相互依赖是世界政治的客观事实。罗伯特·基欧汉（Robert Keohane）和约瑟夫·奈（Joseph Nye）将经济体之间的依赖关系从三个方面进行了解读。

第一，经济体之间的依赖程度与其付出的代价相关。比如，当经济体以让渡部分主权为代价参与合作时，它便会更加重视相互依赖的框架。第二，相互依赖并不意味着国际冲突的消亡。主权国家始终会将国家利益置于首位。在全球资源稀缺的情况下，冲突是难以避免的。第三，相互依赖既可能是均衡的依赖也可能是非对称的依赖。均衡的依赖是一种理想的状态，非对称的依赖是一种常态。前文所述的资本主义时期的吸纳体现的是一种非对称的依赖。[1]

到了20世纪70年代，在经历过民族独立运动后，单向性的世界市场网络被撼动。经济体之间的依赖关系表现出更多相互性的特征。在此时的国际经济体系中，不同的经济体之间形成了一种你中有我、我中有你的嵌入状态。此种状态的产生有着多方面的原因。一是全球化的深化。20世纪70年代，东西方意识形态的冲突趋于缓和。这给市场要素的跨境流动创造了良好的机会。虽然逆全球化的阴影无法根除，但是全球化依然是世界发展不容置疑的大趋势。二是资本的多向流动。在吸纳模式下，全球经济治理权仅仅掌握在少数主体手中。到了20世纪70年代，资本的流动更加频繁和自由。借由资本，政府与政府之间、政府与国际组织之间的利益勾连进一步加深。一旦经济运行受阻，大范围的利益相关者都会受到影响。所以，此时的全球经济治理不再是少数主体瓜分世界财富的工具，而是成了多数主体维护国际经济秩序的手段。[2]三是信息技术的勃兴。信息技术的发展极大地推动了全球化的进程。从时间维度上看，信息技术使得过去、现在、未来可以共存于统一的信息系统之中；从空间维度上看，信息技术打破了不同主体之间的空间阻隔，打造出了一种"流动空间"（space of flows）。[3]四是传统主权观念的革新。主权是伴随着近代民族国家的出现而产生的，是人类社会发展到一定阶段的产物。主权分为对内和对外两个方面：对内主权意指一国是本国决策的最终负责者和权威；对外主权意指一国不受外来的控制，享有自主和独立

---

[1] 参见［美］罗伯特·基欧汉、约瑟夫·奈：《权力与相互依赖》，门洪华译，北京大学出版社2002年版，第6~9页。

[2] 参见胡键：《资本的全球治理：马克思恩格斯国际政治经济学思想研究》，上海人民出版社2016年版，第44~47页。

[3] 参见［美］曼纽尔·卡斯特：《网络社会的崛起》，夏铸九等译，社会科学文献出版社2001年版，第466~569页。

的地位。[1]在早期的理论中，一国的主权是绝对的、不可分割的，但是经济全球化的迅猛发展使得各个国家意识到为了解决某些全球性问题，让渡部分主权是十分必要的。[2]

从资本主义时期到第二次世界大战结束后的这段时间，国际重大经济事务的决策权实际上掌握在一小撮国家手中。在布雷顿森林会议之后，全球经济治理形成了"俱乐部式"的运作方式，即美国和其他少数发达国家通过举行秘密会议、制定国际政策和规则，来左右国际经济的走向。[3]到了20世纪70年代，越来越多的国家参与全球经济治理的意识被唤醒，由少数国家主导的治理格局被打破。然而，多元主体的共同参与使得协商谈判的成本越来越高，达成国际规则的难度越来越大。[4]此时，不同的国家和国家集团开始将国际组织作为重要的游说平台，来表达自身的利益诉求，寻求对己有利的国际规则。此外，非国家主体（如跨国公司、非政府组织等）参与全球经济治理的热情越发高涨。虽然他们既不是政府，也不是由政府所建立的，但是他们在一些重要领域中成了国际政策、法规和标准的推动者、实施者甚至是创造者。[5]

现代意义上的全球经济治理表现为多元主体为了最大限度地增进共同利益而进行的协商与合作。[6]资本主义时期的全球经济治理被少数强势经济体所掌控，其他经济体并非以治理主体的身份主动地参与治理，而是作为客体被动地被卷入治理进程之中。事实上，彼时的全球经济治理单有管理活动的外壳，但缺少了多元主体协作并进的内核。在20世纪70年代后，全球经济治理权已经不再专属于"俱乐部"中的少数主体，而是广泛地由参与国际经济事务的各类主体所共享。这标志着全球经济治理权的分配由过去以斗争为

---

[1] 参见高凛：《全球化进程中国家主权让渡的现实分析》，载《山西师大学报（社会科学版）》2005年第3期。

[2] 参见李慧英、黄桂琴：《论国家主权的让渡》，载《河北法学》2004年第7期。

[3] See Robert Keohane & Joseph S. Nye, "Introduction" in Joseph S. Nye & John D. Donahue eds., *Governance in a Globalizing World*, Brookings Institution Press, 2000, p. 26.

[4] 参见薛澜、俞晗之：《迈向公共管理范式的全球治理——基于"问题—主体—机制"框架的分析》，载《中国社会科学》2015年第11期。

[5] 参见马忠法、赵建福：《全球治理语境下的商业组织与国际法》，载《学海》2020年第1期。

[6] 参见俞可平：《经济全球化与治理的变迁》，载《哲学研究》2000年第10期。

第二章 我国涉外商事审判对全球经济治理权分配的影响

基本导向的吸纳模式转向了以共存为基本导向的嵌入模式。

三、全球化震荡下的分化模式

20世纪70年代末，西方国家遇到了凯恩斯主义难以有效应对的滞胀危机。为了摆脱困境，英美两国率先推行以自由化、私有化、市场化为要旨的新自由主义经济政策。随着1979年以玛格丽特·撒切尔（Margaret Thatcher）为首的英国保守党上台和1981年美国共和党人罗纳德·里根（Ronald Reagan）入主白宫，新自由主义在英国和美国被付诸实践。[1]新自由主义的倡导者将滞胀危机归咎于国家干预带来的市场效率低迷和福利社会导致的物价上涨。西方国家开始通过减税等方式来解决经济停滞问题，通过紧缩货币供给等方式来解决通货膨胀问题。新自由主义政策帮助西方国家走出了滞胀的泥淖。然而，新自由主义引发了严重的社会贫化现象，尤其是在21世纪初的全球金融危机之后，部分西方国家遇到了"中产阶级再无产化"的窘况。自身经济增长乏力和新兴经济体崛起的两面夹击使得西方国家的全球化红利持续收紧。在此背景下，逆全球化思潮沉渣泛起，甚至在某些国家的社会群体中上升为集体共识。[2]

从其诱因来看，逆全球化可分为三种类型。第一种是迁怒型的逆全球化。它是指某些国际经济事务的参与者将并非由全球化导致的，对自身产生负面影响的事件，仅凭表面上的联系，便归咎于全球化，进而表达出对于全球化的不满。第二种是萎过型的逆全球化。它是指全球化的某些负面效应是完全可以控制和化解的，可是某些国际经济事务的参与者不去积极地采取应对措施，反而一味地抹黑全球化。第三种是操弄型的逆全球化。它是指某些保守势力将全球化当成假想敌，通过鼓吹全球化有害论，为其自身谋取政治利益或为其所在国家谋取单边利益。[3]

英国社会学家安东尼·吉登斯（Anthony Giddens）曾在对于社会系统的

---

[1] 参见杨玉成、赵乙儒：《论新自由主义的源流、性质及局限性》，载《世界社会主义研究》2022年第2期。

[2] 参见马超、王岩：《逆全球化思潮的演进、成因及其应对》，载《思想教育研究》2021年第6期。

[3] 参见陶富源：《关于逆全球化的当代主要矛盾论分析与应对》，载《安徽师范大学学报（人文社会科学版）》2022年第1期。

分析中提出"脱域"的概念。脱域是指行为体从带有互动性的关联中脱离出来。因为行为体对原有时空关系中的因素产生了不信任，所以才会出现脱域的现象。简单来说，脱域起因于行为体对原关联系统存在信任赤字，试图寻找新的信任寄托。[1]逆全球化便是脱域的一种表现。20世纪70年代后，国际经济关系进入了"蜜月期"，全球经济治理权的分配相应地迎来了嵌入模式的新篇章。尽管彼时国家与国家之间的互动日益频繁，相互依赖程度逐渐加深，国家利益呈现出了明显的共同性与合作性，但是冲突性始终是国家利益的本质特征。在经历了短暂的"蜜月期"后，经济体之间的利益冲突渐渐清晰起来，原先的嵌入模式出现了裂痕。在逆全球化浪潮袭来之时，有的经济体选择脱离之前的关联体系，探寻新的发展策略。

进入21世纪以来，传统发达资本主义国家对国际经济事务的控制力大幅衰减。他们开始反思全球化所带来的负面影响。出于维护自身既得利益和国际地位的考虑，传统发达资本主义国家供给全球经济治理公共品的意愿明显降低。保护主义、民粹主义、孤立主义等思想在这些国家急剧膨胀。传统发达资本主义国家推卸全球经济治理责任的做法导致国际经济秩序变得动荡，治理机制碎片化的问题愈发突出。[2]反观新兴的发展中国家则是凭借自身经济实力的提升，将更多的注意力投向了制度性话语权。制度包含了一系列被用于限定角色、规范行为、形成预期的相互关联的规则。[3]权力是"用以控制他人观念和行动的东西"，体现的是主体对客体的支配性。[4]作为制度和权力结合体的制度性话语权可以反映出行为体在参与国际事务时对国际社会结构赖以存在的体系、规则、机制的支配性影响。制度性话语权由话语主体、话语客体、话语形式等要素构成，具体表现为治理主体意思表达的现实影响力和制度规则发展导向的实际引导力。[5]制度性话语权投射出一个经济体在

---

[1] 参见［英］安东尼·吉登斯：《现代性的后果》，田禾译，译林出版社2011年版，第18~32页。

[2] 参见许士密：《"逆全球化"的生成逻辑与治理策略》，载《探索》2021年第2期。

[3] See Robert O. Keohane, "International Institutions: Two Approaches", *International Studies Quarterly*, Vol. 32, No. 4, 1988, p. 383.

[4] See Robert Gilpin, *U. S. Power and the Multinational Corporation: The Political Economy of Foreign Direct Investment*, Basic Books, 1975, p. 24.

[5] 参见刘勇、王怀信：《全球经济治理中制度性话语权的三重特征》，载《江苏大学学报（社会科学版）》2020年第3期。

国际社会中的声望、地位和影响力。在制度性话语权上具有优势的国家可以在全球经济治理中为自己谋得更多的治理权。[1]因此，制度性话语权成为新兴发展中国家参与全球经济治理的重要抓手。

在嵌入模式阶段，各个经济体由于彼此间深刻的利益关联而表现出了空前的协同治理的意愿。逆全球化的侵袭虽未改变国际社会互利共赢的整体趋势，但终究在一定程度上消解了嵌入模式下经济体之间其乐融融的合作氛围。全球化的震荡将全球经济治理权的分配引向了分化模式。这一模式的形成并非意味着经济体之间的联系被彻底打破。前述吸纳模式和嵌入模式更为关注单个经济体之间的分分合合，而在分化模式下，经济体经分化后所结成的利益集团之间的博弈对全球经济治理权的分配起到了显著的影响。经济体根据自身的利益诉求所结成的利益集团是多样的。其中，最为引人注目的便是发达国家集团和发展中国家集团。他们之间的博弈直接影响着全球经济治理的走向。

逆全球化固然对国际经济秩序造成了严重的冲击，但它同时促使掌握全球经济治理权的不同利益集团在一次次的相互交锋中更加清楚地了解其他利益集团的诉求，并更加客观地审视现有治理体系的弊端。全球化有两层内涵：其一，在存在论层面上，它是指世界各国之间经济、政治、文化等方面联系的全球规模化；其二，在价值论层面上，它是指世界各国政府和民众生存发展利益的全球紧密化。[2]前一层面上的全球化已经得到了充分印证，而后一层面上的全球化则需要国际社会通过构建一个开放、包容、普惠、平衡、共赢的全球经济治理体系来加以实现。[3]全球经济治理权分配中的分化现象只是全球化的中间产物，它为再全球化的来临揭开了序幕。

第二节 我国涉外商事审判在全球经济治理权分配中的作用方式

全球经济治理权中的"权"字意指权力。治理是一种趋于平行化、网络

---

[1] 参见陈伟光、王燕：《全球经济治理制度性话语权：一个基本的理论分析框架》，载《社会科学》2016年第10期。

[2] 参见陶富源：《关于逆全球化的当代主要矛盾论分析与应对》，载《安徽师范大学学报（人文社会科学版）》2022年第1期。

[3] 参见许士密：《"逆全球化"的生成逻辑与治理策略》，载《探索》2021年第2期。

化的结构。在治理的语境下,权力不再代表单纯的支配关系,而是带有交换关系的属性。[1]作为司法机关,法院对全球经济治理施加影响必然需要通过"法"这一媒介。受法院审判活动影响的全球经济治理权具体表现为治理主体所享有的立法管辖权、执法管辖权和司法管辖权。涉外商事审判对全球经济治理权分配的影响体现在其能够将这三种管辖权在国家之间、国内机构与国际机构之间、政府机构与非政府组织之间加以分配。

一、在国家之间分配全球经济治理权

涉外商事审判往往牵涉到除法院地国以外的其他国家的利益。涉外商事审判对全球经济治理权分配的影响首先体现在它能够在我国与他国之间分配立法管辖权、执法管辖权和司法管辖权。

(一)立法管辖权的分配

在审理涉外商事案件时,法院需要考虑的一个重要问题是应依据哪个国家的法律来审理该案。如果法院在其所受理的所有涉外商事案件中排他性地适用法院地法,这相当于无限制地扩大了法院地国的立法管辖权。这种做法带来的后果可能是灾难性的:一是,这将刺激当事人为了自身利益最大化而挑选法院;二是,这将架空国际私法所追求的"判决结果一致"的目标。[2]

在解决涉外案件的法律适用问题时,主要有两种思路:一种是划分各个法域法律的支配范围,从而明确不同法律的适用边界;另一种是分析涉外案件中的法律关系,找到支配它的法律规则。德国法学家萨维尼(Savigny)提出的法律关系本座说沿循了后一种思路,对现代国际私法的建构产生了深远的影响。萨维尼认为,法律关系的中心是在此关系中享有权利和利益的人;法律适用的核心应是关注法律关系中的人,而非践行国家立法者的意志。[3]法律关系本座说展现了平等的理念。这里的平等包含人的平等与法的平等两个方面。

第一,人的平等。在社会关系中,每个行动者都不应将他人仅仅视作一

---

〔1〕 参见张康之:《现代权力关系的交换属性及其超越方案》,载《南京师大学报(社会科学版)》2014年第1期。

〔2〕 参见霍政欣:《论全球治理体系中的国内法院》,载《中国法学》2018年第3期。

〔3〕 参见徐鹏:《涉外法律适用的冲突正义——以法律关系本座说为中心》,载《法学研究》2017年第3期。

件工具，而应将他们视为同样应受尊重的行动者。[1]作为自治权利的享有者，每个人都应被当作具备内在理性能力和道德行为能力的主体，应以同等的、有尊严的方式被对待。[2]法律制度的构建和法律权利的设定应当致力于保护人的此种平等。[3]在法律关系本座说中，人的平等体现在涉外法律关系中的人不能因为国籍而遭到武断的差别对待。人无法依照自己的意志决定父母的国籍或自己的出生地，所以他在降生时便不得不接受根据国籍主义或出生地主义而强加给他的国籍。法律关系中的人不应因不受自身自由意志支配的事情而被区别对待。[4]

第二，法的平等。每个民族都植根于特定的自然环境，并在漫长的历史中逐步形成了带有自身特色的语言、宗教、礼仪、风俗等社会要素。在萨维尼看来，国家脱胎于民族，是民族共同体的实体形态。[5]在对于法的认知上，受历史法学派影响的萨维尼持有与法律实证主义不同的观点。他不是将法律视为一国立法者专断意志的产物，而是认为法律是从特定民族的禀赋中逐渐发展而来的。[6]既然各个民族以及作为民族外在形式的国家是平等的，那么投射民族精神的各国法律也应当是平等的。因此，在涉外案件的法律适用中，裁判者需要平等地对待内国法与外国法。

萨维尼法律关系本座说中的平等理念反映出现代国际私法的要旨，即冲突正义的实现。冲突正义是指当出现涉外纠纷时，不论当事人在哪一法域的法院起诉，案件均能适用相同的准据法，进而得到一致的裁判结果。[7]我国

---

[1] 参见［美］S.E. 斯通普夫、J. 菲泽：《西方哲学史：从苏格拉底到萨特及其后》，匡宏等译，世界图书出版公司2009年版，第283页。

[2] 参见［美］布雷恩·Z. 塔玛纳哈：《论法治——历史、政治和理论》，李桂林译，武汉大学出版社2010年版，第42页。

[3] 参见［挪］G·希尔贝克、N·伊耶：《西方哲学史——从古希腊到二十世纪》，童世骏、郁振华、刘进译，上海译文出版社2012年版，第451页。

[4] 参见［德］弗里德里希·卡尔·冯·萨维尼：《法律冲突与法律规则的地域和时间范围》，李双元等译，法律出版社1999年版，第14页。

[5] 参见［德］萨维尼：《当代罗马法体系 I：法律渊源·制定法解释·法律关系》，朱虎译，中国法制出版社2010年版，第23~28页。

[6] 参见［德］弗里德里希·卡尔·冯·萨维尼：《论立法与法学的当代使命》，许章润译，中国法制出版社2001年版，第7~11页。

[7] 参见徐崇利：《冲突法之悖论：价值取向与技术系统的张力》，载《政法论坛》2006年第2期。

法院在审理涉外商事案件时需要判定应当适用哪个国家的法律。倘若我国法院在任何由其审理的涉外商事案件中排他性地适用中国法，这相当于我国法院仅承认本国的立法管辖权。这种做法有悖于冲突正义。反之，倘若我国法院依据本国冲突规范的指引来确定应适用的法律，这相当于我国法院在我国与他国之间进行了立法管辖权的分配。这种做法更符合冲突正义的理念。

（二）执法管辖权的分配

判决的承认与执行是涉外诉讼程序的重要组成部分，因为只有法院作出的判决得到落实，当事人之间的纠纷才能算是尘埃落定。[1]一国法院的判决原则上只在本国领域内有效，但是涉外司法的进步需要国家突破属地主义的束缚，以一种更加开放的态度对待外国法院的判决。

根据2023年《民事诉讼法》第299条的规定，国际条约是我国法院承认与执行外国法院商事判决的重要依据。在合作博弈的视角下，外国法院判决的承认与执行应通过有约束力的契约来实现，以保证缔约者的收益大于其在非合作博弈状态下的收益。[2]为了提升法院判决的全球流通性，海牙国际私法会议推出了《承认与执行外国民商事判决公约》（以下简称《海牙判决公约》），但我国尚不是该公约的缔约国。[3]在多边条约缺失的情况下，我国法院当前承认与执行外国法院判决所依据的条约类型主要为双边司法协助条约。[4]

互惠原则是除条约之外，我国法院承认与执行外国法院商事判决的又一

---

〔1〕 参见韩德培：《国际私法新论》，武汉大学出版社2003年版，第486页。

〔2〕 参见徐伟功：《我国承认与执行外国法院判决制度的构建路径——兼论我国认定互惠关系态度的转变》，载《法商研究》2018年第2期。

〔3〕 截至目前，只有哥斯达黎加、以色列、俄罗斯、乌克兰、美国、乌拉圭这6个国家签署了《海牙判决公约》。See Hague Conference on Private International Law (HCCH), "Status Table - Convention of 2 July 2019 on the Recognition and Enforcement of Foreign Judgments in Civil or Commercial Matters", https://www.hcch.net/en/instruments/conventions/status-table/?cid=137, last visited on 19 July 2022.

〔4〕 例如，2003年，广东省佛山市中级人民法院承认意大利米兰法院的破产判决，参见广东省佛山市中级人民法院（2000）佛中法经初字第633号民事裁定书；2005年，广东省广州市中级人民法院承认法国普瓦提艾商业法院的破产判决，参见广东省广州市中级人民法院（2005）穗中法民三初字第146号民事裁定书；2014年，浙江省宁波市中级人民法院承认波兰共和国弗罗茨瓦夫上诉法院的判决，参见浙江省宁波市中级人民法院（2013）浙甬民确字第1号民事裁定书；2017年，辽宁省抚顺市中级人民法院承认法国巴黎商业法院的判决，参见辽宁省抚顺市中级人民法院（2016）辽04协外认第6号民事裁定书。

重要依据。互惠原则表现为相互主义，即倘若一国法院拒绝承认与执行我国法院的判决，那我国法院便不会承认与执行该国法院的判决。适用该原则的关键在于如何认定两国之间存在互惠关系。广义的互惠关系包括条约互惠、法律互惠、事实互惠、推定互惠等。

从全球经济治理权分配的角度来看，我国法院是否承认与执行外国法院的判决决定了他国的执法管辖权能否得以实现。这里所说的他国执法管辖权的实现并非指他国在我国领域内直接行使执法管辖权，而是指他国的执法管辖权借由我国之手间接得以实现。具体而言，如果我国法院承认与执行他国法院的判决，那么这意味着我国法院通过行使执法管辖权，使该国的执法管辖权得到了落实。

（三）司法管辖权的分配

根据我国法律的规定，法院可以对涉外商事案件主张行使普通管辖权、特别管辖权、协议管辖权或专属管辖权。

普通管辖权是基于被告与法院辖区的关系而产生的管辖权，通常以被告住所地的位置来判断法院对案件是否享有管辖权。同许多国家的国内法一样，我国2023年《民事诉讼法》第22条[1]沿循了被告住所地标准，将涉外案件的普通管辖权赋予了被告住所地的人民法院。普通管辖权涉及两种情形：一种是外国原告起诉在我国有住所的被告，另一种是在我国有住所的当事人之间的涉外纠纷。[2]

特别管辖权是以诉讼标的或标的物为标准来确定管辖法院。2023年《民事诉讼法》第276条是我国法院对涉外商事案件行使特别管辖权的重要依据。该条款规定，对于在我国领域内没有住所的被告提起的除身份关系以外的诉讼，可以由合同签订地、合同履行地、诉讼标的物所在地、可供扣押财产所在地、侵权行为地、代表机构住所地的人民法院管辖。此外，2023年《民事

---

[1] 2023年《民事诉讼法》第22条规定："对公民提起的民事诉讼，由被告住所地人民法院管辖；被告住所地与经常居住地不一致的，由经常居住地人民法院管辖。对法人或者其他组织提起的民事诉讼，由被告住所地人民法院管辖。同一诉讼的几个被告住所地、经常居住地在两个以上人民法院辖区的，各该人民法院都有管辖权。"

[2] 在实践中，前一种情形较为普遍，比如，北京市第二中级人民法院审理的芬兰邦-邦萨默国际有限公司诉北京银富利进出口有限公司买卖合同纠纷案，参见（2002）年二中民初字第01764号；后一种情形也有个别案例，比如，湖北省高级人民法院审理的中国人民保险公司湖北省分公司与湖北省技术进出口公司保险索赔纠纷案，参见（2002）鄂民四终字第11号。

诉讼法》第 24 条至第 33 条分别规定了在合同纠纷、保险合同纠纷、票据纠纷、公司纠纷、运输纠纷、侵权纠纷、交通事故损害赔偿纠纷、船舶碰撞纠纷、海难救助费用纠纷、共同海损纠纷中，我国法院的特别管辖权。他们同样可被用于确定涉外商事案件的管辖权。[1]

协议管辖权是基于当事人的合意而产生的管辖权。2023 年《民事诉讼法》第 35 条规定，在合同纠纷或者其他财产权益纠纷中，当事人可以以书面形式协商选择与争议有实际联系的地点的人民法院管辖。与 2021 年《民事诉讼法》相比，2023 年《民事诉讼法》新增了当事人在涉外民商事案件中协议选择人民法院管辖的规定。2023 年《民事诉讼法》第 277 条写道："涉外民事纠纷的当事人书面协议选择人民法院管辖的，可以由人民法院管辖。"在实践中，当事人协议选择我国法院管辖的情况不在少数。比如，在源诚（青岛）国际货运有限公司诉栖霞市恒兴物业有限公司无正本提单放货纠纷案中，涉案提单载明我国法院对任何由合同引发的争议和索赔行使终审权。[2]

专属管辖权是指一国对特定领域的涉外案件无条件地保留其管辖权。这意味着其他国家对此类案件的管辖权遭到了排除。2023 年《民事诉讼法》第 279 条规定："下列民事案件，由人民法院专属管辖：（一）因在中华人民共和国领域内设立的法人或者其他组织的设立、解散、清算，以及该法人或者其他组织作出的决议的效力等纠纷提起的诉讼；（二）因与在中华人民共和国领域内审查授予的知识产权的有效性有关的纠纷提起的诉讼；（三）因在中华人民共和国领域内履行中外合资经营企业合同、中外合作经营企业合同、中外合作勘探开发自然资源合同发生纠纷提起的诉讼。"例如，在乌拉尔钾肥股份有限公司与济南槐荫化工总厂中外合资经营合同纠纷案中，法官认为，本案所涉合同系在我国境内履行的中外合资经营企业合同，所以我国法院享有案件的管辖权。[3]

我国法院在审查其对涉外商事案件是否具有上述管辖权之余，还需要考虑是否存在阻碍其行使管辖权的事项。这类事项包括平行诉讼和不方便法院。

平行诉讼（parallel proceedings）是指相同的当事人就同一纠纷基于相同的

---

[1] 参见杜焕芳：《中国法院涉外管辖权实证研究》，载《法学家》2007 年第 2 期。
[2] 参见（2002）鲁民四终字第 22 号。
[3] 参见（2002）鲁民四终字第 2 号。

事实同时在两个或者两个以上国家的法院进行诉讼。[1]平行诉讼有两种形式：一种是重复诉讼（repetitive litigation），即原告在一国法院起诉后，又针对相同的被告就相同的诉求向另一国法院起诉；另一种是对抗诉讼（reactive litigation），即原告在一国法院起诉后，该案的被告在另一国法院以原告身份起诉。[2]2023年《民事诉讼法》新增的关于平行诉讼的规定既涉及重复诉讼又涉及对抗诉讼。2023年《民事诉讼法》第280条规定："当事人之间的同一纠纷，一方当事人向外国法院起诉，另一方当事人向人民法院起诉，或者一方当事人既向外国法院起诉，又向人民法院起诉，人民法院依照本法有管辖权的，可以受理。当事人订立排他性管辖协议选择外国法院管辖且不违反本法对专属管辖的规定，不涉及中华人民共和国主权、安全或者社会公共利益的，人民法院可以裁定不予受理；已经受理的，裁定驳回起诉。"该法第281条还规定："人民法院依据前条规定受理案件后，当事人以外国法院已经先于人民法院受理为由，书面申请人民法院中止诉讼的，人民法院可以裁定中止诉讼，但是存在下列情形之一的除外：（一）当事人协议选择人民法院管辖，或者纠纷属于人民法院专属管辖；（二）由人民法院审理明显更为方便。外国法院未采取必要措施审理案件，或者未在合理期限内审结的，依当事人的书面申请，人民法院应当恢复诉讼。外国法院作出的发生法律效力的判决、裁定，已经被人民法院全部或者部分承认，当事人对已经获得承认的部分又向人民法院起诉的，裁定不予受理；已经受理的，裁定驳回起诉。"

不方便法院是指一法院对案件享有管辖权，但是如果由该法院审理此案将会给当事人或司法带来不便，而此时又有一个对此案同样享有管辖权的可替代法院，则该法院可以以自身为不方便法院为由，依职权或者依当事人的请求决定中止或撤销诉讼的制度。[3]不方便法院萌芽于17世纪的苏格兰，于19世纪在英格兰得以发展和完善。[4]2023年《民事诉讼法》第282条涉及不方便法院。该条款规定："人民法院受理的涉外民事案件，被告提出管辖异

---

[1] 参见李双元、谢石松、欧福永：《国际民事诉讼法概论》，武汉大学出版社2016年版，第334页。

[2] 参见刘仁山、陈杰：《我国面临的国际平行诉讼问题与协调对策》，载《东岳论丛》2019年第12期。

[3] 参见王祥修：《论不方便法院原则》，载《政法论丛》2013年第2期。

[4] 参见袁泉：《不方便法院原则三题》，载《中国法学》2003年第6期。

议,且同时有下列情形的,可以裁定驳回起诉,告知原告向更为方便的外国法院提起诉讼:(一)案件争议的基本事实不是发生在中华人民共和国领域内,人民法院审理案件和当事人参加诉讼均明显不方便;(二)当事人之间不存在选择人民法院管辖的协议;(三)案件不属于人民法院专属管辖;(四)案件不涉及中华人民共和国主权、安全或者社会公共利益;(五)外国法院审理案件更为方便。裁定驳回起诉后,外国法院对纠纷拒绝行使管辖权,或者未采取必要措施审理案件,或者未在合理期限内审结,当事人又向人民法院起诉的,人民法院应当受理。"

在综合考虑上述因素后,我国法院将决定是否对收到的涉外商事案件行使管辖权。我国法院行使管辖权的决定意味着认可了我国在案件所涉事项上的司法管辖权;反之,我国法院不行使管辖权的决定意味着放弃了我国在案件所涉事项上的司法管辖权,而将其让与了其他国家。

二、在国内机构与国际机构之间分配全球经济治理权

我国法院通过涉外商事审判在国内机构与国际机构之间分配全球经济治理权体现在立法管辖权的分配上。涉外商事审判之所以能够发挥此作用,原因在于我国法院在审理涉外商事案件时常常需要处理国内法与条约之间的关系。

条约被用于涉外商事审判得益于条约的私法化。条约是两个或两个以上的国际法主体产生、改变或废止相互间权利义务的意思表示一致。[1]早期的条约主要关乎国家之间的政治、军事、外交等关系,而鲜少直接涉及国内自然人、法人或其他组织的权利和义务。[2]19世纪末至20世纪初,出现了条约私法化的趋势,具体表现在:一是,从规制深度上看,条约从初期仅包含国家之间的权利和义务,转向规定各个缔约国应采取何种统一化的法令、政策或举措,以协调规范特定领域的事项;二是,从规制范围上看,条约从初期仅涉及公共事务领域的问题,转向直接为国际民商事领域中的自然人、法人或其他组织设定程序性和实体性的权利和义务。[3]

---

〔1〕参见李浩培:《条约法概论》,法律出版社2003年版,第3页。
〔2〕参见朱志晟、张亮:《条约在国内适用的若干问题探讨》,载《现代法学》2003年第4期。
〔3〕参见万鄂湘、余晓汉:《国际条约适用于国内无涉外因素的民事关系探析》,载《中国法学》2018年第5期。

第二章 我国涉外商事审判对全球经济治理权分配的影响

条约的国内适用可分为直接适用和转化适用。[1]前者是指一项条约无需转化为国内法便可在缔约国国内得以适用；而后者是指在缔约国经由国内立法，将条约内容转化为国内法后，条约方可得以适用。[2]一项条约在缔约国国内的适用方式是由缔约各国自行决定的。部分国家的基本法对于条约的国内适用方式作出了明确的规定。其中，有的国家的基本法规定，条约应当直接适用。例如，2006年《塞尔维亚共和国宪法》第16条规定，获得批准的国际条约应成为塞尔维亚共和国法律制度的一部分，并且应当直接适用。也有国家的基本法规定，条约应当转化适用。比如，1999年《芬兰共和国宪法》第95条规定，政府需依据法律规定的程序制定法令，以履行其在国际条约下的义务。《中华人民共和国宪法》（以下简称《宪法》）对于条约的适用方式未作出明确规定，所以条约在我国既非必然直接适用，也非必然转化适用。[3]

尽管《宪法》并未指明条约在我国法律体系中的定位，可是在部分单行法中出现了关于条约适用的规定。1985年《涉外经济合同法》第6条规定，当我国缔结或者参加的条约与我国法律有不同规定时，优先适用条约，但我国声明保留的条款除外。这是我国法律第一次明文规定条约与国内法之间的关系。虽然《涉外经济合同法》已经失效，但是相似的规定延续到了其他现行的单行法中，比如，2023年《民事诉讼法》第271条[4]、《票据法》第95

---

[1] 条约的适用有广义和狭义两种理解方式。前者是将条约的适用理解为国家通过立法、行政、司法、教育等各种措施履行本国缔结或者参加的已经生效的条约。持这一观点的代表人物包括王铁崖、李浩培、阿·菲德罗斯、汉斯·凯尔森等。他们倾向于将条约的执行与条约的适用作为同义词加以使用。参见王铁崖主编：《国际法》，法律出版社1981年版，第379页；李浩培：《条约法概论》，法律出版社2003年版，第379页；[奥] 阿·菲德罗斯：《国际法》（上册），李浩培译，商务印书馆1981年版，第228~229页；[美] 汉斯·凯尔森：《国际法原理》，王铁崖译，华夏出版社1989年版，第335~360页。后者是将条约的适用理解为纠纷解决机构依据条约处理当事人之间争议的过程。持这一观点的学者对条约的执行与条约的适用进行了区分。条约的执行是一个较为宏观层面的问题，是缔约国的国家义务，需要缔约国的立法、行政、司法机关的共同参与；而条约的适用是一个较为微观层面的问题，适用的主体仅为法院、仲裁机构等纠纷解决机构。参见徐锦堂：《关于国际条约国内适用的几个问题》，载《国际法研究》2014年第3期；万鄂湘、余晓汉：《国际条约适用于国内无涉外因素的民事关系探析》，载《中国法学》2018年第5期。本书采用的是广义的理解方式。

[2] 参见沈四宝、谢进：《论国际条约在我国的适用》，载《甘肃社会科学》2010年第3期。

[3] 参见黄晖、张春良：《论条约在我国涉外民事关系中的适用——基于规则和实践的考察》，载《法商研究》2014年第5期。

[4] 2023年《民事诉讼法》第271条规定："中华人民共和国缔结或者参加的国际条约同本法有不同规定的，适用该国际条约的规定，但中华人民共和国声明保留的条款除外。"

条第1款[1]、《海商法》第268条第1款[2]、《民用航空法》第184条第1款[3]等。作为法律适用领域的专门立法，《涉外民事关系法律适用法》并未提及条约适用的问题。最高人民法院于2012年发布的《法律适用法司法解释（一）》第4条规定，我国法院应当依据《民法通则》《票据法》《海商法》《民用航空法》等法律中的相关规定适用条约。在2020年修正后的《法律适用法司法解释（一）》中，原第4条被删去。然而，这并不意味着条约在涉外案件中的适用遭到了否定。前述单行法中关于条约适用的规定依然可以作为法院在审理涉外商事案件时适用条约的法律依据。[4]

在实践中，我国法院在许多涉外商事案件中选择直接适用条约。[5]比如，在上海振华港口机械有限公司诉美国联合包裹运送服务公司国际航空货物运输合同标书快递延误赔偿纠纷案中，上海市静安区人民法院直接适用《修改1929年10月12日在华沙签订的统一国际航空运输某些规则的公约的议定书》，确认了被告对原告应承担的赔偿责任；[6]在美国联合企业有限公司诉中国山东省对外贸易总公司烟台公司购销合同纠纷案中，最高人民法院直接适用《联合国国际货物销售合同公约》，判定美国公司应当支付货款。[7]

除了上述法院依职权直接适用条约的情形外，法院对于条约的直接适用还包括当事人选择适用条约的约定得到法院认可的情形。在涉外商事审判中，包括我国在内的许多国家的法院已普遍认可当事人选择法律的权利，包括选择条约的权利。[8]如果当事人约定适用条约，我国法院往往会尊重当事人的

---

[1] 《票据法》第95条第1款规定："中华人民共和国缔结或者参加的国际条约同本法有不同规定的，适用国际条约的规定。但是，中华人民共和国声明保留的条款除外。"

[2] 《海商法》第268条第1款规定："中华人民共和国缔结或者参加的国际条约同本法有不同规定的，适用国际条约的规定；但是，中华人民共和国声明保留的条款除外。"

[3] 《民用航空法》第184条第1款规定："中华人民共和国缔结或者参加的国际条约同本法有不同规定的，适用国际条约的规定；但是，中华人民共和国声明保留的条款除外。"

[4] 参见孔庆江、梅冰：《国际条约在涉外审判中的适用》，载《国际商务研究》2022年第3期。

[5] 参见虞子瑾、李健：《论我国条约司法适用制度的困境与出路》，载《政治与法律》2016年第8期。

[6] 参见（1994）静经初字第14号。

[7] 参见（1998）经终字第358号。

[8] See Symeon C. Symeonides, *Codifying Choice of Law Around the World: An International Comparative Analysis*, Oxford University Press, 2014, pp. 114-115.

第二章 我国涉外商事审判对全球经济治理权分配的影响

此种约定，但他们的思路有所不同。第一种思路是将当事人约定适用条约的行为视作对合同权利义务的概括性约定，即把条约认作合同的内容。在中国人民保险公司广东省分公司诉塞浦路斯海运有限公司等海上货物运输合同货差赔偿纠纷案中，当事人在提单中约定适用《海牙规则》和《维斯比规则》。广州海事法院认为，提单载明适用《海牙规则》和《维斯比规则》是指将这两个条约的内容并入提单，而与法律适用条款无关。[1]在越海航运公司诉中保财产保险有限公司湛江经济技术开发区支公司海上货物运输货损、货差纠纷案，（印度）拉迪恩航运有限公司诉（中国）五矿贸易有限公司提单记载与实际货物不符损害赔偿纠纷案等案件中，我国法院均采取了相似的认定方法。[2]第二种思路是将当事人约定适用条约的行为视作对准据法的选择。在中国安徽省服装进出口股份有限公司诉法国薛德卡哥斯公司等海上货物运输合同货损索赔纠纷案中，当事人在提单中约定适用《维斯比规则》。武汉海事法院认为，当事人的此种约定构成对准据法的选择。[3]在五矿东方贸易进出口公司诉罗马尼亚班轮公司海上货物运输损害赔偿案、中国人民保险公司北京市分公司诉日本株式会社商船三井海上货物运输合同货损赔偿纠纷案、万宝集团广州菲达电器厂诉美国总统轮船公司海上货物运输无提单放货案等案件中，我国法院均采取了相似的认定方法。[4]

我国法院对当事人约定适用条约认定方法的差别源于他们对不同层面上的意思自治的理解。[5]法院将当事人选择适用的条约视为合同内容体现出的是对实体法领域合同自由的尊重。所有权绝对、过错责任和合同自由是近代私法的三大原则。合同自由激励人们负责任地建立经济关系，它是自由经济不可或缺的特征。[6]合同自由原则在我国1999年《合同法》第4条[7]中得

---

[1] 参见（2000）广海法事字第79号。

[2] 参见（2001）粤高法经二终字第80号；（2002）鲁民四终字第24号。

[3] 参见（2001）武海法商字第19号。

[4] 参见（1996）粤法经二上字第49号；（2002）沪海法商初字第440号；（1996）广经终字第35号。

[5] 参见车丕照、张普：《条约在涉外民商事案件中的适用——以当事人约定适用为前提》，载《河南师范大学学报（哲学社会科学版）》2021年第6期。

[6] 参见［德］罗伯特·霍恩、海因·科茨、汉斯·G.莱塞：《德国民商法导论》，楚建译，中国大百科全书出版社1996年版，第90页。

[7] 《合同法》第4条规定："当事人依法享有自愿订立合同的权利，任何单位和个人不得非法干预。"

以确认，并在现行《民法典》第 5 条〔1〕中得以延续。合同自由包含是否订立合同的自由、与谁订立合同的自由、决定合同内容的自由、选择合同形式的自由。〔2〕其中，合同内容自由是指当事人可以自由决定合同的内容，作出不同于任意性规范的约定。当事人既可以商定具体的合同条款，也可以协商将特定的法律规则纳为合同内容，以避免合同语言繁琐冗长。〔3〕相比而言，法院将当事人选择适用的条约视为准据法体现出的是对国际私法领域意思自治的尊重。依据国际私法语境下的意思自治，当事人有权合意选择特定的法律来调整他们之间的法律关系。〔4〕无论是实体法领域的合同自由还是国际私法领域的意思自治均可归根于私法自治的理念。〔5〕从效果上看，无论法院采取何种认定方式，最终的结果均为法院认可当事人选择的条约可被用于判断他们之间的是非曲直。

我国法院在涉外商事审判中选择适用国内法或者条约的决定会附带性地产生全球经济治理权分配的效果。如果我国法院决定适用国内法，这意味着我国法院肯定了本国的立法管辖权（全球经济治理权）；反之，如果我国法院决定适用条约，这意味着我国法院将立法管辖权（全球经济治理权）进行了让渡。由于涉外商事案件涉及的诸多条约是由国际机构制定的，〔6〕所以我国法院所作的适用国内法或者条约的选择会影响到全球经济治理权在我国国内机构与国际机构之间的划分。

三、在政府机构与非政府组织之间分配全球经济治理权

我国的涉外商事审判可能会影响到非政府组织对于全球经济治理的参与程度。这主要体现在涉外商事审判在政府机构与非政府组织之间进行的立法

---

〔1〕《民法典》第 5 条规定："民事主体从事民事活动，应当遵循自愿原则，按照自己的意思设立、变更、终止民事法律关系。"

〔2〕参见李永军：《从契约自由原则的基础看其在现代合同法上的地位》，载《比较法研究》2002 年第 4 期。

〔3〕参见李旺：《当事人意思自治与国际条约的适用》，载《清华法学》2017 年第 4 期。

〔4〕参见金彭年、王健芳：《国际私法上意思自治原则的法哲学分析》，载《法制与社会发展》2003 年第 1 期。

〔5〕参见车丕照、张普：《条约在涉外民商事案件中的适用——以当事人约定适用为前提》，载《河南师范大学学报（哲学社会科学版）》2021 年第 6 期。

〔6〕例如，国际海事组织（International Maritime Organization）制定的《国际油污损害民事责任公约》，国际民航组织（International Civil Aviation Organization）制定的《统一国际航空运输某些规则的公约》等。

管辖权和司法管辖权的分配。

（一）立法管辖权的分配

非政府组织的立法活动主要表现为国际商事惯例的创制。比如，作为全球知名的非政府组织，国际商会制定了《国际贸易术语解释通则》《跟单信用证统一惯例》《托收统一规则》《见索即付保函统一规则》《国际备用信用证惯例》等一系列国际商事惯例。他们对于不同国家当事人之间的商事交往起到了重要的规范指引作用。

国际习惯（international custom）是与国际惯例（international usage）相近但有本质区别的概念。[1]国际习惯是《国际法院规约》认可的具有法律约束力的国际法渊源之一。它的形成必须同时具备物质因素和心理因素。物质因素是指通例的存在，即对某事项重复采取类似行为或不行为的客观事实的存在；心理因素是指通例已被接受为法律，即在主观上对通例持有法的信念。[2]相较而言，国际惯例虽为一种惯常行为，但不具有确定的法律约束力。[3]国际惯例常见于国际经贸领域。在该领域内，国际惯例表现为在长期的商业实践中产生的，后经统一编纂和解释而形成的国际商事惯例。国际商事惯例同样不具有确定的法律约束力。国际商会曾指出，这种惯例不可轻率地被认为具有法源地位，只有当事人直接引用时，才对他们具有约束力。[4]

国际商事惯例有两种形式。一种是特定当事人之间的习惯性做法。这种做法只要在特定当事人之间得以确立，便可对他们产生约束力。例如，在意大利科玛克股份公司与上海迅维机电设备有限公司国际货物买卖合同纠纷上诉案中，上海市高级人民法院认为，当事人在 2006 年至 2007 年期间建立起的委托代理关系构成了他们之间的习惯性做法，所以意大利科玛克股份公司违反了合同的默示性约定。[5]另一种是并非在特定当事人之间形成的，而是在商人社会和商事交往中形成的习惯性做法。在两种情况下，这种习惯性做法会对当事人产生约束力：（1）当事人合意选择这种做法来调整他们之间的

---

[1] 参见李健男：《论国际惯例在我国涉外民事关系中的适用——兼评〈涉外民事关系法律适用法〉》，载《太平洋学报》2011 年第 6 期。

[2] 参见梁西主编：《国际法》，武汉大学出版社 2003 年版，第 33 页。

[3] 参见谢文哲：《国际惯例若干基本理论问题探讨》，载《学海》2009 年第 3 期。

[4] 参见李建男：《论国际惯例在我国涉外民事关系中的适用——兼评〈涉外民事关涉法律适用法〉》，载《太平洋学报》2011 年第 6 期。

[5] 参见（2011）沪高民二（商）终字第 18 号。

交易关系；或者（2）这种做法已经发展到一定程度，以至于被特定商业领域内的当事人广泛知晓并经常遵守。[1]

在我国，国际商事惯例的适用主要有两种情形。一是，国际商事惯例的选择适用。在资产阶级革命胜利之后，随着自由主义和个人主义思想的广泛传播，意思自治的理论和实践不断得以发展和完善，并渗透到了涉外纠纷解决领域。[2]我国《涉外民事关系法律适用法》允许当事人选择涉外民事关系适用的法律。[3]这是意思自治融于我国国际私法体系的重要体现。涉外纠纷的当事人有权选择法。此处的"法"应作广义的理解，既包括一国政府[4]制定的法，也包括非政府组织制定的国际商事惯例。二是，国际商事惯例的补缺适用。在我国的法律体系中，1985年《涉外经济合同法》第5条第3款首次提到"国际惯例"。该条款指出，当我国法律未作规定时，可以适用国际惯例。相似的规定随后出现在《民法通则》《海商法》《票据法》《民用航空法》等法律之中。[5]《涉外民事关系法律适用法》并未涉及国际惯例的适用，但是《法律适用法司法解释（一）》第3条第2款规定，关于涉外民事关系的法律适用，如果《涉外民事关系法律适用法》未作规定而其他法律有规定，适用其他法律的规定。由此可见，国际商事惯例在涉外商事案件中具有可适用性，只是这种适用应以我国法律和我国缔结或参加的国际条约不含可用于解决当事人争议的规则为前提。[6]

---

[1] 参见宋阳：《论国际商事惯例的性质及司法适用》，载《法学杂志》2015年第9期。

[2] 参见许军珂：《论涉外审判中当事人意思自治的实现》，载《当代法学》2017年第1期；贺小荣：《意思自治与公共秩序——公共秩序对合同效力的影响及其限度》，载《法律适用》2021年第2期。

[3] 《涉外民事关系法律适用法》第3条规定："当事人依照法律规定可以明示选择涉外民事关系适用的法律。"该法另有部分条款进一步明确了当事人在法律适用上的意思自治。例如，该法第38条规定："当事人可以协议选择运输中动产物权发生变更适用的法律"；第41条规定："当事人可以协议选择合同适用的法律"；第49条规定："当事人可以协议选择知识产权转让和许可使用适用的法律。"

[4] 此处的政府为广义的政府，即国家立法机关、行政机关、司法机关等公共机关的总和。

[5] 《民法通则》第142条第3款规定："中华人民共和国法律和中华人民共和国缔结或者参加的国际条约没有规定的，可以适用国际惯例"；《海商法》第268条第2款规定："中华人民共和国法律和中华人民共和国缔结或者参加的国际条约没有规定的，可以适用国际惯例"；《民用航空法》第184条第2款规定："中华人民共和国法律和中华人民共和国缔结或者参加的国际条约没有规定的，可以适用国际惯例"；《票据法》第95条第2款规定："本法和中华人民共和国缔结或者参加的国际条约没有规定的，可以适用国际惯例。"

[6] 参见高宏贵、司珊：《我国处理涉外民商事关系时对国际惯例的适用——以国际私法的渊源为视角》，载《华中师范大学学报（人文社会科学版）》2010年第3期。

第二章 我国涉外商事审判对全球经济治理权分配的影响

不论是选择适用还是补缺适用，当我国法院在涉外商事审判中决定适用非政府组织制定的国际商事惯例时，这便意味着我国法院认可了非政府组织的立法管辖权。在某些情况下，我国法院可能会拒绝适用国际商事惯例。例如，虽然当事人有合意选择适用国际商事惯例的自由，但是此种自由毕竟是有边界的。[1]我国《涉外民事关系法律适用法》第5条提到，如果外国法律的适用会有损我国社会公共利益，应适用我国法律。[2]这体现出在法律适用方面，公权力对当事人意思自治的必要干预。由该条款可推知，即使当事人选择适用非政府组织制定的国际商事惯例，我国法院依然可能出于保护本国公共利益的考虑，否定当事人的此种选择，而最终适用我国的国内法。这一过程相当于我国法院排除了非政府组织的立法管辖权，而将全球经济治理权留给了本国。

（二）司法管辖权的分配

在涉外商事审判中，司法管辖权在政府机构与非政府组织之间的分配取决于我国法院是否承认国际商事仲裁机构对当事人的纠纷具有管辖权。

作为一种纠纷解决方式，仲裁可以追溯至古希腊时期。当时的古希腊人已经开始利用仲裁来解决争议。[3]公元前5世纪，古罗马颁行了著名的《十二铜表法》。为了制定该法，罗马曾派代表团前往希腊进行考察。因此，《十二铜表法》承继了古希腊法中包括仲裁在内的部分内容。[4]公元529年颁行的《查士丁尼法典》是罗马法的另一著作。该法典同样含有仲裁方面的规定。[5]

---

［1］ 参见吕岩峰：《限制当事人意思自治问题之探讨》，载《吉林大学社会科学学报》1993年第5期。

［2］《涉外民事关系法律适用法》第5条规定："外国法律的适用将损害中华人民共和国社会公共利益的，适用中华人民共和国法律。"

［3］ 参见谢石松：《商事仲裁法学》，高等教育出版社2003年版，第15页。

［4］ 比如，《十二铜表法》第二表"审判"规定，审理之日，如遇承审员、仲裁员或诉讼当事人患重病，或者审判涉及外国人，则应延期审讯；第七表"房屋及土地"规定，当疆界发生争执时，由长官委任仲裁员三人解决之；第九表"公法"规定，经长官委任的承审员或仲裁员在执行职务中收受贿赂的，处死刑；第十二表"后五表之补充"规定，凡以不诚实的方法取得物的占有的，由长官委任仲裁员三人处理之，如占有人败诉，应返还所得孳息的双倍。

［5］ 比如，《查士丁尼法典》规定，仲裁程序的进行和仲裁裁决的执行均基于当事人的仲裁协议；仲裁协议应包含关于拟提交仲裁的争议、仲裁庭的组成、仲裁地、裁决时限等事项的约定；如果案件涉及不同的事项，当事人必须协商确定这些事项是分别裁决还是一并裁决。

公元 11 世纪，商事活动在地中海沿岸、意大利各城邦之间变得十分活跃。专门用于调整商事关系的商人法随之产生。这些古代的商人法在特别商事法庭得到适用。特别商事法庭废弃了原始的以暴力解决争议的方法，转而采用更加文明的审判程序来处理商人之间的纠纷。这些法庭的法官由商人们从同行中选出，或者由行会领导和成员担任。到了 15 世纪后期，由于特别商事法庭的管辖权受到诸多限制，该体系逐渐解体。商事案件被交由具有一般管辖权的法院审理。然而，法院的诉讼程序并不能满足商人在快速解决商事纠纷方面的现实需求。于是，许多商人开始求助于私人仲裁。

在 19 世纪仲裁机构出现之前，临时仲裁是仲裁的基本形式。[1]仲裁机构的产生为当事人以仲裁方式解决争议提供了新的途径。仲裁机构拥有标准的仲裁条款、健全的仲裁规则、高素质的仲裁员、规范的办事程序、固定的办事机构等。[2]这些优点使得机构仲裁成了颇受当事人青睐的仲裁方式。自 19 世纪以来，许多国家和国际组织先后成立了仲裁机构。比如，英国于 1892 年成立了伦敦国际仲裁院，瑞典于 1917 年成立了斯德哥尔摩商会仲裁院，国际商会于 1923 年成立了国际商会仲裁院，美国于 1926 年成立了美国仲裁协会，日本于 1950 年成立了日本国际商事仲裁协会，我国于 1956 年成立了中国国际经济贸易仲裁委员会，世界知识产权组织于 1994 年成立了世界知识产权组织仲裁中心等。

契约性、民间性、自治性被认为是仲裁的核心特性。契约性是指仲裁是基于当事人合意达成的契约关系，鉴于契约自由和有约必守的原则，仲裁之结果对当事人具有约束力；民间性是指仲裁具有排除官方权力介入的私权属性，仲裁权的行使带有非司法性与非行政性；[3]自治性是指仲裁是一种受当事人意思决定的国际通行的、自治的纠纷解决机制，反映出"国家—社会"

---

[1] 临时仲裁与机构仲裁是两种不同的仲裁形式。在临时仲裁中，当事人依照他们之间的协议组建仲裁庭，或者即使有仲裁机构的介入，仲裁机构也不进行程序上的管理，而是依照当事人协议约定的临时程序或参考某一特定的仲裁规则或由仲裁庭自选程序开展仲裁活动。区分临时仲裁和机构仲裁的关键在于当事人是否在仲裁协议中约定将争议提交仲裁机构管辖并且愿意接受该仲裁机构程序上的管理。满足这两个条件的仲裁便是机构仲裁。参见杨良宜：《国际商务仲裁》，中国政法大学出版社 1997 年版，第 136 页。

[2] 参见刘晓红、周祺：《我国建立临时仲裁利弊分析和时机选择》，载《南京社会科学》2012 年第 9 期。

[3] 参见乔欣：《仲裁权论》，法律出版社 2009 年版，第 45 页。

二元结构中市民社会自由发展的趋向。[1]作为开展仲裁活动的专门机构,仲裁机构具备与仲裁的契约性、民间性、自治性相呼应的特质,即独立性和非官方性。独立性在外部关系上要求仲裁机构应保有与公权力相对分离的生存空间,避免受到行政、司法等公权力的过分干预;在内部治理上则要求仲裁机构应具有独立的财权和事权,能够在向当事人提供专业化的纠纷解决服务时保持立场中立和利益无涉。非官方性强调的是仲裁机构是与官方的纠纷解决机构并行存在的,立足于社会自治领域的独立机构。《中华人民共和国仲裁法》(以下简称《仲裁法》)第8条规定,仲裁应依法独立进行,不受行政机关的干涉;第14条进一步指出,仲裁机构独立于行政机关,与行政机关之间不存在隶属关系。

由于具有快捷性、专业性、私密性等特点,国际商事仲裁成了一种十分受欢迎的国际商事纠纷解决方式。[2]然而,在纠纷解决方面,仲裁机构究竟能在多大程度上替代国内法院实际上与国内法院的立场密切相关。[3]如果当事人约定由某个仲裁机构通过仲裁来解决他们之间的国际商事纠纷,但是在纠纷产生之后,一方当事人认为该纠纷由我国法院审理对其更为有利,于是将该纠纷诉至我国法院,另一方当事人对此提出管辖权异议,此时便需要由我国法院来判定当事人达成的仲裁协议的效力。我国法院若是认可了仲裁协议的效力,则相当于将该纠纷的管辖权让渡给了仲裁机构;反之,我国法院若是否定了仲裁协议的效力,则相当于对该纠纷主张了司法管辖权。国际商事仲裁得到当事人的青睐,取得迅猛发展的一个重要原因在于包括我国法院在内的各国法院普遍倾向于认可当事人达成的仲裁协议的效力。[4]然而,这并不意味着我国法院当然地失去了在其自身与仲裁机构之间分配司法管辖权的能力,原因在于:一是,我国法院认可仲裁协议效力的倾向是其在长期的涉外商事纠纷解决实践中,综合考虑多方面因素后所作出的理性选择,这一

---

[1] 参见姜丽丽:《论我国仲裁机构的法律属性及其改革方向》,载《比较法研究》2019年第3期。

[2] 参见康宁:《契约性与司法化——国际商事仲裁的生成逻辑及对"一带一路"建设的启示》,载《政法论坛》2019年第4期。

[3] See Christopher A. Whytock, "Domestic Courts and Global Governance", *Tulane Law Review*, Vol. 84, No. 1, 2009, p. 89.

[4] 参见高晓力:《中国法院承认和执行外国仲裁裁决的积极实践》,载《法律适用》2018年第5期。

选择本身便是其分配司法管辖权的体现;二是,尽管我国法院在多数情况下选择认可仲裁协议的效力,但是其依然保有推翻仲裁协议效力的权力。[1]

第三节 我国涉外商事审判在全球经济治理权分配中的平衡之道

我国涉外商事审判能够起到在不同全球经济治理参与者之间分配治理权的效果。在这一过程中,我国法院需要谨慎地处理多方关系、权衡多元利益。

一、单边主义与多边主义的平衡

主义是对自然、社会、艺术等领域的问题持有的系统化的理论和主张。作为一种思维方式或行为态度,单边主义指的是在思考问题或采取行为时,仅以自身判断为准或者只从自身利益出发,而不考虑其他主体的情况。在国际关系的语境下,单边主义表现为在开展对外活动时,最低限度地与他国磋商和吸收他国参与。[2]与单边主义相对的多边主义则强调国家在国际关系中寻求合作与共识的最大公约数,反对歧视性安排。[3]多边主义有三层内涵:(1)主权平等,这是多边主义形成和存续的前提,是有效促进各参与方协同合作的根本保障;(2)政治权责不可分割,这是将多边主义合作者的意愿转化为现实的关键,合意产生的决策将影响所有合作者的行为,任何一方或少数力量都不能改变经协商达成的一致;(3)扩散性互惠,这是多边主义受到追捧的动因,任何角色都无法实际地干预或控制收益过程以使特定利益仅惠

---

[1] 例如,《最高人民法院关于适用〈中华人民共和国仲裁法〉若干问题的解释》第12条规定:"申请确认涉外仲裁协议效力的案件,由仲裁协议约定的仲裁机构所在地、仲裁协议签订地、申请人或者被申请人住所地的中级人民法院管辖";第15条规定:"人民法院审理仲裁协议效力确认案件,应当组成合议庭进行审查,并询问当事人";第16条规定:"对涉外仲裁协议的效力审查,适用当事人约定的法律;当事人没有约定适用的法律但约定了仲裁地的,适用仲裁地法律;没有约定适用的法律也没有约定仲裁地或者仲裁地约定不明的,适用法院地法律。"

[2] 单边主义可细分为广义的单边主义和狭义的单边主义。前者是指国家根据自身的综合实力,在国际事务中以国家利益为导向,随时准备通过单边行动实现本国的对外政策目标,但并不排除与盟国磋商或在国际机制框架内进行多边合作的可能,只要这样的磋商或合作能够为己所用;后者是一种更为极端和纯粹的单边主义,意指将国内社会关系中的个人主义的行为风格和态度原原本本地应用于国际政治领域,国家在国际关系中扮演"独行侠"的角色,采取我行我素的做法和唯我独尊的立场。参见王联合:《美国单边主义:传统、历史与现实的透视》,载《国际观察》2006年第5期。

[3] 参见李晓燕:《多边主义再思考与世界秩序重构》,载《东北亚论坛》2021年第6期。

及特定成员，只要合作按规则运行，产生的收益便是可持续的。[1]

在司法领域中，亦有单边主义和多边主义的影子。司法权的行使带有天然的地域性。由于一国法官是在既定的法律环境和教育模式下接受职业培训和从事审判实践，所以他们的思维不可避免地受到法院地因素的影响。涉外司法调控对象的国际性与调控工具的国内性之间的内在矛盾使得单边主义的倾向如同基因一样始终与涉外司法相伴而行。[2]涉外司法中的单边主义集中体现为法院在审理涉外案件时不当地扩大适用法院地法，具体包括以下情形：（1）法院将涉外案件当作国内案件来处理，在未充分说明判断理由的情况下，径直适用法院地法；（2）法院表面上尊重当事人的程序性权利，但实则对当事人选择法律施加不当影响，促使当事人选择法院地法；（3）法院滥用自由裁量权，通过操纵具有灵活性的法律适用规则，以达成适用法院地法的目的；（4）法院本应适用外国法，但其以各种借口声称该外国法律无法查明，进而以法院地法取而代之。[3]

法院适用本国法审理案件的工作量和适用外国法审理案件的工作量是迥然不同的。如果法院适用的是本国法，那它只需找到国内法的相关规定，依法作出裁判即可。法院对于本国法的适用自然是得心应手的，审判效率较高。反之，如果法院适用的是外国法，外国法的查明和适用是件耗时耗力的工作，不可避免地会拉低审判效率。另一方面，当法院选择适用外国法时，它接下来要面对的难题是如何将以非母语写成的、自己不甚了解的、带有异域特色的外国法用于解决当下的争议。与适用本国法相比，适用外国法显然更有难度，也更易发生偏差。《最高人民法院关于开展案件质量评估工作的指导意见（试行）》规定了评估法院审判工作的 3 个二级指标和 33 个三级指标。[4]面

---

[1] 参见李晓燕：《从多边主义到新多边主义：共识稀缺困境及其出路》，载《学术界》2022年第5期。

[2] 参见杨利雅：《冲突法语境中的单边主义》，载《当代法学》2010年第3期。

[3] 参见王艺：《法院地法扩大适用探因——中、美两国比较研究》，载《现代法学》2015年第3期。

[4] 3 个二级指标分别为审判公正、审判效率、审判效果。这 3 个二级指标又可细分为 33 个三级指标。审判公正的三级指标包括立案变更率、一审陪审率、一审上诉改判率、一审上诉发回重审率、生效案件改判率、生效案件发回重审率、二审开庭率、执行中止终结率、违法审判率、违法执行率、裁判文书质量。审判效率的三级指标包括法定期限内立案率、法院年人均结案数、法官年人均结案数、结案率、结案均衡度、一审简易程序适用率、当庭裁判率、平均审理时间与审限比、平均执行时间与执行期限比、平均未审结持续时间与审限比、平均未执结持续时间与执行期限比。审判效果的三级指标包括上诉率、申诉率、调解率、撤诉率、信访投诉率、重复信访率、实际执行率、执行标的到位率、裁判主动履行率、一审裁判息诉率、公众满意度。

对业务考核测评的压力,法院自然不愿在选择法律时舍近求远。

在我国的涉外司法实践中,法院适用法院地法的比例十分之高。[1]这种做法会对国际商事交往产生负面影响。然而,这并不是说适用法院地法当然是不好的,只有适用外国法才能保证涉外案件得到公正解决。我国法院需要做的是在应当适用法院地法时就适用法院地法,在应当适用外国法时就适用外国法。[2]倡导国际社会本位理念有助于打破法律适用上"闭关锁国"的状态,具体应从两个方面入手:一是,在立法上,需要汲取先进的立法经验,与主流的立法模式相接轨;二是,在司法上,需要克服保守观念,通过恰当适用外国法,公平公正地处理涉外纠纷。[3]如前所述,我国的涉外商事审判能够产生在不同主体之间分配全球经济治理权的效果。倘若我国法院受制于单边主义的思想,那么全球经济治理权的分配将在一定程度上沦为一种已经预设结果的单向分配。这显然与全球经济治理所要求的多元主体共同参与背道而驰。因此,摆脱单边主义的束缚,遵循多边主义的法律适用模式才是我国法院在处理涉外商事纠纷时应采取的策略。

二、己方利益与他方利益的平衡

涉外商事审判的特点之一在于"涉外"两字。涉外意味着此类司法活动所涉利益存在内外之分。这里的内外之分有两层意思:一是,就审判自身而言,涉外商事审判通常需要解决本国当事人(己方利益)与外国当事人(他方利益)之间的纠纷、本国领域内的当事人(己方利益)与外国领域内的当事人(他方利益)之间的纠纷、本国当事人(己方利益)就外国领域内的财产(他方利益)而产生的纠纷;二是,就治理权的分配而言,涉外商事审判会影响到全球经济治理权在我国(己方利益)与他国(他方利益)之间的分配、我国机构(己方利益)与国际机构(他方利益)之间的分配、我国政府(己方利益)与非政府组织(他方利益)之间的分配。由此可见,己方利益与他方利益的平衡是涉外商事审判绕不开的问题。

---

[1] 参见徐锦堂:《当事人合意选法实证研究——以我国涉外审判实践为中心》,人民出版社2010年版,第35页。

[2] 参见李双元、邓杰、熊之才:《国际社会本位的理念与法院地法适用的合理限制》,载《武汉大学学报(社会科学版)》2001年第5期。

[3] 参见袁发强:《法院地法适用的正当性证成》,载《华东政法大学学报》2014年第6期。

第二章　我国涉外商事审判对全球经济治理权分配的影响

我国法院对于己方利益与他方利益的调和在确定涉外商事案件管辖权阶段便可见一斑。当我国法院决定对某一涉外商事案件行使管辖权时，它其实已经在一定程度上表现出了保护己方利益的倾向。从审判的可控性来讲，我国法院对于行使管辖权的案件可以施加明显的控制力，有机会作出对己方利益有利的裁判；从审判的附带效果来讲，我国法院对案件行使管辖权同时意味着其将分配全球经济治理权的主动权掌握在了自己手中。反之，当我国法院决定不对某一涉外商事案件行使管辖权时，审判的可控性和审判的附带效果将会朝着有利于他方利益的方向倾斜。

涉外商事案件管辖权的行使与否影响着己方利益与他方利益的保护程度和效果。既然关乎己方利益的保护，许多国家表现出了扩大本国司法管辖权的倾向。但是，一国司法管辖权的扩张不一定是好事：一方面，这种扩张会引发不同国家司法管辖权的冲突，妨碍涉外商事纠纷的顺利解决；另一方面，这种扩张会给国内法院带来沉重的负担，阻碍国内司法系统的正常运转。[1]为了抑制过度管辖，许多国家已经开始有意识地限缩司法管辖权。

不方便法院原则是当前一国限制本国司法管辖权的主要工具。不方便法院原则起源于苏格兰。在1873年的Macadam v. Macadam案中，苏格兰法院便适用了不方便法院原则。[2]该原则起初仅在具有涉外因素的信托和合伙案件中得以适用，可后来在因侵权或违约提起的损害赔偿案件、针对代理人或地产管理人提起的账目清算案件等其他类型的案件中，当事人也开始提出不方便法院的请求。[3]如今，不方便法院原则已经被世界上许多国家所接受。在2023年《民事诉讼法》第282条出台前，2022年《民事诉讼法司法解释》第530条便已涉及不方便法院原则。该原则在我国的司法实践中也已经得到了应用。例如，在巴润摩托车有限公司诉美顺国际货运有限公司海上货物运输合同纠纷案中，浙江省高级人民法院认可了一审法院宁波海事法院的分析。[4]宁波海事法院认为，由于涉案货物是在宁波港装运，所以宁波海事法院对案件具有管辖权，但实为不方便法院，理由包括：（1）双方当事人均为美国注册的

---

[1] 参见袁发强：《确立我国涉外民商事管辖权的考量因素》，载《法学》2006年第12期。

[2] See Robert Braucher, "The Inconvenient Federal Forum", *Harvard Law Review*, Vol. 60, No. 6, 1947, p. 909.

[3] 参见胡振杰：《不方便法院说比较研究》，载《法学研究》2002年第4期。

[4] 参见（2009）浙辖终字第81号。

公司，案件的审理不涉及我国公民、法人或者其他组织的利益；（2）双方当事人没有合意选择宁波海事法院管辖的协议，并且本案争议不属于我国法院专属管辖的范围；（3）案件争议的主要事实不是在我国境内发生的，从证据的公证和认证、对可能适用的美国法律的熟悉程度、裁判文书的承认与执行以及案件审理的效率等方面考虑，由宁波海事法院受理本案十分不便利；（4）涉案货物交付地及无单放货争议事实的发生地在美国，美国当地法院对本案享有管辖权，且审理本案更加方便。因此，本案在美国法院审理对双方当事人参加诉讼更为便利，且不会损害他们的合法权益。[1]由此可见，我国法院在审理涉外商事案件时已经不再一味地"揽"司法管辖权，而是学会了"推"司法管辖权。

我国法院将涉外商事案件的司法管辖权通通揽入自己手中固然不好，可是在有些情况下，为了有效维护己方利益，我国法院则需要积极主张对涉外商事案件的司法管辖权。专属管辖是我国民商事诉讼制度的重要组成部分。它有两层效力：一是，针对法院而言的排他效力，即法律规定某类案件专属于特定法院管辖意味着只有法律规定的法院才有权受理这类案件，而其他法院不得受理这类案件；二是，针对当事人而言的排除效力，即法律规定某类案件专属于特定法院管辖意味着当事人不得以协议的形式自行选择管辖法院。[2]涉外司法语境下的专属管辖指的是依照国内法或国际条约的规定，一国法院对于某些类型的案件享有排他的管辖权，不承认他国法院对这些案件的管辖权。如果当事人违反一国关于专属管辖的规定，向他国法院起诉，那么他国法院作出的判决通常无法在该国得到承认与执行。专属管辖已被写入许多国内法

---

[1] 相似的案例有汉城工业株式会社与宇岩涂料株式会社等票据追索权纠纷上诉案。在该案中，江苏省高级人民法院认为，尽管宇岩涂料、内奥特钢在苏州有可供扣押的财产，一审法院作为可供扣押财产所在地人民法院对本案享有管辖权，但是本案可以适用不方便法院原则，原因在于：（1）汉城工业起诉后，宇岩涂料、内奥特钢明确提出了管辖权异议，认为本案应由韩国法院管辖；（2）当事人之间不存在选择中国法院管辖的协议；（3）双方之间的票据追索权纠纷不属于我国法院专属管辖的范围；（4）本案不涉及我国公民、法人或者其他组织的利益；（5）本案所涉票据出票、背书、付款行为地均为韩国，宇岩涂料、内奥特钢在韩国破产，所涉及的破产财产范围、破产重整计划的内容和执行、内奥特钢民事行为能力认定等问题应适用韩国法，我国法院审理此案存在案件事实认定、法律适用上的困难；（6）本案各方当事人的住所地均为韩国。鉴于案件中与诉讼有关的各种因素集中于韩国，所以本案由韩国法院审理更加方便和适当。参见（2010）苏商外终字第0027号。

[2] 参见李浩：《民事诉讼专属管辖制度研究》，载《法商研究》2009年第2期。

和国际条约之中。[1]在我国，2023年《民事诉讼法》第279条、《中华人民共和国海事诉讼特别程序法》（以下简称《海事诉讼特别程序法》）第7条[2]等条款构成了我国法院行使专属管辖权的法律依据。专属管辖集中适用于与一国的国家利益或本国当事人的利益密切相关的事项。[3]它的普及反映出各国通过司法途径维护本国利益的现实需要。专属管辖在我国的确立释放出一个信号，即我国法院在审理涉外案件时不应一味地将己方利益放任交由他方处置，而是应当在现行法律的指引下肩负起保护己方利益的责任。

三、私人利益与公共利益的平衡

立法分配权利、执法落实权利、司法救济权利。其中，救济是十分关键的环节，因为倘若没有救济作保障，任何权利都可能是形同虚设。[4]公权力为私权利提供的救济是保护私权利的有效方式。司法便是在当事人的私权利主张与国家的公权力干预之间搭起了一座桥梁。[5]矫正当事人私权利受损的

---

[1] 例如，在国内法方面，1979年《匈牙利国际私法》第55条规定，下列案件由匈牙利法院专属管辖：（1）有关匈牙利公民个人身份的诉讼；（2）有关匈牙利不动产的诉讼；（3）对匈牙利籍遗嘱人留下的匈牙利遗产的遗嘱验证诉讼；（4）对匈牙利国家、匈牙利国家机关或者行政机关提起的诉讼；（5）对作为在国外的外交代表或者有管辖豁免权的匈牙利公民提起的诉讼；（6）有关取消在匈牙利发行的有价证券或证件的诉讼；（7）有关许可延长或终止匈牙利工业产权保护的诉讼。在国际条约方面，1968年《布鲁塞尔关于民商事案件管辖权及判决执行的公约》第16条规定：（1）以不动产物权或租赁权为标的的诉讼由财产所在地的缔约国法院专属管辖；（2）以在某一缔约国有注册事务所的公司或其他法人组织的有效成立、撤销或歇业清理，或以有关机关决议是否有效为标的的诉讼由公司、法人组织所在地的缔约国法院专属管辖；（3）以确认公共登记效力为标的的诉讼由登记簿所在地的缔约国法院专属管辖；（4）关于专利、商标、设计模型或必须备案或注册的其他类似权利的注册或效力的诉讼由已申请备案和注册或已备案或注册或按国际条约视为已备案或注册的缔约国法院专属管辖；（5）有关判决执行的事项由执行地的缔约国法院专属管辖。

[2]《海事诉讼特别程序法》第7条规定：“下列海事诉讼，由本条规定的海事法院专属管辖：（一）因沿海港口作业纠纷提起的诉讼，由港口所在地海事法院管辖；（二）因船舶排放、泄漏、倾倒油类或者其他有害物质，海上生产、作业或者拆船、修船作业造成海域污染损害提起的诉讼，由污染发生地、损害结果地或者采取预防污染措施地海事法院管辖；（三）因在中华人民共和国领域和有管辖权的海域履行的海洋勘探开发合同纠纷提起的诉讼，由合同履行地海事法院管辖。"

[3] 参见陶立峰、高永富：《我国三类特殊涉外经济合同纠纷专属管辖条款之重构》，载《国际商务研究》2013年第4期。

[4] 参见周玉华：《发挥好司法"三大功能"是现代法治的根本要求》，载《中国党政干部论坛》2012年第12期。

[5] 参见蔡肖文：《构建和谐社会：司法的功能、作用和使命》，载《太平洋学报》2007年第11期。

不利境况是司法的基本职责。然而，我国法院在处理涉外商事案件时不能盲目地保护私人利益，对于公共利益的维护同样是其应予考量的因素。

公共秩序保留是国际私法中的一项重要制度。[1]它有两方面的效用：第一，当法院依据冲突规范本应适用某一外国实体法作为涉外民商事关系的准据法时，法院可以因该外国法的适用会违反法院地国的公共秩序而排除其适用；第二，在承认与执行外国法院的判决时，如果受理申请的法院认为该判决的承认与执行会违反法院地国的公共秩序，便可拒绝承认与执行。[2]公共秩序的概念可以追溯至13世纪意大利的法则区别说。巴托鲁斯（Bartolus）在肯定"人法"可适用于域外的同时，指出"人法"中那些"令人厌恶的法则"不能随人之所至而得以适用。[3]"国际礼让说"的代表学者胡伯（Huber）主张，一国出于礼让虽承认外国法在内国具有效力，但是外国法的适用不得损害内国主权者及其臣民的利益。最早引入公共秩序的国内法是1804年的《法国民法典》。该法典第6条规定，个人不得以特别约定，违反有关公共秩序和善良风俗的法律。该条款起初仅适用于国内的合同纠纷，但后来逐渐扩大适用于涉外案件。[4]继《法国民法典》之后，公共秩序保留的理念在全球范围内得到了普及，出现在了许多国内法和国际条约之中。[5]

在我国，1985年《涉外经济合同法》第4条规定，当事人之间订立的涉外经济合同不得损害我国的社会公共利益；第9条第1款进一步规定，违反

---

[1] 公共秩序在不同国家有着不同的称谓。普通法国家将其称之为"公共政策"，法国将其称之为"公共秩序"，德国将其称之为"保留条款"或"排除条款"。参见任际：《国际私法中公共秩序保留的综合要素及适用趋势》，载《武汉大学学报（哲学社会科学版）》2013年第6期。

[2] 参见胡振杰、李双元：《从我国法院的几个案例谈国际私法上公共秩序保留制度的正确运用》，载《政法论坛》1992年第5期。

[3] 参见徐伟功：《论公共秩序保留的功能与限制》，载《河北大学学报（哲学社会科学版）》2004年第5期。

[4] 参见胡振杰、李双元：《从我国法院的几个案例谈国际私法上公共秩序保留制度的正确运用》，载《政法论坛》1992年第5期。

[5] 例如，1898年《日本法例》第30条规定，应适用外国法时，如其规定违反日本的公共秩序和善良风俗，则不予适用；1985年《国际货物买卖合同法律适用公约》第18条规定，凡依本公约规定应适用的任何国家的法律，只有当其适用明显违背法院地的公共秩序时，方可予以拒绝适用；1986年《联邦德国国际私法》第6条规定，如果适用某一外国法律将导致违背德国法律的基本原则，尤其是与基本法发生冲突，则不适用该外国的法律而适用德国的法律；1988年《瑞士联邦国际私法法规》第17条规定，若适用外国法律明显违背瑞士的公共秩序，则拒绝适用。

第二章 我国涉外商事审判对全球经济治理权分配的影响

我国法律或社会公共利益的合同是无效的。此后的《民法通则》则是从法律适用的角度，在第 150 条规定，依法适用外国法或国际惯例时，不得违背我国社会公共利益。虽然《涉外经济合同法》和《民法通则》已经失效，但是公共秩序保留在其他法律中得到了延续。例如，《海商法》第 276 条和《民用航空法》第 190 条便承继了《民法通则》第 150 条的规定。[1]2010 年《涉外民事关系法律适用法》第 5 条明确指出，若外国法律的适用将有损我国社会公共利益，应适用我国法律。这集中反映出我国法院在涉外审判活动中通过调整法律适用以维护本国公共利益的责任担当。在外国法院判决的承认与执行方面，2023 年《民事诉讼法》第 299 条规定，只有当外国法院的判决不违反我国法律的基本原则，并且不损害我国的国家主权、安全、社会公共利益时，我国法院方可予以承认与执行。

目前，对于何为公共秩序尚缺少明确、统一的定义。有学者归纳总结出有违我国公共秩序的数种情形：（1）违反我国宪法的基本精神，违背四项基本原则，有损国家统一和民族团结；（2）有损我国主权和安全；（3）违反相关部门法的基本原则；（4）违反我国缔结或参加的国际条约中的义务，或是违反国际法上公认的公平正义原则；（5）他国法院无理拒绝承认我国法律的效力或是我国法院作出的判决。[2]正是由于公共秩序本身带有较大的模糊性，所以法官在运用公共秩序保留时拥有广泛的自由裁量权。[3]倘若我国法院过度利用公共秩序保留排除外国法的适用或者拒绝承认与执行外国法院判决，那么涉外商事审判本应具有的化解当事人纠纷、维护当事人利益的基本价值将会受到减损，私人利益与公共利益之间的平衡将被打破。

除公共秩序保留外，"直接适用的法"是我国法院在审理涉外商事案件时可用于调和私人利益与公共利益的又一工具。直接适用的法是为了维护国家重要的社会经济利益而制定的，可直接适用于涉外民商事关系的、具有强制效

---

[1]《海商法》第 276 条规定："依照本章规定适用外国法律或者国际惯例，不得违背中华人民共和国的社会公共利益。"《民用航空法》第 190 条规定："依照本章规定适用外国法律或者国际惯例，不得违背中华人民共和国的社会公共利益。"

[2] 参见刘萍、马慧珠：《公共秩序保留制度及其在我国的运用》，载《理论导刊》2003 年第 7 期。

[3] 参见〔日〕北胁敏一：《国际私法——国际关系法Ⅱ》，姚梅镇译，法律出版社 1989 年版，第 64~66 页。

力的实体法律规范。[1]尽管福勋·弗朗西斯卡基斯（Phocion Francescakis）首次提出了直接适用的法这一概念，但是它最初源自萨维尼的观点。萨维尼认为，存在一类例外的法律规则，他们是强行性的实在法，与法律的自由适用是不一致的。[2]

在我国，《民通意见》第194条首次提到了强制性规范在法律适用中的效力。[3]虽然该条款未使用"直接适用的法"这一称谓，但其中的强制性规范与直接适用的法有着"同质异表"的关系。[4]之所以说两者是同质的，是因为直接适用的法同样强调规范的强制性。《民通意见》第194条的立法目的是遏制当事人的规避意图，以维护我国强制性规范的效力。然而，如果仅是为了遏制当事人的规避意图，并无必要指明当事人意图规避的规范的性质。该条款特意提及规范的强制性说明其已然含有直接适用的法的影子。[5]之所以说两者是异表的，是因为《民通意见》第194条仅是迂回地确认了强制性规范的效力，但它并未赋予此类规范直接适用的地位。直接适用的法是超越冲突规范的存在，因为它预先排除了依据冲突规范所进行的选法过程，而《民通意见》第194条中的强制性规范是在依据冲突规范所进行的选法过程中才会被加以考虑。直到2010年《涉外民事关系法律适用法》，直接适用的法才有了更加直白的表述。该法第4条明确规定，当我国法律对涉外民事关系有强制性规定时，直接适用该强制性规定。由于这里所说的强制性规定存在抽象性，其不当适用将严重损害国际私法的积极作用，所以最高人民法院以司法解释的形式对何为强制性规定进行了限定。[6]《法律适用法司法解释

---

〔1〕 参见刘仁山：《"直接适用的法"在我国的适用——兼评〈涉外民事关系法律适用法解释（一）〉第10条》，载《法商研究》2013年第3期。

〔2〕 参见［德］弗里德里希·卡尔·冯·萨维尼：《法律冲突与法律规则的地域和时间范围》，李双元等译，法律出版社1999年版，第18页。

〔3〕 《民通意见》第194条规定："当事人规避我国强制性或者禁止性法律规范的行为，不发生适用外国法律的效力。"

〔4〕 参见张春良：《直接适用的法与相关制度的体系平衡》，载《法学研究》2018年第3期。

〔5〕 对法院而言，当事人的一项规避行为是否构成法律规避是一个价值判断问题，可在实践中，判断当事人是否存在规避的过错实际上需要依赖于被规避的法律规范的重要程度。法律规避的方法论缺陷是以主观归责的方式掩盖了问题的本质，即被规避法律规范的客观适用需要。参见肖永平、龙威狄：《论中国国际私法中的强制性规范》，载《中国社会科学》2012年第10期。

〔6〕 参见万鄂湘主编：《涉外商事海事审判指导（2012年第2辑）》，人民法院出版社2013年版，第54页。

(一)》第 8 条不仅界定了直接适用的法的内涵，而且列举了若干典型的例子。[1]

在实践中，我国法院已经在一些涉外商事案件中积极运用直接适用的法。例如，在韩国进出口银行与苏州甲乙电子有限公司金融借款合同纠纷案中，虽然当事人在贷款协议中约定，该协议应受韩国法律管辖并根据韩国法律进行解释，但是苏州市中级人民法院认为，根据《涉外民事关系法律适用法》和《法律适用法司法解释（一）》的相关规定，该涉外合同纠纷涉及外汇管制，应直接适用我国法律。[2]直接适用的法与公共秩序保留均能产生适用法院地法的效果，所以我国法院在运用这两项制度时容易混同。例如，在日立金融（香港）有限公司与佳联有限公司、东莞市虹旭塑胶制品有限公司融资租赁合同纠纷案中，东莞市第三人民法院认为，当事人在融资租赁协议中约定的准据法为我国香港特别行政区的法律，可是此种约定规避了我国内地的外汇审批和登记制度，有损公共利益，所以当事人之间的纠纷应当适用我国内地的法律。[3]本案的说理是值得商榷的，因为公共秩序保留起到的是作为最后一道防线的"安全阀"的作用。然而，与外汇管制相关的法律是明文规定的直接适用的法，此时法院不应以公共秩序保留为由适用法院地法。[4]

直接适用的法与公共秩序保留有着微妙的差别。首先，直接适用的法具有直接的可适用性，无需经由冲突规范的指引；而公共秩序保留发生在冲突规范已经得以适用之后。其次，直接适用的法强调法律的强制性，并不关注外国法的适用结果；而公共秩序保留的运用与否是以外国法的适用结果来作为判断标准的。最后，直接适用的法的范围限于特定领域的法律，而公共秩序保留的适用范围无特别限制。纵然有上述不同，直接适用的法与公共秩序保留依然有着本质的相似性。特定的涉外法律关系须受制于直接适用的法这

---

[1]《法律适用法司法解释（一）》第 8 条规定："有下列情形之一，涉及中华人民共和国社会公共利益、当事人不能通过约定排除适用、无需通过冲突规范指引而直接适用于涉外民事关系的法律、行政法规的规定，人民法院应当认定为涉外民事关系法律适用法第四条规定的强制性规定：（一）涉及劳动者权益保护的；（二）涉及食品或公共卫生安全的；（三）涉及环境安全的；（四）涉及外汇管制等金融安全的；（五）涉及反垄断、反倾销的；（六）应当认定为强制性规定的其他情形。"

[2] 参见（2019）苏 05 民初 359 号。

[3] 参见（2014）东三法民四初字第 121 号。

[4] 参见刘仁山：《"直接适用的法"在我国的适用——兼评〈涉外民事关系法律适用法解释（一）〉第 10 条》，载《法商研究》2013 年第 3 期。

一设定本身就带有公共秩序保留的意味。[1]从这个意义上讲,直接适用的法可被视作公共秩序保留的一种特别的表述方式。[2]

当直接适用的法被用于处理涉外商事案件时,从法律适用的角度来看,我国法院排除了其他法域法律的适用;从全球经济治理权分配的角度来看,我国法院确认了本国的立法管辖权,否定了其他国家、国际机构、非政府组织的立法管辖权。不论是法律适用还是全球经济治理权的分配,他们有着殊途同归的效果,即保证我国的重要公共利益得到有效的维护。然而,直接适用的法不能被滥用,否则当事人可用以寻求稳定和公平裁判结果的法律适用机制将被架空。涉外商事审判或将成为法院肆意扩大本国法适用范围的试炼场,而其本该具有的保护当事人私人利益的核心功能将被稀释。

---

〔1〕 See A. N. Zhilsov, "Mandatory and Public Policy Rules in International Commercial Arbitration", *Netherlands International Law Review*, Vol. 42, No. 1, 1995, p. 85.

〔2〕 公共秩序保留的立法模式包括直接排除模式、间接排除模式和合并排除模式。以法国为代表的一些国家采用的是间接排除模式。例如,1804年《法国民法典》第3条第1款规定,有关警察与公共治安的法律,对于居住在法国境内的居民均具有强行力。这种模式的特点是对于某些国际民商事关系适用外国法予以一般性的否定,专门保留或强制性地要求以内国法作为案件的准据法。直接适用的法类似于公共秩序保留的间接排除模式。参见刘仁山:《国际私法》,中国法制出版社2012年版,第143页。

第三章
我国涉外商事审判对全球经济治理规则的影响

全球经济治理是以规则为导向的。尽管涉外商事审判是我国法院在本国国内所进行的司法活动,但是它却能够对全球经济治理规则产生影响。

第一节 全球经济治理规则的现状与展望

当前,全球经济治理面临着碎片化和复杂化的挑战。[1]为了弥合分歧、统一目标、协调行动,建立和完善全球经济治理规则的重要性被提升到了前所未有的高度。[2]

一、全球经济治理的规则导向性

权力导向即实力主导、强权本位。[3]纵观世界发展史,国际社会秩序在很长一段时间内笼罩在权力导向的阴影之下。权力导向具体表现为:(1)以强权为公理,道德、正义、民主、法律等则沦为权力的附属品;(2)凭借实力,将自身意志强加于人,迫使对方接受;(3)在处理对外关系时,奉行以大欺小、恃强凌弱、弱肉强食的作风。[4]

权力导向并非国际政治领域的专有名词。它对于全球经济秩序的塑造和维系同样有着深刻的影响。经济霸权是权力导向融于全球经济治理的产物。有学者倾向于从"支配"的角度来理解经济霸权。他们认为,经济霸权是指

---

[1] 参见赵龙跃、李家胜:《WTO 与中国参与全球经济治理》,载《国际贸易》2016 年第 2 期。

[2] 参见赵龙跃:《全球价值链时代国际规则重构与中国对策》,载《国际经济法学刊》2016 年第 2 期。

[3] 参见何志鹏:《国际经济法治:全球变革与中国立场》,高等教育出版社 2015 年版,第 57 页。

[4] 参见赵勤轩:《强权政治的历史与现实》,载《社会科学战线》1992 年第 2 期。

支配者处于为全球经济创设秩序和规则的优势地位，被支配者不得不遵从支配者的意志，而支配者却可以对被支配者的诉求漠视不理。[1]也有学者从"能力"的角度来理解经济霸权。他们主张，经济霸权不能仅以单一的指标来衡量，如国民收入、经济增长率、发明创造的数量、国际贸易份额、跨国投资活跃度、黄金外汇储备、货币的国际化程度等，而是应将多项指标混合使用。[2]还有学者在综合上述两派学者的观点后指出，经济霸权是一方将自己的经济规则和意愿强加于他方的能力，是领导全球经济朝着某个支配集团所预想的方向发展的能力。[3]不论是前述何种观点，他们有着共同的权力导向的内核，即以实力作为权力的依仗，以权力作为实现自身目标的武器。[4]

在布雷顿森林体系崩溃后，经济霸权已显现出颓势。[5]新兴经济体的迅猛发展给原先权力导向型的全球经济秩序造成了巨大的冲击。经济霸权的衰落有其必然性。一旦经济扩张的成本与收益之间达成平衡，保护成本的增加将导致支配者的收益减少，维持现状将变得愈发困难。[6]从治理合法性危机的角度来看，当经济霸权出现合法性危机时，支配者势必会借助权力来维持现状，从而导致维护成本增加，这将加快支配者实力的消耗进程。[7]虽然支配者能够对全球经济资源的分配施加实质性的影响，但是这反过来加剧了内部需求的膨胀。当支配者的自身实力难以支撑此种膨胀的需求时，支配者便会滑向衰落。[8]

权力导向削弱的过程同时也是规则导向兴起的过程。国内治理语境下的

---

〔1〕 See Robert Gilpin, *War and Change in World Politics*, Cambridge University Press, 1981, pp. 143-213.

〔2〕 See Charles P. Kindleberger, *World Economic Primacy: 1500-1990*, Oxford University Press, 1996, p. 235.

〔3〕 See Immanuel Wallerstein, *The Politics of the World-Economy: The States, the Movements and the Civilizations*, Cambridge University Press, 1984, p. 78.

〔4〕 参见蔡一鸣：《西方经济霸权理论：回顾与展望》，载《当代经济研究》2008年第7期。

〔5〕 参见蔡一鸣：《世界经济霸权国家更迭研究》，载《经济评论》2009年第5期。

〔6〕 参见[美]罗伯特·吉尔平：《世界政治中的战争与变革》，武军、杜建平、松宁译，中国人民大学出版社1994年版，第157页。

〔7〕 参见周丕启：《合法性与霸权的衰落》，载《世界经济与政治》2005年第3期。

〔8〕 参见刘世强：《霸权依赖与领导国家权势衰落的逻辑》，载《世界经济与政治》2012年第5期。

法治理念萌发较早。它强调国内社会应依靠法律来治理,国内社会的整合应依靠法律来实现,法律应建立在尊重和保障人权的基础之上,应具备权威性、稳定性、连续性和一致性的特征。[1]在这一阶段,法治被当作一种治国方略,在一国领域内发挥作用。在全球化时代来临后,"社会"和"群体"成了超越国家地理边界的存在。法治的理念随之延伸至国际层面。[2]多边主义与国际法治有着天然的联系,因为前者为后者提供了正当性和道义力量。[3]国际法治的勃兴是全球经济治理从权力导向转向规则导向的标志。法治即法律之治,讲求尊重规则、崇尚规则、遵守规则。[4]作为法治观念在国际经济领域的投射,以规则为导向的全球经济治理包含以下方面:(1)拥有一套旨在推动全球经济有序发展的、具有"良法"品质的规则体系;(2)依托国内机构和国际组织,使既有规则得到贯彻执行;(3)形成稳定的法治环境,破除过去靠"拳头"说话的风气,以制度优势吸引参与者依法行事。[5]

二、全球经济治理规则的体系架构

全球经济治理依循规则运作的必要前提是相关规则的存在。目前,全球经济治理规则已进入全面发展时期。这为全球经济治理的有序进行打下了良好的规范基础。

(一)硬法规则与软法规则的结合

肯尼斯·艾伯特(Kenneth W. Abbott)等人曾提出判断规则软硬性的3个维度,即义务性、明确性和授权性。义务性是指行为人要受到规则的约束;明确性是指规则清楚明白地规定其所要求、允许或禁止的行为;授权性是指第三方被授权来实施、解释和适用规则以及解决争议。[6]三个维度彼此独

---

[1] 参见张文显主编:《马克思主义法理学——理论、方法和前沿》,高等教育出版社2003年版,第341~348页。

[2] 参见何志鹏:《国际法治:良法善治还是强权政治》,载《当代法学》2008年第2期。

[3] 参见廖凡:《多边主义与国际法治》,载《中国社会科学》2023年第8期。

[4] See G. Richard Shell, "Trade Legalism and International Relations Theory: An Analysis of the World Trade Organization", *Duke Law Journal*, Vol. 44, No. 5, 1995, p. 829.

[5] 参见赵骏:《全球治理视野下的国际法治与国内法治》,载《中国社会科学》2014年第10期。

[6] See Kenneth W. Abbott et al., "The Concept of Legalization", *International Organization*, Vol. 54, No. 3, 2000, p. 401.

立，不具有联动性。就每个维度所作的判断都不是全有全无式的判断而是程度的判断。可以设想有这样一条线段，线段的左端代表观察对象表现出最大程度的义务性、明确性和授权性，线段的右端代表观察对象不具义务性、明确性和授权性，各式各样的观察对象分布在左右两端之间连续的线条上，他们之中越靠近左端的表现出较多的硬性，而越靠近右端的表现出较多的软性。

上述学说受到了不少质疑。反对者认为，该学说将全部注意力放在了规则的特征上，而忽视了规则的实际效果。比如，该学说虽然将授权性列为判断维度之一，但是它并未考察作为观察对象的国内法规则在国内得以实施的程度或是国家对作为观察对象的国际法规则的遵从程度。规则被描述成了与实践相脱节的若干形式化特征的集合体。[1]借由三个维度对规则属性所作的理论上的判断可能与实际情形大相径庭。纸面上的硬法规则在现实中未必具有硬性，而纸面上的软法规则在现实中的影响力或许远远大于预期。[2]

有学者更倾向于采用有无约束力的单一标准来区分硬法规则和软法规则。比如，沃尔夫冈·雷尼克（Wolfgang Reinicke）和简·马丁·维特（Jan Martin Witte）认为，软法规则是指没有法律约束力的规范性协议；[3]弗朗西斯·施耐德（Francis Snyder）提出，软法规则指的是原则上不具法律约束力但可能产生实际效果的行为规则；[4]琳达·森登（Linda Senden）指出，软法规则是规定在不具法律约束力，但可能具有某种间接法律效力，旨在产生并可能产生实际效果的文件中的行为规则。[5]以罗豪才为代表的我国学者也持

---

[1] See Martha Finnemore & Stephen J. Toope, "Alternatives to 'Legalization': Richer Views of Law and Politics", *International Organization*, Vol. 55, No. 3, 2001, pp. 743-744.

[2] See Gregory C. Shaffer & Mark A. Pollack, "Hard vs. Soft Law: Alternatives, Complements, and Antagonists in International Governance", *Minnesota Law Review*, Vol. 94, No. 3, 2010, p. 716.

[3] See Wolfgang Reinicke & Jan Martin Witte, "Interdependence, Globalization, and Sovereignty: The Role of Non-Binding International Legal Accords", in Dinah Shelton ed., *Commitment and Compliance: The Role of Non-Binding Norms in the International Legal System*, Oxford University Press, 2007, p. 76.

[4] See Francis Snyder, "Soft Law and International Practice in the European Community", in Stephen Martin ed., *The Construction of Europe: Essays in Honour of Emile Noël*, Springer, 1994, p. 198.

[5] See Linda Senden, *Soft Law in European Community Law*, Hart Publishing, 2004, pp. 111-113.

相似的主张。[1]这是我国当前对于软法规则的主流观点。[2]

　　硬法规则与软法规则具有互补性。硬法规则的优势体现在两个方面。一是约束力。国家难以恪守承诺常被视为国际社会无序状态的一种典型表现。这给国际合作带来了严重的阻碍，因为倘若合作的双方或多方均因对于他方未来履行义务的可能性存有严重怀疑而不愿在他方行动前率先履行己方义务，那么合作必然无法顺利进行。国家对硬法规则的遵从意愿一方面来源于其对违反硬法规则所含义务而招致的责任的畏惧，另一方面来源于其对不履行义务的"声誉成本"的忌惮。[3]二是稳定性。硬法规则一经确定便不易改变。它为当事方提供了一套具有较高可预见性的行为规则。然而，硬法规则的优势从另一个角度来看就成了它的劣势。正是因为硬法规则是正式的、有约束力的规则，国家在制定此类规则时显得格外谨慎，所以大量的人力、物力、财力和时间被花费在谈判和起草过程中。此外，硬法规则的稳定性导致它容易与变化中的现实发生脱节。形成于特定条件和背景下的硬法规则有时难以应对未来的不确定性。相较而言，软法规则的优势表现在：第一，软法规则易于达成，协商成本低；第二，软法规则的灵活性使其能够更好地适应不断发展变化的现实。软法规则的劣势则在于它缺少确定的法律约束力，仅是一种非成熟和不稳定的规范形态。由此可见，硬法规则的优劣势与软法规则的优劣势恰好是相对应的。

---

〔1〕 罗豪才将软法规则定义为"效力结构未必完整，无需依靠国家强制保障实施，但能够产生社会实效的法律规范"。参见罗豪才、宋功德：《认真对待软法——公域软法的一般理论及其中国实践》，载《中国法学》2006年第2期。

〔2〕 也有学者对有无约束力的标准提出过质疑。法律实证主义者倾向于否认软法规则，因为对于他们而言，法的定义已然表明法都是具有约束力的。现实主义者认为"具有约束力的协议"这一表述本身就带有迷惑性和误导性，因为在国际关系中，中央集权式机构的缺失导致大部分的国际法规则在诸多方面都表现出"软性"。建构主义者则将注意力更多地置于法在实施阶段的有效性上而非法在制定阶段的约束力上。在他们看来，法对行为的影响力千差万别，所以有约束力的硬法规则和无约束力的软法规则这种划分方式带有理想主义的色彩。See Kenneth W. Abbott & Duncan Snidal, "Hard and Soft Law in International Governance", *International Organization*, Vol. 54, No. 3, 2000, p. 421; Gregory C. Shaffer & Mark A. Pollack, "Hard vs. Soft Law: Alternatives, Complements, and Antagonists in International Governance", *Minnesota Law Review*, Vol. 94, No. 3, 2010, p. 713; David M. Trubek, M. Patrick Cottrell & Mark Nance, "'Soft Law','Hard Law' and EU Integration", in Gráinne de Búrca & Joanne Scott eds., *Law and New Governance in the EU and the US*, Hart Publishing, 2006, p. 67.

〔3〕 See Andrew T. Guzman, "The Design of International Agreements", *European Journal of International Law*, Vol. 16, No. 4, 2005, p. 582.

硬法规则和软法规则的优劣势对比决定了国际规则常常沿着从软法规则向硬法规则转化的道路演进。[1]当某一领域的硬法规则处于缺失状态时，软法规则往往先于硬法规则产生。软法规则这种规范形态经常出现在国际合作的初期，当创制硬法规则的条件尚不成熟之时。在政府间为创制硬法规则而举行的谈判尚未成功的情况下，硬法规则的缺失可以借由制定软法规则得到弥补。软法规则可以并且常常在旨在塑造多个参与者之间法律关系的演进过程中充当第一个重要因素。[2]简而言之，软法规则产生于创制国际规则的前期阶段，是硬法规则的先导。[3]随着国际合作由浅入深，软法规则将呈现出向硬法规则转化的趋势。[4]软法规则有助于催生共识、加深理解、建立信任，一旦不确定性减少并且有更高程度的共识产生，软法规则最终可能硬化为具有确定约束力的硬法规则。[5]比如，我国与东盟于2003年签订了《中华人民共和国与东盟国家领导人联合宣言》，该软法规则此后演化为《中国-东盟全面经济合作框架协议货物贸易协议》和《中国-东盟全面经济合作框架协议服务贸易协议》这两项硬法规则。

由于国家利益存在本质上的冲突性，所以国际合作并非易事。新技术、新领域、新伙伴的出现给国际合作带来了更多的不确定性。因此，一个完整和健全的全球经济治理规则体系不可能单纯由硬法规则构成，也不可能单纯由软法规则构成。比如，在当前的全球经济治理规则体系中，既有数量繁多的多边或双边的贸易协定、投资协定、税收协定等硬法规则，也有诸如《国际证监会组织磋商、合作及信息交换多边谅解备忘录》《巴塞尔银行监管委员会有效银行监管核心原则》《国际证监会组织证券监管目标和原则》《可持续发展投资政策框架》等软法规则。硬法规则和软法规则各自的特点决定了两

---

[1] 参见韩永红：《"一带一路"国际合作软法保障机制论纲》，载《当代法学》2016年第4期。

[2] See Wolfgang Reinicke & Jan Martin Witte, "Interdependence, Globalization, and Sovereignty: The Role of Non-Binding International Legal Accords", in Dinah Shelton ed., *Commitment and Compliance: The Role of Non-Binding Norms in the International Legal System*, Oxford University Press, 2007, p.76.

[3] See Francesco Sindico, "Soft Law and the Elusive Quest for Sustainable Global Governance", *Leiden Journal of International Law*, Vol.19, No.3., 2006, p.846.

[4] See Janet Koven Levit, "The Dynamics of International Trade Finance Regulation: The Arrangement on Officially Supported Export Credits", *Harvard International Law Journal*, Vol.45, No.1., 2004, p.141.

[5] David M. Trubek, M. Patrick Cottrell & Mark Nance, "'Soft Law', 'Hard Law' and EU Integration" in Gráinne de Búrca & Joanne Scott eds., *Law and New Governance in the EU and the US*, Hart Publishing, 2006, p.89.

者协同发挥作用的必要性和重要性。一个由硬法规则和软法规则共同构筑的规则体系才能够为全球经济治理提供张弛有度的规范指引。

(二) 国际法与国内法的结合

关于国际法与国内法之间的关系，学界曾提出过"两派三论"，即一元论的国内法优先国际法说、一元论的国际法优先国内法说、二元论的国际法与国内法平行说。[1]一元论主张国际法与国内法同属一个体系，但是学者对于究竟是国内法优先于国际法还是国际法优先于国内法有着不同的观点。二元论的国际法与国内法平行说主张，国际法和国内法是两个相互独立的法律体系。由于分属于不同的体系，所以他们并无效力高低之分。一体系内的规则不能自动成为另一体系内的规则，一体系也不能创造或改变另一体系内的规则的效力。

尽管一元论和二元论含有某些合理的见解，但是他们均难以正确反映日益复杂的国际社会关系。两者都试图通过对实在法片段的考察，来验证预想的理论假设。[2]然而，大部分国家在实践中并非严格地遵循一元论或者二元论。两种学说与实践发生错位的根本原因在于他们本身有着难以克服的局限性：一元论忽视了国际法与国内法的区别；而二元论割裂了国际法与国内法的联系。由此可见，片面强调国际法与国内法的区别或联系不足以准确描绘两者之间的关系。作为法这种特殊社会现象的两个分支，国际法与国内法处于对立统一的平衡之中。

国际法与国内法的对立性体现在：(1) 国内法是由单个主权国家制定的，而国际法由多个主权国家共同制定的；(2) 国际法的主体是国家和国际组织，而国内法的主体主要是自然人、法人和其他组织，国家仅在个别情况下可以成为国内法的主体；(3) 国际法的渊源主要是国家缔结的造法性条约和他们之间形成的习惯，而国内法的渊源主要是国家立法机关制定的法律和一国境内形成的习惯；(4) 国际法不是主权国家之上的法律，是他们之间的法律，而国内法是一国主权者为管理其统辖下的人事物而制定的法律。[3]

---

[1] 参见王铁崖：《国际法引论》，北京大学出版社1998年版，第177~180页。
[2] 参见贾少学：《国际法与国内法关系论争的时代危机——对一元论和二元论进路的反思》，载《法制与社会发展》2009年第2期。
[3] 参见张兴平：《论国际法与国内法的关系——以国际政治为视角》，载《甘肃社会科学》2003年第5期。

国际法与国内法亦具有统一性。这种统一性源自于：（1）国家是国际法与国内法产生关联的纽带，它不仅是国内法的制定者，而且是参与制定国际法的主体；（2）国家的对内职能与对外职能虽所涉领域不同，但却彼此密切相关；（3）作为国内法实施环境的国内社会与作为国际法实施环境的国际社会虽各有特点，但有着千丝万缕的联系。[1]国际法与国内法的统一性体现在两个方面：一是，在法的作用方面，两者都具有执行公共事务、规范主体行为、维护既有秩序的作用；二是，在法的价值方面，两者都具有确认性价值、分配性价值、衡量性价值、保护性价值和认识性价值。[2]

全球经济治理超越了一国内部的经济事务。相应地，超越一国法域的国际法构成了全球经济治理规则体系不可或缺的组成部分。即便如此，国内法依然在某些方面发挥着国际法所不可比拟的作用：首先，尽管国际法已经取得了长足的发展，但是他们难以覆及全球经济治理的方方面面，那些国际法尚未触及的领域还需要依靠国内法调整；其次，国际法是不同参与者共同创制的产物，带有不可避免的原则性和模糊性，国内法能够为国际法的适用提供细则指引，使其更具可操作性；最后，对于某些关乎全球经济治理但同时涉及主权国家核心利益的领域，国际法尚无法取代国内法成为主流的调整工具。

随着经济全球化的深化，作为全球经济治理规则体系组成部分的国际法与国内法之间的统一性得到了进一步的提升。在当前的全球经济治理规则体系下，出现了国际法国内化和国内法国际化的双向趋同现象。[3]国际法国内化指的是国际法的概念、原则和规则融入国内法的过程。比如，我国作为WTO成员方将《关于实施1994年GATT第6条的协定》、《补贴与反补贴措施协定》和《保障措施协定》中的核心内容引入了《中华人民共和国反倾销条

---

〔1〕 从纵向关系来看，国内社会及其法律制度形成在前，国际社会及其法律制度发展在后，这种历史上的联系使得国际法承袭了一部分国内法的有益经验和一般性规则；从横向关系来看，在全球化时代背景下，一国的国内事务与国际事务相互渗透，这使得国际法与国内法在适用过程中难免有所交叉。参见陶凯元：《国际法与国内法关系的再认识——凯尔森国际法学思想述评》，载《暨南学报（哲学社会科学）》1999年第1期。

〔2〕 参见贾少学：《国际法与国内法关系论争的时代危机——对一元论和二元论进路的反思》，载《法制与社会发展》2009年第2期。

〔3〕 参见高长富：《浅议法律全球化——兼论国际法和国内法的互动》，载《吉首大学学报（社会科学版）》2008年第3期。

例》《中华人民共和国反补贴条例》《中华人民共和国保障措施条例》等国内法中。国内法国际化指的是国内法的概念、原则和规则上升为国际法的过程。[1]比如，WTO《关于争端解决规则与程序的谅解》中有关专家组和上诉机构的规定便是借鉴了许多国家的国内法对于初审法院和上诉法院职能的设定。

从更深层次上讲，国际法国内化和国内法国际化反映出的是"地方化的全球主义"（localized globalism）和"全球化的地方主义"（globalized localism）。国际法与国内法本就存有的统一性在全球经济治理框架下得到了放大和升华。国际法与国内法的协调度，甚至是不同国家国内法的协调度有了质的提升。国际法与国内法的持续互动正在推动全球经济治理规则朝着更加健全、和谐的方向发展。

三、全球经济治理规则的发展趋势

全球经济治理规则脱胎于全球经济治理的权力格局，服务于全球经济治理的现实需要。它处在动态的调整过程之中。

首先，全球经济治理规则的创制者正在发生变化。国际话语涉及国际标准的制定、国际规则的构建、国际事件的评判等方面。[2]相应地，国际规则的制定权构成了国际话语权的核心组成部分。国际规则体系的形成和壮大使国际社会逐渐摆脱了原始的弱肉强食的丛林状态。在和平时代，强国的霸权已不再集中体现为赤裸裸的武力输出和震慑，而是指向了一国在国际社会中的结构性权力。[3]强国会试图将自己的价值观和利益投射到国际规则中。[4]

---

[1] 在多数国际条约的谈判中，各国代表团基本上是以本国法为蓝本提出意见和建议。例如，在对《与贸易有关的知识产权协定》的谈判历史进行研究后，WTO知识产权部的主任指出，缔约国代表的国内法经验对谈判有着很大的影响。参见王贵国：《百年变局下之国际法治——中华传统文化的视角》，载《中国法律评论》2022年第1期。

[2] 参见李朝祥、韩璞庚：《国际话语权的三重维度和基本构成》，载《学习与探索》2019年第5期。

[3] 例如，2007年，欧洲理事会的一份临时报告曾提到，如果目光被局限在欧盟内部，那么欧盟的繁荣将无法得到保障，所以欧盟需要在世界经济格局中施展力量，欧盟已经推动了产品安全、环境、证券和公司治理等领域的国际规则的形成和发展，这表明欧盟有潜力塑造国际规则，从而确保公平的规则被应用于世界范围内的贸易和投资。See European Council, "A Single Market for Citizens", https://eur-lex.europa.eu/legal-content/EN/TXT/PDF/?uri=CELEX:52007DC0060&rid=1, last visited on 25 August 2022.

[4] See Anu Bradford & Eric A. Posner, "Universal Exceptionalism in International Law", *Harvard International Law Journal*, Vol. 52, No. 1, 2011, pp. 3-7.

理查德·福尔克（Richard Falk）曾指出，支配者的角色是建立在武装力量的基础之上的，但是这个角色还有同样重要的另一层含义，即支配者为了维护自身利益在国际规则的制定方面所表现出的名望和影响力。[1]如今，自威斯特伐利亚体系以来，在强国推动下建立起的"中心—外围"的全球经济治理模式已难以为继。一方面，全球经济治理的复杂性迫切需要各个国家打破旧有的藩篱，实现深度的合作；另一方面，国际力量对比的消长促使传统的主导者回归国家主义，给新兴主体发挥作用留下了空间。[2]因此，创制全球经济治理规则将不再是传统强国的特权。多元主体协商共治才是未来应有的景象。

其次，全球经济治理规则的目标导向正在发生变化。在全球经济治理权被少数强国所把控的时代，全球经济治理规则自然成了这些国家为己谋利的工具。进入21世纪以来，全球经济治理面临着前所未有的严峻挑战。当代的世界主义者为打破囿于国家主义的经济正义观，提出了世界经济共同体的概念。[3]该共同体脱胎于经济全球化的事实。经济全球化的核心在于打破国家边界对于资本、劳动力、商品等要素的束缚，在全球市场范围内实现资源的有效合理配置。经济全球化的效果是物质和精神双重层面的，它不但将各个国家及其民众置于相互依赖的经济关系之中，而且引发了世界各地人民在情感和价值上的共鸣。[4]共商共建共享的全球治理观的提出为全球经济治理规则的转型指明了方向。共商即各方参与者相互商议、共同讨论、协调处置；共建即各方参与者充分发挥比较优势、各施所长、各尽所能；共享即各方参与者平等地享有权利、平等地享受成果。在共商共建共享思想下重新焕发生机的全球经济治理规则正在脱离以满足少数主导者利益为导向的旧范式，朝着以弘扬全人类共同价值为导向的新范式迈进。[5]

---

[1] See Richard Falk, "Re-framing the Legal Agenda of World Order in the Course of a Turbulent Century", *Transnational Law & Contemporary Problems*, Vol. 9, No. 2, 1999, pp. 451-453.

[2] 参见卢江、许凌云、梁梓璇：《世界经济格局新变化与全球经济治理模式创新研究》，载《政治经济学评论》2022年第3期。

[3] 参见刘明：《全球治理语境中的世界共同体观念——主题、类型及其治理逻辑》，载《南开学报（哲学社会科学版）》2022年第4期。

[4] See Peter Singer, "Famine, Affluence, and Morality", *Philosophy & Public Affairs*, Vol. 1, No. 3, 1972, pp. 229-243.

[5] 参见杨佩卿：《人类命运共同体视阈的全球治理体系价值旨归与变革路径》，载《人文杂志》2022年第7期。

最后，全球经济治理规则的结构内容正在发生变化。从结构上看，全球经济治理规则正向着类型均衡化的方向发展。依据其所调整的关系，全球经济治理规则可分为水平型、跨国型和垂直型。水平型规则的调整对象为国家之间的经济关系，由此类规则所引发的争端属于国际司法机构的管辖范围；跨国型规则的调整对象为私主体之间的跨国商事关系，国内法院肩负着解决与此类规则相关的纠纷以及解释此类规则的职责；垂直型规则的调整对象为国家与私主体之间的经济关系。[1]水平型的全球经济治理规则曾是国际社会关注的焦点，但是国与国之间的经济关系显然无法涵盖全球经济的全貌。跨国型和垂直型规则在全球经济治理中的作用逐渐受到重视。三类规则齐头并进的态势已然显现出来。从内容上看，全球经济治理规则正向着主题拓展化的方向发展。贸易、投资、金融等领域是全球经济治理的传统阵地。如今，随着信息技术的迅猛发展，数字经济的全球治理引发了越来越多的关注。数字保护主义、数字鸿沟、数字霸权等问题的出现亟需新的规则来作出回应。[2]全球经济治理规则构成了一个开放的体系。它始终面向现实需求，处于动态发展之中。

第二节　我国涉外商事审判对全球经济治理规则的解释功能

涉外商事审判是国内法院适用法律解决涉外商事案件的活动。在这一过程中，国内法院需要对所适用的法律加以解释。

一、解释的价值

关于何为法律解释，学者们持不同的观点。有的学者从一般意义上的解释含义出发，将法律解释理解为对法律文本的阐释。比如，张志铭将法律解释定义为对法律文本意思的理解和说明；[3]阿哈龙·巴拉克（Aharon Barak）将法律解释视为赋予法律文本意义的理性活动。[4]也有学者从法律适用过程

---

[1] 参见吴卡：《国内法院解释条约的路径选择与优化生成》，载《法商研究》2021年第4期。
[2] 参见卢江、许凌云、梁梓璇：《世界经济格局新变化与全球经济治理模式创新研究》，载《政治经济学评论》2022年第3期。
[3] 参见张志铭：《法律解释学》，中国人民大学出版社2015年版，第11页。
[4] See Aharon Barak, *Purposive Interpretation in Law*, Princeton University Press, 2005, p. 3.

出发，将法律解释当作法律适用的一个环节。比如，疏义红认为，法律解释是裁判者在面对具体法律问题时，为了论证法律推理结论的合理性，收集、分析、推导法律推理的大前提和小前提的过程；[1]斯科特·索姆斯（Scott Soames）主张，法律解释是当法律适用于具体案件时，对于所适用的法律的内容究竟为何这一问题的解答。[2]还有学者从语言学出发，将法律解释界定为揭示法律文本的特定意义的活动。比如，斯坦利·费什（Stanley Fish）基于沟通理论提出，法律解释的重心在于揭开立法者预想的意义；[3]迈克尔·摩尔（Michael Moore）基于意义实在论提出，法律解释是对法律词项所指称的事物本质的探究。[4]

不论是上述哪种观点，他们都绕不开"法律文本"和"意义"这两个关键词。法律解释的直接目标是明确法律文本的意义。这一点已经得到了大部分学者的认可。在有些学者眼中，法律解释还有其他目标，如实现个案公正，但这只是法律解释的间接目标。法律解释应当依据其直接目标而非间接目标来加以界定，原因在于：一是，一项实践活动的内在规定性是由它的直接目标而非间接目标提供的；二是，一项实践活动成功与否的评判应当看它的直接目标而非间接目标是否达成。[5]从法律解释的直接目标来看，只有当一项活动同时与"法律文本"和"意义"产生关联时，它才构成法律解释。这可以从两个方面来理解：第一，一项活动只有当能够被合理地理解为是在考察法律文本时，才属于法律解释的范畴；第二，一项活动只有当能够被合理地理解为是在探究意义时，才属于法律解释的范畴。法律解释关注的是法律文本的意义，而非法律文本的效力、正当性或在个案中的可适用性。然而，这并不意味着，所有审视法律文本的效力、正当性或可适用性的活动必然不是法律解释。如果对于法律文本的效力、正当性或可适用性的考察是探究法律

---

[1] 参见疏义红：《法律解释学实验教程——裁判解释原理与实验操作》，北京大学出版社2008年版，第13页。

[2] See Scott Soames, "Toward a Theory of Legal Interpretation", in Scott Soames ed., *Analytic Philosophy in America: And Other Historical and Contemporary Essays*, Princeton University Press, 2014, p. 299.

[3] See Stanley Fish, "There is no Textualist Position", *San Diego Law Review*, Vol. 42, No. 2, 2005, pp. 629-630.

[4] See Michael Moore, "A Natural Law Theory of Interpretation", *Southern California Law Review*, Vol. 58, No. 2, 1985, pp. 291-301.

[5] 参见陈坤：《"法律解释"的概念厘定》，载《法学家》2022年第2期。

文本意义的中间环节，那么他们可以算作法律解释的组成部分。

我国法院在审理涉外商事案件时对于所涉及的全球经济治理规则的解释属于法律解释在特定类型案件中的具体应用。它既有法律解释的共性，也有自身的特性。在涉外商事审判中，法官所进行的法律解释的价值体现在以下方面：

首先，消除文字的疑义。卡尔·拉伦茨（Karl Larenz）认为，解释是一种将存有疑义的文字与该文字的适当含义相联结的活动，简单来说，就是在文字可能的含义范围内确定某个适当的意义。在拉伦茨看来，法律解释活动究其本质并不属于逻辑推理，而是一种"有充分理由的选择"。[1]法律文字普遍存在外延的不确定性，因为区别于数理逻辑和科学性语言，构成法律文字的日常语言或者由日常语言发展而来的术语的含义往往表现出在一定的波段宽度内摇摆不定的状态。[2]国内法规则尚且如此，国际法规则作为不同国家或者利益群体协商、妥协的产物，更是在措辞上带有模糊性。因此，法律解释是我国法院运用国内法和国际法规则审理涉外商事案件的必备手段。

其次，填补规则与事实之间的缝隙。纸面上的规则与现实世界中的事实之间存有缝隙。法律解释如同填充剂一般，能够起到填补此种缝隙的作用。赫伯特·哈特（Herbert Hart）主张，特定的事实情境并非贴好标签表明自身属于某一规则的实例，规则本身亦无法清晰地展示哪些情形属于其实例，所以规则不能自动适用，必须有人的参与。[3]马丁·斯通（Martin Stone）认为，规则作为自身没有生命的文字，在应用于鲜活的事实时面临着阻碍；纵然是在事实清楚的案件中，规则本身也无法自动应用于案件，这是因为规则和事实之间是有断层的，这个断层必须由规则之外的理论来加以填补。[4]法律解释是把纸面上的"死法"转变为"活法"的关键，是在规则与事实之间达成视域融合，将具体的事实涵摄到抽象的规则之下的过程。[5]涉外商事案件由于既有涉外因素又有商事特征，所以普遍较为复杂。这意味着，就涉外

---

[1] 参见［德］卡尔·拉伦茨：《法学方法论》，陈爱娥译，商务印书馆 2003 年版，第 193 页。
[2] 参见王琳：《所有法律适用都涉及法律解释吗？》，载《华东政法大学学报》2020 年第 3 期。
[3] See H. L. A. Hart, *The Concept of Law*, Oxford University Press, 1994, p. 126.
[4] 参见［美］马丁·斯通：《聚焦法律：法律解释不是什么》，载［美］安德雷·马默主编：《法律与解释：法哲学论文集》，张卓明等译，法律出版社 2006 年版，第 84~85 页。
[5] 参见解永照：《论法律解释的目标》，载《山东社会科学》2017 年第 3 期。

商事案件而言，抽象规则与具体事实之间的缝隙可能更为明显，法官对于法律解释的巧妙运用显得格外重要。

再其次，维护形式正义与实质正义。司法被认为是维护正义的最后一道防线。它承担着法治国家对当事人施以公力救济的重要职责。倘若正义借由司法不能被伸张，从短期来看，当事人的正当权益将无法得到有效的救济；从长期来看，司法的权威将遭到破坏，私力救济大行其道、法律信仰面临瓦解、社会秩序陷入混乱等不良后果将会随之而至。正如弗兰西斯·培根（Francis Bacon）所说，一次不公正的裁判所带来的恶果远超过十次犯罪，因为后者对于法律的冒犯好比是污染了水流，而前者对于法律的毁坏好比是污染了水源。[1]在多数案件中，法官在解释法律时会选用形式主义解释（简单解释），因为这种解释忠于法律原意，尊重历史和权威，注重法律的稳定性和可预测性。法官只要按部就班地展开符合法律逻辑的推理，便可得到简明又有说服力的裁判结果。而在一些疑难案件中，法官则会选用实质主义解释（复杂解释）。此种解释的运用发生在法官已经意识到对于法律形式合理性的维护将背离实质正义，或者维护实质正义的预期成本将远小于维护法律形式合理性的预期成本。[2]由此可见，法律解释充当了法官平衡形式正义和实质正义的调节器。在审理涉外商事案件时，法官常常需要适用外国法或国际法规则来解决当事人之间的纠纷。非本国法的适用无疑给法官解释法律带来了挑战。合理运用简单解释以维护形式正义并兼顾复杂解释以维护实质正义是法官在处理涉外商事案件时的应有之策。

最后，推动法律与时俱进。准确认定案件事实与正确适用法律是司法活动的两大关键。适用法律的过程通常包含以下四个步骤：（1）发现事实，即确定拟将对其适用法律的事实状态；（2）发现法律，即确定可适用于已知事实的法律；（3）解释即将适用的法律，即阐明拟将适用的法律的含义；（4）将已找到和经过解释的法律适用于手中的案件。[3]法官解释法律是一种行使自由裁量权的活动。这里存在两种极端的情况：一种是，如果法官一味地受制于

---

〔1〕 参见［英］弗兰西斯·培根：《培根论人生》，何新译，天津人民出版社2007年版，第215页。

〔2〕 参见刘晓源：《法律解释的难题——关于形式合理性与实质正义的取舍》，载《东岳论丛》2009年第12期。

〔3〕 参见姜保忠：《法律解释及其在法律适用中的作用》，载《法学杂志》2011年第6期。

一般性的解释限制，那么法律将被解释得过于死板；另一种是，如果法官过分地削弱一般性的解释限制，那么法律将被解释得过于灵活。这两种情况都属于法官在解释法律时出现的偏差，都会造成荒谬的后果。先发现法律再解释法律是法律适用的常态，但也存在例外。当法官面对一个具体案件时，可能会遇到无法可依的情况，因为现实生活是日新月异的，而立法带有根深蒂固的滞后性。从其本义来说，法律解释是指对法律规范的涵义以及所使用的概念、术语、定义等所作的说明。但苏力指出，司法中的法律解释内嵌于整个法律适用过程之中，它并不限于法律文本的解释，而是涵盖了类比推理、空隙立法、剪裁事实、重新界定概念术语等一系列活动。[1]就涉外商事案件而言，国际经济新样态的涌现与国内和国际立法滞后状况之间的矛盾会更加明显。涉外商事审判对于相关立法的弥补体现在两个方面：一是，对于个案的解决而言，法官不能因为立法的缺失而拒绝裁判，他们可以运用法律解释这一工具实现"空隙立法"的操作，为当事人之间的纠纷找到裁判的依据；二是，对于立法的演进而言，法官在法律解释中的能动性的发挥能够在实践中起到锚定经济秩序的作用，进而反向促进相关立法的发展。[2]

二、解释的依据

法律不重诵读，而重理解。[3]由于法律解释在法律适用中占据着不可替代的位置，所以裁判者在一定程度上扮演着语言学者的角色。[4]在我国，裁判者对于所用之法加以解释的历史源远流长。古代判官对法律进行解释主要发生在以下三种场合：（1）遇有成文法存在明显疏漏；（2）遇有疑难案件；（3）遇有法律规定与日常情理明显暌违。[5]行政司法合一的体制使得当时的判官肩负着政治家、法律家和道德家的三重使命。作为政治家，判官必须处理好一方的公共管理事务，具备良好的组织协调能力；作为法律家，他必须拥有必要的法律知识和审判技巧；作为道德家，他必须具有较高的道德修养，

---

[1] 参见苏力：《解释的难题：对几种法律文本解释方法的追问》，载《中国社会科学》1997年第4期。

[2] 参见段厚省：《法官造法与司法权威》，载《政治与法律》2004年第5期。

[3] 参见郑玉波：《法谚》（一），法律出版社2007年版，第17页。

[4] 参见[德]伯恩·魏德士：《法理学》，丁晓春、吴越译，法律出版社2013年版，第305页。

[5] 参见武树臣等：《中国传统法律文化》，北京大学出版社1994年版，第345页。

模范地遵守伦理纲常。[1]古代判官所作的法律解释与现代意义上的法律解释在本质上别无二致。判官在审理纠纷时要做的是将普遍性的法律运用到个别性的案件之中。他充当了连接法律与案件的媒介。

　　在我国现代法律制度中，法律解释的权力在不同国家机关之间被加以分配。相应地，法律的正式解释（有权解释）被分为立法解释、行政解释和司法解释。这里所说的司法解释特指我国最高司法机关依据法律赋予的职权，就如何具体适用法律所作的具有普遍效力的解释。[2]由此可知，司法解释具备三个特点：一是司法解释的主体是特定的，即只有国家最高司法机关（最高人民法院和最高人民检察院）才享有解释权；二是有权解释的机关只能以现行法律的内容作为解释对象；三是司法解释具有普遍的效力。在我国，国家最高司法机关的司法解释权是有明确的法律依据的。1955年《全国人民代表大会常务委员会关于解释法律问题的决议》正式肯定了最高人民法院的司法解释权。[3]1981年《全国人民代表大会常务委员会关于加强法律解释工作的决议》在进一步肯定最高人民法院享有司法解释权之余，又将司法解释权赋予了最高人民检察院，并规定了当最高人民法院和最高人民检察院的解释出现分歧时的解决方法。[4]现行的《中华人民共和国人民法院组织法》（以下简称《人民法院组织法》）和《中华人民共和国人民检察院组织法》（以下简称《人民检察院组织法》）在前述两个决议的基础上，以明文规定的形式确认了最高人民法院和最高人民检察院的司法解释权。[5]

---

〔1〕参见谢晖：《中国古典法律解释的三种样式——官方的、民间的和司法的》，载《甘肃政法学院学报》2006第1期。

〔2〕参见周道鸾：《论司法解释及其规范化》，载《中国法学》1994年第1期。

〔3〕《全国人民代表大会常务委员会关于解释法律问题的决议》第1条规定："凡关于法律、法令条文本身需要进一步明确界限或作补充规定的，由全国人民代表大会常务委员会分别进行解释或用法令加以规定。"第2条规定："凡关于审判过程中如何具体应用法律、法令的问题，由最高人民法院审判委员会进行解释。"

〔4〕《全国人民代表大会常务委员会关于加强法律解释工作的决议》第2条规定："凡属于法院审判工作中具体应用法律、法令的问题，由最高人民法院进行解释。凡属于检察院检察工作中具体应用法律、法令的问题，由最高人民检察院进行解释。最高人民法院和最高人民检察院的解释如有原则性的分歧，报请全国人民代表大会常务委员会解释或决定。"

〔5〕《人民法院组织法》第18条第1款规定："最高人民法院可以对属于审判工作中具体应用法律的问题进行解释。"《人民检察院组织法》第23条第1款规定："最高人民检察院可以对属于检察工作中具体应用法律的问题进行解释。"

第三章 我国涉外商事审判对全球经济治理规则的影响

然而，在我国，关于法官在审理案件时是否享有个案法律解释权则并无明确的法律规定。在书写裁判文书时，各级法院的法官通常会在认定事实之后判定结论之前添加"本院认为"的表述。这是法官针对案件事实应如何适用法律及其理由所作的分析和阐述。法官在处理具体案件时，必然需要对所适用的法律加以理解，并将此种理解在判文中加以体现。[1] 目前，我国对法官的个案法律解释权采取了默许的态度。《人民法院审判人员违法审判责任追究办法（试行）》第2条规定，法官在审判工作中，故意违反法律法规，或者因过失违反法律法规造成严重后果的，应承担违法审判的责任。但是，该办法的第22条将法官对法律法规的理解偏差而导致的裁判错误列为了法官的免责事由之一。[2] 由此可见，我国并未排除法官的个案法律解释权，反而是通过免责减少了法官在解释法律时的后顾之忧。[3]

与非涉外案件相比，法官在审理涉外商事案件时不仅需要解释国内法，还可能需要解释国际条约。《维也纳条约法公约》被誉为当代的"条约法法典"。它对于维护国际和平与安全、发展国家间的友好关系、促成国际合作具有重要的意义。[4] 我国于1997年成为公约的缔约国。《维也纳条约法公约》第31条至第33条规定了条约解释的规则。尽管《维也纳条约法公约》未指明何种主体可以适用第31条至第33条来解释条约，但国内法院实际上已经被默认为公约中的条约解释规则的使用者。[5] 因此，这些解释规则构成了我国法院在涉外商事审判中解释条约的重要依据。

---

[1] 参见董皞：《法官释法的困惑与出路》，载《法商研究》2004年第2期。

[2] 《人民法院审判人员违法审判责任追究办法（试行）》第22条规定："有下列情形之一的，审判人员不承担责任：（一）因对法律、法规理解和认识上的偏差而导致裁判错误的；（二）因对案件事实和证据认识上的偏差而导致裁判错误的；（三）因出现新的证据而改变裁判的；（四）因国家法律的修订或者政策调整而改变裁判的；（五）其他不应当承担责任的情形。"《人民法院审判纪律处分办法（试行）》第4条也有相似的规定。该条款规定："有下列情形之一的，不应当给予纪律处分：（一）因法律、法规没有规定或者法律、法规规定不明确，在认识上产生偏差的；（二）法律、法规虽有规定，但在适用法律时对法律、法规在理解和认识上产生偏差的；（三）在案件事实和证据的认定上产生认识上的偏差的。"

[3] 参见王晓烁：《论中国法官的个案法律解释权》，载《河北大学学报（哲学社会科学版）》2005年第5期。

[4] 参见徐杰：《关于我国加入1969年维也纳条约法公约的探讨》，载《法学评论》1996年第4期。

[5] 参见吴卡：《国内法院解释条约的路径选择与优化生成》，载《法商研究》2021年第4期。

三、解释的方法

法律解释方法是介于法律解释的对象（法的渊源）与法律解释的结果（作为法律判断大前提的法律规范）之间的范畴。它是法官在解释法的渊源时应当遵循的必要准则。[1]尽管国内外学者对于法律解释方法的种类尚未达成共识，但是文义解释、论理解释等方法已经得到了普遍的认可。[2]

文义解释是从法律条文的文字本身出发来理解其含义。[3]该方法可以细分为平义方法和特殊文义方法。前者需要解释者探寻法律文字的习惯的、通常的含义；后者则需要解释者避免依据普通人的使用习惯来理解专业性的法律文字。[4]文义解释的基本要求是：（1）对于一般用语，按一般含义理解，对于专业术语，则应按专业含义理解；（2）不应忽略或遗漏法律条文中的任何文字、词组、短语、句子；（3）对于法律条文中重复出现的文字应作统一的理解，除非法律有相反的规定。[5]文义解释在各种法律解释方法中居于优先地位。这是由现代法治对法律客观性的追求所决定的。[6]文义解释在审判实践中应用广泛。例如，在刘本元不服蒲江县乡镇企业管理局侵犯财产权、经营自主权处理决定行政纠纷案中，法官通过文义解释认定，《中华人民共和国行政诉讼法》第11条第1款第3项中的侵犯经营自主权，依据其通常含义，是指实质上剥夺了相对人对企业财产的占有、使用、收益和处分的权利，以及组织生产经营的权利。[7]

论理解释是解释者在通过文义解释仍无法释明法律条文的含义时，从论理

---

[1] 参见王夏昊：《论法律解释方法的规范性质及功能》，载《现代法学》2017年第6期。

[2] 参见彭启福、钟俊：《论法院自由裁量权的规范——基于法律解释方法的分析》，载《烟台大学学报（哲学社会科学版）》2015年第2期。

[3] 参见徐明：《文义解释的语用分析与构建》，载《政法论丛》2016年第3期。

[4] 参见苏力：《解释的难题：对几种法律文本解释方法的追问》，载《中国社会科学》1997年第4期。

[5] 参见陈金钊：《法律解释规则及其运用研究（中）——法律解释规则及其分类》，载《政法论丛》2013年第4期。

[6] 参见魏治勋：《文义解释在法律解释方法中的优位性及其限度》，载《求是学刊》2014年第4期。

[7] 参见"刘本元不服蒲江县乡镇企业管理局侵犯财产权、经营自主权处理决定行政纠纷案"，载《最高人民法院公报》1994年第2期。

角度展开的解释。[1]论理解释是多种解释方法的集合，包括体系解释、目的解释、社会学解释、比较法解释等。这些方法作为文义解释的必要补充，在审判实践中同样发挥着重要的作用。例如，在长三角商品交易所有限公司诉卢海云返还原物纠纷案中，法官根据体系解释认定，在我国的民法体系中，留置权是平等主体之间实现债权的担保方式，而劳动关系的双方在履行劳动合同过程中处于管理与被管理的不平等关系，所以当事人不能针对基于劳动关系产生的债权行使留置权；[2]在江苏中江泓盛房地产开发有限公司诉陈跃石损害责任纠纷案中，法官根据目的解释认定，财产保全制度的目的在于保障将来生效判决的执行，因此只有当申请人对出现财产保全的错误存在故意或重大过失时，方可认定申请人申请有误；[3]在杨德望侮辱尸体案中，法官根据社会学解释认定，被告人的行为损害了社会风俗，扰乱了公共秩序；[4]在重庆正通药业有限公司、原国家工商行政管理总局商标评审委员会与四川华蜀动物药业有限公司商标行政纠纷案中，法官根据比较法解释认定，《巴黎公约》第六条之七规定的"代理人"的含义可作为解释《中华人民共和国商标法》（以下简称《商标法》）第15条的参考依据，所以《商标法》中的代理人应包括总经销（独家经销）、总代理（独家代理）等特殊销售代理关系意义上的代理人或代表人。[5]

上述解释方法在涉外商事案件中同样得到了广泛的应用。例如，在中国航空技术上海有限公司与中国出口信用保险公司上海分公司财产保险合同纠纷案中，法官根据文义解释认定，基于《中华人民共和国保险法》（以下简称《保险法》）第12条第2款和第48条[6]的文本，并不能推知保险利益存在与否会影响保险合同的效力；[7]在哈池曼海运公司与上海申福化工有限公司、

---

〔1〕 参见谢晖：《论理解释与法律模糊的释明》，载《法律科学（西北政法大学学报）》2008年第6期。

〔2〕 参见（2014）锡民终字第1724号。

〔3〕 参见（2014）盐民终字第2352号。

〔4〕 参见"杨德望侮辱尸体案"，载《最高人民法院公报》1999年第6期。

〔5〕 参见（2007）行提字第2号。

〔6〕 《保险法》第12条第2款规定："财产保险的被保险人在保险事故发生时，对保险标的应当具有保险利益。"第48条规定："保险事故发生时，被保险人对保险标的不具有保险利益的，不得向保险人请求赔偿保险金。"

〔7〕 参见（2018）沪02民终10680号。

日本德宝海运株式会社海上货物运输合同货损纠纷案中，法官根据体系解释认定，鉴于我国法律体系中违约赔偿之因果关系的要求以及合理预见的原则，我国《海商法》第55条规定的以货物受损前后实际价值的差额作为货物损坏赔偿额的计算方法排除了由市场行情波动所导致的市价损失；[1]在如皋市金鼎置业有限公司、叶宏滨与吴良好等股东资格确认纠纷案中，法官根据目的解释认定，《中华人民共和国外商投资法》（以下简称《外商投资法》）针对外商投资实行准入前国民待遇加负面清单管理制度的初衷在于扩大对外开放、促进外商投资、保护外商投资的合法权益，尽管案件所涉投资行为发生在《外商投资法》实施之前，但是本案中的外商投资企业不属于负面清单的管理范围，所以法院仍可依照"内外资一致"的原则来处理。[2]

《维也纳条约法公约》第31条题为"解释之通则"。该条款反映出《维也纳条约法公约》对主观学派、客观学派和目的学派所主张的条约解释方法的调和与折衷。它在吸收三个学派合理要素的基础上，提出了得到普遍认可的条约解释方法。[3]《维也纳条约法公约》第31条规定，条约应依其用语按其上下文并参照条约之目的及宗旨所具有之通常意义，善意解释之。该条款不仅点明了善意解释条约的基本原则，[4]还指出了解释条约的数种具体方法：一是文义解释法，即按照约文所用词语的通常意义进行解释；[5]二是体系解释法，即按照被解释约文的上下文进行解释；[6]三是目的解释法，即按照约文所在条约的目的和宗旨进行解释。

---

[1] 参见（2013）民提字第6号。

[2] 参见（2019）苏民终1194号。

[3] 参见廖诗评：《条约解释方法在解决条约冲突中的运用》，载《外交评论》2008年第5期。

[4] 关于善意解释，有一个著名的例子。古罗马皇帝瓦勒里安向其敌国安提阿允诺，将归还其俘获的半数船舶，但瓦勒里安之后将每艘船剖成两半，只归还了每艘船的一半。这种故意歪曲的解释显然不符合善意解释的原则。参见万鄂湘等：《国际条约法》，武汉大学出版社1998年版，第205页。

[5] 约文被视为缔约国意思的权威表示。约文解释关注的是约文本身的含义，而不是缔约国的主观意思。《维也纳条约法公约》将约文设定为独立于缔约国意思的解释对象。这体现出《维也纳条约法公约》推行的是客观解释，而不是主观解释。参见李浩培：《条约法概论》，法律出版社2003年版，第351页。

[6] 这里的"上下文"包括条约的前言、附件、全体当事国间因缔结条约所订与条约有关之任何协议、一个以上当事国因缔结条约所订并经其他当事国接受为条约有关文书之任何文书、当事国嗣后所订关于条约之解释或其规定之适用之任何协议、嗣后在条约适用方面确定各当事国对条约解释之协议之任何惯例、适用于当事国间关系之任何有关国际法规则等。参见廖诗评：《条约解释方法在解决条约冲突中的运用》，载《外交评论》2008年第5期。

第三章 我国涉外商事审判对全球经济治理规则的影响

在涉外商事审判中，我国法院适用条约解决当事人之间纠纷的例子不在少数。例如，西班牙 EXPORTEXTIL COUNTERTRADE 有限公司与南通麦奈特医疗用品有限公司国际货物买卖合同纠纷案适用的是《联合国国际货物销售合同公约》；泛亚班拿国际运输代理（中国）有限公司与俄罗斯空桥货运航空公司航空货物运输合同纠纷案适用的是《蒙特利尔公约》；白云机场公司诉通用电气航空公司、天穹航空公司等航空器留置权纠纷案适用的是《移动设备国际利益公约》；三井住友海上火灾保险株式会社与中远海运集装箱运输有限公司多式联运合同纠纷案适用的是《国际铁路运输公约》等。在这些案件中，我国法院运用多种解释方法，就判决所依据的条约进行释法说理，积累了宝贵的司法经验。

大连市海洋与渔业局与昂迪玛海运有限公司、博利塔尼亚汽船保险协会海域污染损害赔偿纠纷再审审查案是最高人民法院发布的第二批涉"一带一路"建设典型案例之一。2005 年 4 月 3 日，葡萄牙籍油轮"阿提哥"轮在大连海域搁浅，船体破损泄漏的原油造成了海洋污染。昂迪玛海运有限公司和博利塔尼亚汽船保险协会分别是该轮的所有人和油污责任保险人。2005 年 5 月 23 日，大连市海洋与渔业局向大连海事法院起诉，请求判令昂迪玛海运有限公司和博利塔尼亚汽船保险协会连带赔偿人民币 5907.6 万元，含海洋环境容量损失和海洋生态服务功能损失人民币 5647.6 万元以及调查估损鉴定费人民币 260 万元。在本案中，最高人民法院指出，我国是《国际油污损害民事责任公约》的缔约国，根据该公约第 1 条第 6 项的规定，对环境损害的赔偿应当限于已经实际采取或者将要采取的合理恢复措施的费用。大连市海洋与渔业局并无证据证明其已经对受污染海域采取了实际恢复措施并产生费用。虽然它依据损失评估报告主张污水处理费用人民币 5520 万元属于"将要采取的合理恢复措施"，但是国家海洋局北海环境监测中心和国家海洋环境监测中心司法鉴定所的检测结果显示，本案溢油事故发生 25 天后，溢油海域的水质未超过海水水质二类标准，到 2005 年 10 月，海洋环境已经恢复。因此，大连市海洋与渔业局缺少足以证明对该海域进行污水处理必要性的证据。[1] 本案的示范功能在于，我国法院在这起纠纷中严格依照《维也纳条约法公约》的规定，从《国际油污损害民事责任公约》用语的通常含义出发，按其上下

---

[1] 参见（2015）民申字第 1637 号。

文并参照条约的目的及宗旨进行了善意的解释,得到了《国际油污损害民事责任公约》中的环境损害赔偿限于合理恢复措施的费用这一结论。

我国法院依据《维也纳条约法公约》中的条约解释方法对涉外商事案件所涉条约加以解释具有重要的意义:首先,在利益保护方面,这有助于平衡不同国家当事人之间的利益;其次,在判决的国际公信力方面,这有助于彰显裁判结果的国际合法性,使其更易被国际社会接受;最后,在促进国际法治方面,这有助于推动国际法适用的透明性、稳定性、统一性和可预期性。

第三节 我国涉外商事审判对全球经济治理规则的推进功能

国际法治与国内法治均源于"法治"这一上位概念,所以两者之间存在密切的联系:一方面,各国可以在国内法治的建设中借鉴国际法治的经验,依据对其有效的国际规则,组织和开展立法、执法和司法活动;另一方面,各国可以通过制定国际规则、解决国际争端、参与国际组织等渠道,将国内法治的经验输向国际社会。[1]我国的涉外商事审判是架在国际法治与国内法治之间的一座桥梁。它对于推动全球经济治理规则的形成和发展有着不可小觑的作用。

一、对国内法的推进

随着19世纪盛行的法典化思潮的败落,人们理性地意识到,在快速变化的社会中,有许多新的问题是既有法律未作规定的。[2]在丰富多彩、变化万千的社会实践面前,全面寄希望于立法能够面面俱到显然是一厢情愿的想法。法官群体需要直面形形色色的案件、活生生的人与事,所以他们更容易发现立法的盲点与不当之处。由于"法官不能拒绝裁判"原则的存在,当案件所涉情形在既有法律中没有与之相应的明确规定时,法官便需要根据经验、习惯、法理、政策、原则等来判断当事人孰是孰非。当法律虽有规定但不甚明晰时,法官需要运用在实践中积累的司法智慧使既有法律变得清晰、丰富、合理。正如卡尔·拉伦茨(Karl Larenz)所说,法官在审判活动中对于法律的灵

---

〔1〕 参见贺荣:《论中国司法参与国际经济规则的制定》,载《国际法研究》2016年第1期。
〔2〕 参见[德]伯恩·魏德士:《法理学》,丁晓春、吴越译,法律出版社2013年版,第343页。

第三章 我国涉外商事审判对全球经济治理规则的影响

活运用构成了法院发展成文法的基本途径；法官有时为了完成其所肩负的审判职责不得不超越既有的法律条文，在现行的规则体系中引入新的元素。[1]正是通过法官的审判活动，法律获得了生动性、再生性和可塑性，保持了与整个社会相适应的演进。法官审理案件的过程不仅是适用法律的过程，也是进行"空隙立法"、推动立法完善的过程。[2]

在我国，司法解释是连接司法与立法的重要纽带。法官在将案件事实涵摄于法律规则时，必然需要对所适用的法律加以解释。这属于"司法中的解释"的范畴。不同于"司法中的解释"，我国的"司法解释"属于规范性解释。它专指由最高人民法院和最高人民检察院制定的，带有专门文号，经全国人民代表大会常务委员会备案的规范性文件。虽然司法解释带有"解释法律"的形式特征，但是它本身实际上已经构成了一种可独立适用的规则。就其性质而言，司法解释是立法活动的扩展和延续。[3]它不是判例法式的、司法性质的"法官造法"，而是中国特色的、立法性质的"司法立法"。[4]尽管有着"司法"和"解释"的外衣，可是司法解释的内核是基于立法机关法律解释权的转授而形成的立法权。[5]

司法解释是法官审判智慧的升华结晶。它为司法实践向着立法成果的转化提供了直接的渠道。在我国，法官在涉外商事审判中的经验积累以司法解释的形式得以固化的例子不在少数，如《案件管辖规定》《最高人民法院关于适用〈中华人民共和国外商投资法〉若干问题的解释》《最高人民法院关于审理信用证纠纷案件若干问题的规定》等。这些实例表明，我国的涉外商事审判正在持续推动与全球经济治理相关的国内立法的发展。

---

〔1〕 参见［德］卡尔·拉伦茨：《德国民法通论》（上册），王晓晔等译，法律出版社2003年版，第107页。

〔2〕 参见刘仲屹：《司法实践对我国立法完善的必要性分析——以司法实践与立法完善的关系为视角》，载《比较法研究》2016年第2期。

〔3〕 参见姚建宗：《关于司法解释的分析与思考》，载《现代法学》1992年第3期。

〔4〕 国外学者对我国司法解释的认识持与此相似的观点。比如，德国法学家何意志（Robert Heuser）主张，我国的司法解释并不是针对个别案例的，即"不是个案和辩论式的"，而是针对制定法漏洞的抽象填补，与英美法意义上的案例法并无关联，它是制定法的一种立法形式。参见米健：《一个西方学者眼中的中国法律文化——读何意志近著〈中国法律文化概要〉》，载《法学家》2001年第5期。

〔5〕 参见聂友伦：《论司法解释的立法性质》，载《华东政法大学学报》2020年第3期。

二、对条约的推进

《国际法院规约》第38条第1款[1]被认为是对国际法渊源的权威说明。该条款规定了国际条约、国际习惯和一般法律原则这三类正式的国际法渊源，以及司法判例和学说这两类国际法的辅助资料。此种规定受到了实在法学派观点的影响。他们主张，国际法的效力依据不是自然法或抽象的人类理性，而是现实的国家同意或共同意志。[2]因此，只有国家间缔结的国际条约、形成的国际习惯、达成的一般法律原则才是国际法的正式渊源，而非国家行为体的行为（如法官的判决和学者的学说）只能作为国际法的辅助资料，或者说是非正式渊源。[3]《国际法院规约》第38条第1款提到的"司法判例"并不限于国际司法机构的判决，国内法院的判决同样可以起到国际法辅助资料的作用。[4]国内法院的判决作为辅助资料可被用以确定国际法的存在和内容。[5]国内法院的审判活动与作为国际法正式渊源的条约虽处于"国内—国际"的不同场域，但他们之间存在着微妙的联系。国内法院在审理案件时对于条约的适用是两者联系的一个方面；而从另一个角度来看，国内法院还扮演着条约的催生者、发展者和演变者的角色。[6]我国涉外商事审判对条约的推进具体表现在以下方面：

首先，条约能够通过涉外商事审判得以明晰。法官在涉外商事审判中对于案件所涉条约的解释一方面是法官将案件事实涵摄于法律规则的必经步骤，另一方面也是案件所涉条约的内容从游移状态转化为确定状态的过程。一项条约的达成需要参与谈判的各方搁置分歧、寻求共识，所以条约往往是谈判方相互妥协的产物，是多方利益和观点的融合体。法官对于条约的适用实际上

---

[1] 《国际法院规约》第38条第1款规定："法院对于陈诉各项争端，应依国际法裁判之，裁判时应适用：（子）不论普通或特别国际协约，确立诉讼当事国明白承认之规条者；（丑）国际习惯，作为通例之证明而经接受为法律者；（寅）一般法律原则为文明各国所承认者；（卯）在第五十九条规定之下，司法判例及各国权威最高之公法学家学说，作为确定法律原则之补助资料者。"

[2] 参见杨泽伟：《国际法史论》，高等教育出版社2011年版，第113页。

[3] See Ian Brownlie, *Principles of Public International Law*, Oxford University Press, 2003, p. 5.

[4] See Malcolm N. Shaw, *International Law*, Cambridge University Press, 2008, pp. 111–112.

[5] 参见吴卡：《中国法院发展国际规则的逻辑进路与实践取向》，载《法学评论》2022年第5期。

[6] 参见贺荣：《论中国司法参与国际经济规则的制定》，载《国际法研究》2016年第1期。

第三章 我国涉外商事审判对全球经济治理规则的影响

是将条约由虚变实，从约文出发找到可用于处理当前纠纷的具体规则。例如，在中化国际（新加坡）有限公司诉蒂森克虏伯冶金产品有限责任公司国际货物买卖合同纠纷案中，法官将《联合国国际货物销售合同公约》第25条[1]的规定由虚变实，明确了根本违约的认定标准。[2]就国内法治而言，增强法律适用的可预见性是各个国家保障司法公正、提高司法公信力的基本手段；就国际法治而言，若要增强一项条约在全球范围内适用的可预见性则需要不同国家司法经验的互相借鉴和逐步积累。从推进条约发展的角度来看，我国法院依据条约解决涉外商事纠纷的过程有助于在国内和国际双重层面上提升条约适用的统一性和稳定性。

其次，条约能够通过涉外商事审判得以填补。美国大法官本杰明·卡多佐（Benjamin Cardozol）指出，每个法官都在处理纠纷时从事带有创造性的活动，在遇有立法空缺时行使填补此种空缺的职能。[3]司法对于立法的填补不仅体现在国内法领域，还体现在国际法领域。例如，在泛亚班拿国际运输代理（中国）有限公司与俄罗斯空桥货运航空公司航空货物运输合同纠纷案中，当事人争议的焦点在于，1999年《蒙特利尔公约》第35条第1款所规定的2年期间究竟是诉讼时效期间还是除斥期间。[4]审理本案的法官根据我国的相关法律，对该期间的性质作出了补充性的认定，认为该期间应属诉讼时效期间而非除斥期间。[5]一项条约本身无法构成一个自给自足的规则独立体。它的适用离不开外部制度的供给。在适用条约的案件中，法官的判案智慧体现在其能够从条约之外调取恰当的制度要素，以填补条约内在的"缝隙"。

最后，条约能够通过涉外商事审判得以演进。国际法治即国际关系与事务

---

[1]《联合国国际货物销售合同公约》第25条规定："一方当事人违反合同的结果，如使另一方当事人蒙受损害，以致于实际上剥夺了他根据合同规定有权期待得到的东西，即为根本违约，除非违反合同一方并不预知而且一个同等资格、通情达理的人处于相同情况中也没有理由预知会发生这种结果。"

[2] 参见（2013）民四终字第35号。

[3] 参见［美］本杰明·卡多佐：《司法过程的性质》，苏力译，商务印书馆2009年版，第63页。

[4] 根据《蒙特利尔公约》第35条第1款的规定，自航空器到达目的地点之日、应当到达目的地点之日或者运输终止之日起两年期间内未提起诉讼的，丧失对损害赔偿的权利。但是，该公约第35条第2款还规定，上述期间的计算方法，依照案件受理法院的法律确定。

[5] 参见（2019）沪0115民初81742号。

的法治化。[1]法治的本意为依法而治。全球视野下的依法而治强调的是各国应以国际法为依据来规范和约束自身的行为，以国际法为标准来评判国际交往中的是非对错。[2]作为国际法的主要渊源，条约构成了国际法治不可或缺的规则支柱。由于不存在凌驾于国家之上的立法机构，所以条约的缔结是缔约国协商谈判，最终达成合意的结果。条约不是凭空产生的。许多条约的规定可以在缔约国的国内法中找到影子。从这个意义上讲，条约的缔结是缔约国对外输出本国的法律传统、观点、概念、原则和规则，求同存异的过程。一国法院开展的司法活动对于本国法律文化和制度的塑造起到了潜移默化的作用。因此，我国的涉外商事审判能够由近及远地对条约的发展施加影响。

三、对国际惯例的推进

国际惯例被视为现代商人法（lex mercatoria）的主要表现形式。[3]国际惯例的概念有广义和狭义之分。广义的国际惯例既包括具有完全法律约束力的国际习惯（international custom），也包括不具有完全法律约束力的"通例"（general practice）或"常例"（usual）。[4]为了区别于国际习惯，此处讨论的是狭义的不具有完全法律约束力的国际惯例。

国际惯例是调整当事人之间国际商事法律关系的重要工具。早在法则区别说盛行的时期，惯例便在确定人法所具有的域外效力方面受到了特别的关注。[5]克里夫·施米托夫（Clive M. Schmitthoff）认为，商法之所以具有统一性和国际性，从根本上讲是由于在国际商事交易中商人交易模式的趋同性。[6]这种趋同性在规范层面表现为商人在交易中形成了普遍为商人

---

[1] 参见何志鹏：《国际法治何以必要——基于实践与理论的阐释》，载《当代法学》2014年第2期。

[2] 参见肖永平：《论法治中国建设背景下的中国国际法研究》，载《法制与社会发展》2015年第4期。

[3] 参见［英］艾伦·雷德芬、马丁·亨特等：《国际商事仲裁法律与实践》，林一飞、宋连斌译，北京大学出版社2005年版，第116页。

[4] 参见谢文哲：《国际惯例若干基本理论问题探讨》，载《学海》2009年第3期。

[5] 参见孙尚鸿：《国际私法的逻辑体系与立法定位》，载《法学评论》2019年第2期。

[6] 参见［英］施米托夫：《国际贸易法文选》，赵秀文译，中国大百科全书出版社1993年版，第230页。

所知的惯例。博索尔德·戈德曼（Berthold Goldman）将国际惯例视作超越一切具体国别国内法的超国家的规则体系，是国际商事纠纷重要的裁判依据。[1]

我国法院在适用国际惯例处理涉外商事纠纷方面积累了一定的经验。例如，在渣打银行（中国）有限公司诉张家口联合石油化工有限公司金融衍生品种交易纠纷案中，法官肯定了国际掉期与衍生工具协会推出的主协议及其相关附件国际惯例的性质，并据此对当事人的责任作出了认定；[2]在脉织控股集团有限公司诉交通银行股份有限公司银行信用证纠纷案中，法官根据《跟单信用证统一惯例》这一国际惯例确认了通知行负有审核信用证表面真实性的义务。[3]

在适用国际惯例时，法官不仅需要通过解释复现出惯例的应有之义，有时还需要发挥能动性来填补惯例的漏洞。比如，在徐州天业金属资源有限公司与圣克莱蒙特航运股份公司等海上货物运输合同纠纷再审案中，涉案货物散装红土镍矿为大小颗粒混杂的原矿。这种货物未被列入《国际海运固体散装货物规则》附录1中，但该规则指出，其所列典型海运固体散装货物明细表并非详尽无遗，并且该规则还规定，易流态化货物是指至少含有部分细颗粒和一定量水分的货物，在运输中如果这些货物的水分含量超过其适运水分极限，会呈流态化。本案的法官在适用《国际海运固体散装货物规则》时，填补了其中关于小颗粒与大块货物混装的适运标准认定方法的空白，创造性地提出了合理的认定标准。[4]由此可见，我国的涉外商事审判能够起到发展既有国际惯例的作用。

除发展既有国际惯例外，涉外商事审判还能促进新的国际惯例的形成。国际惯例脱胎于反复的实践。相较于国内法和条约，国际惯例表现出明显的灵活性，因为它不需要经历繁杂的批准和生效程序，能够随着实践的发展而不断演进。惯常性是国际惯例的核心特征。伊恩·布朗利（Ian Brownlie）总结出了判断惯常性的三个要素，即时间上的持续性、做法的连贯性、做法的

---

[1] See Berthold Goldman, "The Applicable Law: General Principles of Law-The *Lex Mercatoria*", in Julian D. M. Lew ed., *Contemporary Problems in International Arbitration*, Springer, 1987, pp. 113-125.

[2] 参见（2020）沪74民终533号。

[3] 参见（2017）沪民终408号。

[4] 参见（2015）民申字第1896号。

一般性。[1]某一做法究竟是否具备惯常性需要借助经验主义的归纳法予以证明。国内法院的审判活动，特别是与涉外案件相关的司法实践，是国际惯例形成的重要证据。[2]

四、对一般法律原则的推进

作为一种理论范畴的法律原则可以追溯至19世纪，但直到罗纳德·德沃金（Ronald Dworkin）提出了较为完整的相关理论，并经罗伯特·阿列克西（Robert Alexy）等学者的批判和打磨，法律原则才算是真正作为一个法学核心范畴得到广泛接受。[3]法律原则被视作法律的基础性真理和原理，是其他法律要素本源上的支点。[4]它是法律规则形成的依据，其效力贯穿所属法律的方方面面。[5]法律原则的功能体现在：（1）指导功能，为法律规则的适用提供指引和划定界限；（2）评价功能，对法律规则乃至实在法之效力进行实质评判，为法律规则是否有效、正确、公正提供判断依据；（3）裁判功能，对案件事实进行涵摄，直接充当案件裁判的依据。[6]

一般法律原则是法律原则在国际法层面的表现形态。从20世纪初起，一般法律原则在国际立法和国际司法中的地位逐渐显现。在国际立法方面，1907年《关于建立国际捕获法院公约》第7条将"正义和公平的一般原则"列为国际法院解决争端时可适用的法律渊源；[7]1920年《国际常设法院规

---

[1] 参见[英]伊恩·布朗利：《国际公法原理》，曾令良等译，法律出版社2003年版，第6~7页。

[2] 参见曾令良：《国际法学》，人民法院出版社2003年版，第19页。

[3] 关于法律原则的地位，出现过三种立场：第一，承认法律原则是独立于法律规则的法学范畴；第二，仅承认法律原则与法律规则存在程度性的差别；第三，否认法律原则存在的必要性。参见宋旭光：《论法律原则与法律规则的区分：从逻辑结构出发》，载《浙江社会科学》2022年第2期。

[4] 参见刘风景：《法律原则的结构与功能——基于窗户隐喻的阐释》，载《江汉论坛》2015年第4期。

[5] 参见董玉庭：《论法律原则》，载《法制与社会发展》1999年第6期。

[6] 参见舒国滢：《法律原则适用中的难题何在》，载《苏州大学学报（哲学社会科学版）》2004年第6期。

[7] 《关于建立国际捕获法院公约》第7条规定："如须解决的法律问题在拿捕的交战国和本国或其所属臣民或公民为诉讼一方的国家之间的现行有效的条约中已有规定时，国际法院应遵循上述条约的规定。如无此种规定时，法院应适用国际法的规则。如无普遍承认的规则时，法院应依照正义和公平的一般原则予以审理。"

约》第 38 条将一般法律原则设定为法院的判案依据之一。[1]在国际司法方面，在 1912 年俄罗斯与土耳其之间的赔偿费迟延利息争端中，由于相关的国际法规则的缺失，裁判者转而适用了债务迟延履行应支付利息、不可抗力、禁止反言等多项原则来处理案件所涉的实体和程序问题。

作为《国际常设法院规约》后继者的《国际法院规约》沿用了前者第 38 条的规定，确认了一般法律原则国际法渊源的地位。这被认为是当时由盛转衰的自然法学派与方兴未艾的实在法学派之间妥协的产物。[2]这种妥协导致一般法律原则的含义不甚清晰。对于何为一般法律原则，学者们持不同的观点。有学者认为，一般法律原则属于国际法的基本原则；也有学者认为，一般法律原则是由一般性的法律意识所产生的原则；还有学者认为，一般法律原则是各国法律体系所共有的原则。[3]

《国际常设法院规约》和《国际法院规约》第 38 条中的一般法律原则含有"为文明各国所承认者"的限定。受托起草《国际常设法院规约》的委员会曾指出，第 38 条中的一般法律原则应被理解为在各文明国家的国内法院中得到承认的一般法律原则，因为规约起草者的初衷是希望在那些不能适用条约和习惯法的案件中，裁判者创设新法的自由能够受到限制，他们仅被允许从已由各国国内法院认可的原则中探寻可供适用的法。[4]当时参与讨论的英国代表提出，一般法律原则应指各国在本国范围内公认的原则，如某些程序性原则、善意原则、已决事项原则等。[5]起草委员会在确定《国际常设法院规约》第 38 条的最终文本时采纳了英国代表的观点。

一般法律原则在全球经济治理中的作用体现在：第一，为全球经济治理规则的创制和适用提供指引；第二，为全球经济治理参与者的行动提供规导；

---

[1]《国际常设法院规约》第 38 条规定，法院应适用：(1) 不论普通或特别国际协约，确立诉讼当事国明白承认之规条者；(2) 国际习惯，作为通例之证明而经接受为法律者；(3) 一般法律原则为文明各国所承认者；(4) 在第 59 条规定之下，司法判例及各国权威最高之公法学家学说，作为确定法律规则之补助资料者。

[2] 参见罗国强：《一般法律原则的困境与出路——从〈国际法院规约〉第 38 条的悖论谈起》，载《法学评论》2010 年第 2 期。

[3] 参见王勇亮：《论国际法渊源中"一般法律原则"的法律性质》，载《政治与法律》1995 年第 2 期。

[4] 参见[英] J·G·斯塔克：《国际法导论》，赵维田译，法律出版社 1984 年版，第 34 页。

[5] 参见王勇亮：《论国际法渊源中"一般法律原则"的法律性质》，载《政治与法律》1995 年第 2 期。

第三，为全球经济治理的效果提供评判。自一般法律原则作为国际法的渊源被提出之初，其便与国内法院的活动产生了密切的联系。一般法律原则的形成和发展离不开国内司法实践的累积和沉淀。[1]因此，我国涉外商事审判对于一般法律原则的推动是不容忽视的。

---

[1] 参见［英］帕特莎·波尼、埃伦·波义尔：《国际法与环境》，那力、王彦志、王小钢译，高等教育出版社2007年版，第17~18页。

第四章

我国涉外商事审判对全球经济治理的辐射效应

我国涉外商事审判的影响力并不局限于我国一国之内。它能够由近及远地对微观层面的案件当事人、中观层面的国内经济秩序以及宏观层面的国际经济秩序产生辐射效果。

第一节 对微观层面的案件当事人的影响

涉外商事审判处理的是当事人之间的涉外商事纠纷,所以案件当事人是涉外商事审判直接的作用对象。对微观层面的案件当事人的影响构成了涉外商事审判辐射效应的近景。

一、纠纷的化解

替代性纠纷解决机制是 20 世纪以来逐步发展起来的各种诉讼外纠纷解决方式的统称。诉讼是一种高成本的救济机制,所以一个正常的社会对诉讼的支持和投入不能是无限度的。案件数量的急剧增加对于法院而言,对于寻求救济的当事人而言,对于奉行法治的国家而言都是一场危机。[1]替代性纠纷解决方式的优势在于其程序成本低、迅速、便利。在司法系统不堪重负的情况下,替代性纠纷解决方式可被用于方便、快捷地解决当事人之间的纠纷,使他们能够以较低的成本获得较大的收益。[2]此外,对于某些当事人来说,诉讼的对抗制模式并不能够满足他们希望以更加平和的方式解决争议的需求。相较而言,替代性纠纷解决方式为当事人提供了一种足以减少对抗、维持良

---

[1] 参见黄长营:《替代性纠纷解决机制效率研究》,载《河北法学》2007 年第 1 期。
[2] 参见陈艳恩:《浅议替代性纠纷解决机制(ADR)》,载《学术论坛》2010 年第 7 期。

好关系的缓冲机制。不同于诉讼所带来的"赢者全赢"的结果，替代性纠纷解决方式更加有助于在当事人之间形成富有创造性、互惠性的纠纷解决方案。替代性纠纷解决方式的出现引发了纠纷解决理念的转变，即从对抗走向对话，从单一价值走向多元价值，从胜负决斗走向谋求双赢。[1]

进入21世纪以来，随着我国与他国经贸交往日益频繁，涉外商事纠纷的数量急剧上升。在此背景下，替代性纠纷解决方式在我国涉外商事纠纷解决领域取得了长足发展。比如，2010年，浙江省国际贸易促进委员会与杭州市中级人民法院发布了《关于建立涉外商事纠纷诉讼与调解衔接机制的会议纪要》，以期促进诉讼与调解在涉外商事纠纷解决中的融合；2011年，我国第一家以社会组织形式提供专业商事调解服务的机构上海经贸商事调解中心挂牌成立；2014年，上海市浦东新区法院将行业协会、商会、专业调解中心等具有调解职能的组织引入涉外商事纠纷解决机制；2016年，北京"一带一路"国际商事调解中心正式投入运营；2020年，海南省出台《海南省多元化解纠纷条例》，并成立了海南国际仲裁院国际商事调解中心、中国国际经济贸易仲裁委员会海南仲裁中心、海口国际商事调解中心、三亚国际商事调解中心。[2]

尽管替代性纠纷解决方式正在蓬勃发展，但是他们无法完全取代司法，原因在于：首先，司法以国家强制力为后盾，具备其他纠纷解决方式所不具备的权威性；其次，司法具有独立的制度支撑和程序指引，其公正性得到了普遍的认可；再其次，司法机关能够处理各类主体之间的各种纠纷，弥补了其他纠纷解决方式适用范围的局限性；最后，法官是一种高度专业化的职业，他们在纠纷解决方面具有令人信服的业务能力。[3]

司法的基本功能在于适用法律解决纠纷。[4]它以制度化的方式追求公正

---

〔1〕参见胡晓涛：《替代性纠纷解决机制的价值及在中国的适用分析》，载《江西财经大学学报》2011年第6期。

〔2〕参见沈芳君：《"一带一路"背景下涉外商事纠纷多元化解机制实证研究》，载《法律适用》2022年第8期。

〔3〕参见蒋红珍、李学尧：《论司法的原初与衍生功能》，载《法学论坛》2004年第2期。

〔4〕参见［法］洛伊克·卡迪耶：《法国民事司法法》，杨艺宁译，中国政法大学出版社2010年版，第5页。

和正义,在成熟的法治社会中发挥着"正义再生产装置"的功效。[1]作为司法活动的一个分支,涉外商事审判同样以化解纷争为己任。一项判决很难令双方当事人都满意,尤其是在法律关系较为复杂、案件标的额较高的涉外商事案件中。在涉外商事审判中,法官不仅应当遵从现行法律的指引,基于经认定的案件事实和应适用的法律作出裁判,而且需要保障双方当事人在诉讼过程中以主体身份充分进行陈述、举证、质证和辩论。经过当事人的和平对抗与平等对话所达成的裁判结果能够更好地平息当事人的纷争,得到当事人的认同。

二、行为的规导

中华文化在漫长的发展过程中孕育出了独特的辩证性思维,强调以整体、发展、动态的眼光看待可能发生的风险。比如,《尚书》提到"惟事事,乃其有备,有备无患";[2]《礼记》指出"言前定则不跲,事前定则不困,行前定则不疚,道前定则不穷";[3]《左传》谈到"居安思危,思则有备,有备无患"。[4]这些论断闪耀着"凡事预则立,不预则废"的智慧光芒。在争端解决领域,此种思想表现为对于纠纷预防的重视。

定分止争一向被视作司法的核心功能。这里所说的"止争"既指终止当事人的当下之争,也指防止当事人的未来之争。在法治社会中,司法被认为是解决冲突的最终手段。争端双方都会强调自身行为的正当性,双方所称的正当究竟孰真孰假则需要由真正公正的力量来加以评判。[5]法官便是扮演了评判者的角色。司法的中立性和公正性使得当事人对法官的裁判产生信赖和敬畏之感。当事人的这种心理状态是支撑司法发挥"止争"功能的关键。

---

[1] 参见吴英姿:《司法的公共理性:超越政治理性与技艺理性》,载《中国法学》2013年第3期。

[2] 这句话的意思是,做事情,要有所准备,这样才不会有祸患。

[3] 这句话的意思是,说话先有准备,就不会词穷理屈、站不住脚;做事先有准备,就不会遇到困难挫折;行事前先有计划,就不会发生错误后悔的事情;做人的道理能够事先决定妥当,就不会行不通。

[4] 这句话的意思是,生活安宁时要考虑危险的到来,考虑到了危险就会有所准备,事先有了准备就可以避免祸患。

[5] 参见孙笑侠、吴彦:《论司法的法理功能与社会功能》,载《中国法律评论》2016年第4期。

涉外商事审判除了可以化解当事人当下的纠纷，还能够对当事人未来的行为产生规导的效果。法院对于涉外商事案件的审理过程及裁判结果相当于给涉案的当事人上了一堂生动的法律课，强化了胜诉方依法从事涉外商事活动的信心，同时也在警示败诉方要时刻以法律为准绳，否则便会招致不利的后果。借由涉外商事审判活动，当事人能够清晰明确地了解到在现行法律之下"可为"和"不可为"的界限，从而更加有序地组织和开展涉外商事活动。如果说前述的纠纷化解是涉外商事审判对案件当事人所能起到的一种短期作用，那么行为规导便是涉外商事审判对案件当事人所能起到的一种长期作用。

第二节 对中观层面的国内经济秩序的影响

涉外商事审判的效果并不局限于特定案件。从更广的视角来看，涉外商事审判对于我国国内经济秩序的维护亦能产生积极的影响。这构成了涉外商事审判辐射效应的中景。

一、规范市场主体的活动

市场主体是市场经济的基本组成单位。作为经济人的市场主体具有以下三个特征：一是自利性，即市场主体带有为了生存而优先考虑自身利益的天性；二是追求利益最大化，即市场主体基于成本—收益分析作出选择和判断，寻求各种利益因子的最佳组合状态；三是有限理性，即市场主体在抓住问题本质而简化决策变量的条件下表现出一定限度的理性。[1]由于上述特点，经济主体容易受到外部因素诱导，采取背离既有规则的越轨行为。

如果将法官针对特定涉外商事案件开展的审判活动比作"震中"的话，那么涉外商事审判的影响力会像"震波"一样从此"震中"由内向外扩散开来。[2]尽管每一次的涉外商事审判总是针对特定案件而进行的，但是它的效果却并非停留在个案层面。涉外商事审判不仅能够对特定案件的涉案当事人产生直接的影响，而且能够对不特定的市场主体所形成的群体产生间接的影

---

〔1〕参见王忠福：《市场主体经济人地位与和谐社会诚信建设》，载《商业时代》2007年第31期。

〔2〕参见孙笑侠：《论司法多元功能的逻辑关系——兼论司法功能有限主义》，载《清华法学》2016年第6期。

第四章　我国涉外商事审判对全球经济治理的辐射效应

响，因为涉外商事审判使得纸面上的法律变成了"活法"，过往的案件作为一个个鲜活的实例为市场主体勾画出法律设定的行为边界，帮助他们在决定"为"或"不为"之前形成合理的预期，在考虑成本和收益后作出理性的选择。

涉外商事审判的影响力从特定案件的当事人向不特定的市场主体的延伸得益于审判公开制度的确立。公开审判要求除涉及国家秘密、个人隐私或者法律另有规定外，法院的审判活动应予公开。[1]在封建社会的纠问式诉讼中，案件的审判过程不为社会公众所知，甚至不为当事人所知。这种秘密审判模式充当了专横和擅断的封建司法的保护伞。18世纪，意大利法学家切萨雷·贝卡利亚（Cesare Beccaria）首先提出，审判应当公开，以使作为社会制约手段的舆论能够约束权力。[2]1948年《世界人权宣言》第10条规定，每个人均有权由一个独立的、无偏倚的法庭进行公正和公开的审讯。1966年《公民权利和政治权利国际公约》第14条第1款亦有相似的规定。[3]在现代社会中，公开审判是否得到贯彻施行已成为一个国家民主法治是否健全的判断标准之一。[4]

我国《宪法》第130条规定，除法定特殊情况外，人民法院审理案件，一律公开进行。该条款构成了我国公开审判制度的宪法依据。以该条款为基础，我国2023年《民事诉讼法》第10条规定，人民法院审理民事案件，实行公开审判制度。公开审判不仅是民主政治的组成部分和程序公正的基本要求，而且有助于最大程度地发挥司法的示范和引导功能。[5]倘若审判活动是一种远离群众、游离于社会生活之外的存在，那么人们必然会因为对于审判

---

[1] 参见黄双全：《论公开审判制度的完善》，载《中国法学》1999年第1期。

[2] 参见［意］贝卡利亚：《论犯罪与刑罚》，黄风译，中国大百科全书出版社1993年版，第20页。

[3] 《公民权利和政治权利国际公约》第14条第1款规定："所有的人在法庭和裁判所前一律平等。在判定对任何人提出的任何刑事指控或确定他在一件诉讼案中的权利和义务时，人人有资格由一个依法设立的合格的、独立的和无偏倚的法庭进行公正的和公开的审讯。由于民主社会中的道德的、公共秩序的或国家安全的理由，或当诉讼当事人的私生活的利益有此需要时，或在特殊情况下法庭认为公开审判会损害司法利益因而严格需要的限度下，可不使记者和公众出席全部或部分审判；但对刑事案件或法律诉讼的任何判刑决应公开宣布，除非少年的利益另有要求或者诉讼系有关儿童监护权的婚姻争端。"

[4] 参见左卫民、周洪波：《论公开审判》，载《社会科学研究》1999年第3期。

[5] 参见石先钰：《论公开审判的价值及制度完善》，载《社会主义研究》2004年第1期。

的陌生感和疏离感,而避免求助于司法。[1]公开的审判相当于在向整个社会昭示:合法行为必将受到法律保护,违法行为必将遭受不利后果。这对于增强群体的法律意识和信念,预防和减少社会越轨行为的发生具有积极的意义。

二、营造良好的法治环境

司法是法治的有机组成部分。[2]习近平总书记强调,司法体制改革要紧紧围绕建设中国特色社会主义法治体系、建设社会主义法治国家而展开;[3]公平正义是政法工作的生命线,司法机关是维护社会公平正义的最后一道防线。[4]公正的司法能够惩恶扬善,对民众施以法治观念的教育。反之,枉法不公的裁判不仅颠倒了黑白,混淆了是非,而且会引发民众对于法律的怀疑甚至是蔑视,滋生出法律虚无主义的不良思想。[5]

尽管法官在审理涉外商事案件后所作的裁判仅对个案当事人具有约束力,但其所透露出的观点和理念却可能通过"同案同判"机制而获得对世的影响力。"同案同判"的基本语意为同样的案件,同样的判决。它强调法官对具有相同要素案件处理结果的一致性,是法律上"同等情况同等对待"原则在司法领域的具体应用。虽然从严格意义上讲,很少会存在案件事实完全相同的情况,但是人类行为在一定程度上的规律性和共通性预示了司法机关以类型化的方式处理社会纠纷的可能。[6]

涉外商事审判的发展和累积有助于使参与涉外商事活动的当事人能够对自身行为形成较强的"期待可能性"。[7]正义在法院对微观具体案件的处理结果中得以彰显。司法通过个案的裁判源源不断地向社会输出正义产品,进而培

---

[1] 参见[日]棚濑孝雄:《纠纷的解决与审判制度》,王亚新译,中国政法大学出版社1994年版,第245页。

[2] 参见张志铭:《社会主义法治理念与司法改革》,载《法学家》2006年第5期。

[3] 参见习近平:《以提高司法公信力为根本尺度 坚定不移深化司法体制改革》,载《人民检察》2015年第7期。

[4] 参见习近平:《坚持严格执法公正司法深化改革 促进社会公平正义保障人民安居乐业》,载《人民检察》2014年第1期。

[5] 参见李玉璧、李刈:《论法治社会中的司法公正》,载《西北师大学报(社会科学版)》2000年第4期。

[6] 参见杨知文:《"同案同判"的性质及其证立理据》,载《学术月刊》2021年第11期。

[7] 参见侯明明:《"通过司法判决塑造公众法治观念"命题的逻辑理路》,载《天府新论》2017年第4期。

育公众对于司法的尊重和认可，塑造公众遵纪守法的氛围和观念。正如黑格尔（Hegel）所说，从其特殊内容来看，个别事件确实仅涉及特定当事人的利益，但是从其普遍内容来看，它所含之法以及关于它的裁判可能与一切人有着利害关系。[1]埃里克·波斯纳（Eric A. Posner）曾从法律经济学的视角，将司法裁判比作向公众释放的一种信号，以帮助公众依法调整自身活动。[2]

涉外商事审判对于法治的促进不仅体现在结果上，还体现在过程上。判决是法院审理涉外商事案件后所得之结果。该结果的背后是法官、当事人以及其他诉讼参与人之间博弈、平衡、合作的过程。其中既有当事人与法官之间的纵向互动，也有当事人之间或者当事人与其他诉讼参与人之间的横向互动。判决不是简单的强制性命令，也不是纯粹的从法律文字中拆解出的结论。它的正当性有一部分来源于贯穿在整个审判过程中的交涉性互动。这种互动在引导当事人依法解决纠纷的同时，增强了当事人乃至整个社会群体对于法治的信赖感。

三、激发国内市场的活力

"营商环境"一词起源于世界银行的调查项目。该项目于 2002 年启动，通过每年发布的《营商环境报告》对全球不同经济体的营商环境进行评估。世界银行的《营商环境报告》采用复合型的评估指标，反映了不同经济体对于市场主体开展经济活动的友好程度。[3]自 2008 年世界银行首次提供中国的

---

[1] 参见［德］黑格尔：《法哲学原理》，范扬、张企泰译，商务印书馆 1961 年版，第 232 页。

[2] 参见［美］埃里克·A·波斯纳：《法律与社会规范》，沈明译，中国政法大学出版社 2004 年版，第 12 页。

[3] 世界银行于 2003 年发布的首份《营商环境报告》包含 5 套指标，涉及 133 个经济体。2010 年的报告包含 10 套指标，涉及 183 个经济体。2020 年的报告包含 12 套指标，涉及 190 个经济体。这些指标分别体现了开办企业、执行合同、解决纠纷、跨境贸易、获取信贷、保护中小投资者、与政府交易、办理纳税、获得建筑许可、获得电力、雇佣劳动、登记财产等方面的便利程度。2021 年 9 月，世界银行宣布停发《营商环境报告》，并将用"宜商环境项目"（Business Enabling Environment）取代"营商环境项目"（Doing Business）。与"营商环境项目"相比，"宜商环境项目"的变化体现在以下 5 个方面：(1)"宜商环境项目"将从中小企业开展业务便利性的角度扩展到从整个私营企业行业发展的角度进行评估；(2)"宜商环境项目"不仅关注监管框架，还关注公共服务；(3)"宜商环境项目"将通过专家咨询和企业调查这两种数据收集方式，搜集和分析法律法规的信息以及实际执行情况的信息；(4)"宜商环境项目"将包含企业准入、获取经营场所、市政公用服务接入、雇佣劳动、金融服务、国际贸易、纳税、解决纠纷、促进市场竞争、办理破产等方面的评估指标；(5)"宜商环境项目"将拓宽覆盖范围，尽可能地涉及更多的国家和国内城市。

国别报告以来，营商环境逐步受到我国政府的关注和重视。2012 年，广东省率先将营商环境的概念明文写入《广东省建设法治化国际化营商环境五年行动计划》之中。2013 年，党的十八届三中全会通过的《中共中央关于全面深化改革若干重大问题的决定》在"加快完善现代市场体系"部分加入了"建设法治化营商环境"的内容。

我国营商环境的理念在形成之初便与法治联系在一起。[1]2013 年《中共中央关于全面深化改革若干重大问题的决定》将"法治化"作为营商环境的限定词。2014 年，习近平总书记在主持中共十八届中央政治局第十九次集体学习时提出，要加快市场化改革，营造法治化营商环境，提高国际竞争力和抗风险能力。2019 年 2 月，习近平总书记在中央全面依法治国委员会第二次会议上指出，法治是最好的营商环境。2019 年 11 月，习近平总书记在第二届中国国际进口博览会开幕式上再次提到，我国将不断完善市场化、法治化、国际化的营商环境。[2]

对于建立和维持良好的营商环境，法治的积极作用体现在三个方面。首先，法治能够为市场主体提供稳定的预期。法律是调整市场主体相互之间以及市场主体与政府之间关系的有力工具。它划定了市场主体和政府的行为边界并昭示了越界的不利后果。[3]法治将市场经济的运行置于一套可靠的规范体系之下，使市场主体能够较为清晰地对自身行为的利弊影响展开成本—收益分析。[4]其次，法治能够打破阻碍市场主体发展的桎梏。当市场主体能够获得稳定的预期时，它便无需畏手畏脚，花费额外的成本去经营人情关系，而是可以在法律确定的界限内尽情地释放自身的创造力。因此，法治化的营商环境是破除深层次的体制机制障碍，让市场主体活起来的关键。[5]最后，法治有助于公平竞争的市场环境的形成。在市场经济体制下，竞争贯穿于生

---

〔1〕 参见李建伟：《习近平法治思想中的营商环境法治观》，载《法学论坛》2022 年第 3 期。

〔2〕 参见郑继汤：《习近平关于构建法治化营商环境重要论述的逻辑理路》，载《中共福建省委党校学报》2019 年第 6 期。

〔3〕 参见赵海怡：《中国地方营商法治环境的优化方向及评价标准》，载《山东大学学报（哲学社会科学版）》2019 年第 3 期。

〔4〕 参见彭向刚、马冉：《政企关系视域下的营商环境法治化》，载《行政论坛》2020 年第 2 期。

〔5〕 参见尹飞：《激发企业创新创造活力 以法治手段优化营商环境》，载《人民日报》2020 年 10 月 30 日，第 9 版。

第四章　我国涉外商事审判对全球经济治理的辐射效应

产、分配、交换、消费等环节。竞争的经济才是市场经济。[1]市场秩序作为一种公共品，应由政府来供给和维护。法律是政府对市场施加必要干预的重要手段。有好的法律才有好的竞争关系。[2]

作为法治的有机组成部分，司法在构建良好的营商环境方面发挥着不可小觑的作用。2017年《最高人民法院关于为改善营商环境提供司法保障的若干意见》正式确认了司法为营商环境保驾护航的任务。[3]此后，最高人民法院还发布了一系列与优化营商环境相关的文件。[4]他们涉及金融纠纷多元解决机制、知识产权保护的强化、破产案件的高效审理等诸多问题。此外，最高人民法院还通过发布指导案例的方式来为营商环境的优化提供助力。[5]除最高人民法院外，地方法院也积极地行动起来。比如，2020年6月，吉林省高级人民法院召开了法治化营商环境建设专项行动领导小组第一次会议；[6] 2021年4月，湖北省高级人民法院出台了《营商环境问题投诉联动工作办法》。[7]多地法院还发布了优化营商环境的典型案例。[8]如今，司法已经成

---

[1] 参见邱本：《论市场竞争法的基础》，载《中国法学》2003年第4期。

[2] 参见袁莉：《营商环境法治化构建框架与实施路径研究》，载《学习与探索》2022年第5期。

[3] 《关于为改善营商环境提供司法保障的若干意见》提出了最高人民法院的5项工作重点：（1）依法平等保护各类市场主体，推动完善社会主义市场经济主体法律制度；（2）准确把握市场准入标准，服务开放型经济新体制建设；（3）保障市场交易公平公正，切实维护市场交易主体合法权益；（4）加强破产制度机制建设，完善社会主义市场主体救治和退出机制；（5）推动社会信用体系建设，为持续优化营商环境提供信用保障。

[4] 比如，最高人民法院于2020年7月发布了《关于为新时代加快完善社会主义市场经济体制提供司法服务和保障的意见》，于2020年12月修正了《关于适用〈中华人民共和国公司法〉若干问题的规定（四）》，于2020年12月修正了《关于适用〈中华人民共和国企业破产法〉若干问题的规定（三）》，于2022年1月发布了《关于充分发挥司法职能作用助力中小微企业发展的指导意见》等文件。

[5] 比如，最高人民法院于2021年4月发布了优化营商环境十大破产典型案例，于2021年5月发布了人民法院充分发挥审判职能作用保护产权和企业家合法权益典型案例（第三批）。

[6] 参见王洁瑜：《吉林部署推进法治化营商环境建设》，载《人民法院报》2020年6月24日，第1版。

[7] 参见蔡蕾：《湖北高院对"营商环境问题投诉"联动办理》，载《人民法院报》2021年5月7日，第1版。

[8] 比如，2021年11月，桂林市中级人民法院发布了15起优化营商环境典型案例；2022年2月，商丘市中级人民法院发布了2021年度优化法治化营商环境十大典型案例；2022年9月，汉中市中级人民法院发布了优化营商环境十大典型案件；2022年10月，上海市第二中级人民法院发布了优化法治化营商环境十大典型案（事）例。

为优化营商环境工作中一股不可或缺的力量。[1]

2015年6月,《最高人民法院关于人民法院为"一带一路"建设提供司法服务和保障的若干意见》(以下简称《司法服务和保障意见》)提到,法院应公正高效地审理涉"一带一路"建设案件,努力营造公平公正的营商投资环境。2019年12月,《最高人民法院关于人民法院进一步为"一带一路"建设提供司法服务和保障的意见》(以下简称《进一步司法服务和保障意见》)再次强调,法院应充分发挥作用,推动形成更广范围的、以规则为基础的营商环境。2020年9月,《最高人民法院关于人民法院服务保障进一步扩大对外开放的指导意见》指出,我国应加快推进涉外审判体系和审判能力现代化建设,服务国家大局、优化营商环境、深化国际合作,以更高水平的司法服务保障更高水平的对外开放。这三个文件的相继出台为改革开放升级背景下,我国涉外商事审判服务营商环境优化指明了方向。

自上述文件颁行以来,我国法院通过公开公平公正的涉外商事审判活动,为打造健康的市场环境作出了切实贡献。比如,在澳大利亚帕克兰动力设备有限公司与江苏沃得植保机械有限公司国际货物买卖合同纠纷案中,法院准确适用国际条约解决了当事人之间的合同争议,强化了市场主体诚实守信的意识;[2]在如皋市金鼎置业有限公司、叶宏滨与吴良好等股东资格确认纠纷案中,法院统一适用外商投资法律,平等地保护了投资者的合法权益;[3]在刘某与宿迁宏毅国际贸易有限公司、陈某股东资格确认纠纷案中,法院依法确认了当事人的股东资格,维护了外商投资企业的管理秩序;[4]在盐城市世标机械制造有限公司与招商银行股份有限公司盐城分行服务合同纠纷案中,法院正确地适用国际惯例,保障了信用证的交易秩序。[5]这些案例落实了现行国际法和我国国内法中以维护良好市场秩序为导向的原则和规则,矫正了当事人在经济活动中的行为偏差,增强了当事人在法治市场环境下依法行事的信念。

市场经济是"环境经济"。这意味着哪里的环境好,哪里的市场就会充满

---

[1] 参见胡晓霞:《论法治化营商环境之司法方案》,载《中国应用法学》2021年第6期。
[2] 参见(2019)苏民终54号。
[3] 参见(2019)苏民终1194号。
[4] 参见(2020)苏民终400号。
[5] 参见(2021)苏09民终3513号。

活力。即便是在全球经济普遍低迷的情况下，我国社会主义市场经济依然保持了良好的发展态势。[1]这与我国成功营造市场化、法治化、国际化的营商环境息息相关。2022年10月，最高人民法院原院长周强在第十三届全国人民代表大会常务委员会第三十七次会议上所作的《关于人民法院涉外审判工作情况的报告》指出，我国法院受理的一审涉外民商事案件已经从2013年的1.48万件增长至2021年的2.73万件，涉及跨境电商、跨境破产、企业跨境并购、金融衍生产品投资、中欧班列运单等新型纠纷不断涌现。涉外商事审判承担了明晰交易规则、规范行为界限、平衡各方利益的重任。可以预见的是，在现代化涉外商事审判的保驾护航下，市场主体将更加规范地参与市场交易和竞争，在一个活泼有序的市场环境下充分展现自身的能动性和创造力。

第三节　对宏观层面的国际经济秩序的影响

从国际经济秩序层面来看，我国的涉外商事审判能够起到推动国际法治、促进生产要素流动、增进合作共识的效果。这构成了涉外商事审判辐射效应的远景。

一、推动国际法治

西方的法治精神源自古希腊的城邦民主制。[2]"梭伦改革"为法治的诞生打下了基础。[3]古希腊著名思想家亚里士多德（Aristotle）提出了"法治应当优于一人之治"的著名论断。[4]他认为：第一，不凭感情治事的统治者要比感情用事的统治者更为优良，人类的本性难免掺杂感情，而法律则是没有

---

[1] 参见韩家平等：《中国市场主体发展活力研究报告（2021年）》，载《征信》2022年第8期。

[2] 参见钱鸿猷：《西方法治精神和中国法治之路》，载《中外法学》1995年第6期。

[3] 公元前594年，梭伦（Solon）当选雅典城邦的首席执政官。他随后发起了一场改革运动。梭伦的改革促进了雅典社会生活多元化格局的形成，创立了适合民主制发展的社会管理机制，为普通民众参与国家政治活动提供了制度保障。参见李晓峰：《略论西方法治理论的发展及其思想渊源》，载《法学评论》2000年第4期。

[4] 另一位著名的思想家柏拉图（Plato）则是持人治的观点。他推崇"贤人政治"。他认为，理想国应由哲学家来统治，因为哲学家是最有学问、最有远见、记忆力最强、胸襟最为开阔、最爱真理的人。柏拉图曾提到，敏于学习、强于记忆、勇敢、大度是哲学家的天赋，城邦的统治者应当是这种人。参见［古希腊］柏拉图：《理想国》，郭斌和、张竹明译，商务印书馆1986年版，第229页。

感情的智慧，所以法治更能体现公正性；第二，大泽水多则不朽，小池水少则易朽，同样的道理，与少数人相比，多数人组成的群体不易腐败，法律是由多数人制定的，所以法治比起一人之治更能经得起外部因素的侵蚀；第三，治理国家绝非易事，仅凭一人之力来治理国家更是困难重重，在共和制兴起的时代下，集合多人智慧的法治才是治理国家的良策。[1]在近代资产阶级革命时期，西方国家涌现出了一批启蒙思想家。他们把斗争的矛头指向了宗教神学这一封建制度的精神支柱，将自然法理论当作武器来揭露和抨击封建势力的特权和封建制度的弊病。[2]当代西方知名的法学流派，如新自然法学派、实证主义法学派、社会法学派、自由主义法学派等，都在一定程度上继承和发展了近代启蒙思想家的法治思想。[3]

在我国，"以法治国"的提法最早见于《管子·明法》中的"威不两错，政不二门，以法治国，则举措而已"。[4]尽管这里的"以法治国"不能等同于现代意义上的法治，但它已经显露出朴素的法治观念。我国近现代意义上的法治肇始于19世纪末。维新变法运动标志着我国在法治化的道路上迈出了重要一步。[5]我国法治建设历史性的飞跃是在中国共产党的领导下实现的。2021年11月，党的十九届六中全会审议通过的《中共中央关于党的百年奋斗

---

[1] 参见王哲：《论西方法治理论的历史发展》，载《中外法学》1997年第2期。

[2] 比如，约翰·洛克（John Locke）提出，真正的共和国应是一个法制完备并且认真执行法律的国家，法律的执行应成为社会的约束，使国家各个部分能够各得其所、各尽其能，如果法律不能被执行，那就相当于没有法律，一个没有法律的政府是一件不可思议的事情，与人类社会的整体发展是格格不入的；孟德斯鸠（Montesquieu）提出，对公民自由最严重的破坏来自权力的滥用，只有在权力不被滥用的地方，公民才有安全可言，一切有权力的人都容易滥用权力，他们会使用权力一直到遇有界限的地方才会休止，法律则是加在权力之上的枷锁；让—雅克·卢梭（Jean-Jacques Rousseau）提出，公民的自由和平等只有在体现公意的法律之下才能得以保障，法律面前人人平等，立法权是国家的心脏，应当属于人民。参见［英］洛克：《政府论》（下篇），瞿菊农、叶启芳译，商务印书馆1982年版，第89页；［法］孟德斯鸠：《论法的精神》（上卷），许明龙译，商务印书馆2012年版，第154页；［法］卢梭：《社会契约论》，何兆武译，商务印书馆1982年版，第50页。

[3] 比如，新自然法学派出现于19世纪末至20世纪初。它可以分为新托马斯主义和世俗的自然法学两个流派。新托马斯主义自然法学的代表人物是雅克·马利坦（Jacques Maritain）。他的法治理念强调对人权的保护。世俗的自然法学的代表人物是朗·富勒（Lon L. Fuller）。他的法治理念强调法律的道德性和正义性。参见柯卫、马腾：《新自然法学法治论之旨趣及启示》，载《广东社会科学》2017年第1期。

[4] 这句话的意思是，权威不能由两人分享，法令不能由两家制定，一切问题都按法度来处理，那么治理好国家是很容易的事情。

[5] 参见卓泽渊：《中国法治的过去与未来》，载《法学》1997年第8期。

第四章　我国涉外商事审判对全球经济治理的辐射效应

重大成就和历史经验的决议》将党领导人民进行革命、建设、改革的历程分为四个阶段，即夺取新民主主义革命伟大胜利、完成社会主义革命和推进社会主义建设、进行改革开放和社会主义现代化建设、开创中国特色社会主义新时代。相应地，我国的法治现代化进程也可分为四个阶段：第一，新民主主义革命中的法治探索阶段，这是我国法治建设的早期尝试；第二，社会主义革命和建设中的法治推进阶段，这为我国现代化法治的确立奠定了基础；第三，改革开放中的法治完善阶段，这大大推动了我国现代化法治的形成；第四，中国特色社会主义新时代下的法治创新阶段，这体现出我国现代化法治与时俱进的特征。[1]

　　法治从诞生之初便含有对内和对外两层含义。对内的法治关注的是一国应在其国内建立怎样的秩序；而对外的法治关注的是一国应如何看待其他国家或民族。[2]1648年，欧洲各国在三十年战争结束之际签订了《威斯特伐利亚和约》。该事件具有里程碑式的意义，因为它承认了国际关系中的主权原则。正如英国学者戴维·赫尔德（David Held）所说，《威斯特伐利亚和约》的签订标志着，欧洲不再像中世纪的封建社会一样，是由领主与陪臣的领地组成的拼凑体，而是逐渐演化为"国家社会"，主权原则和领土原则在处理国家之间的关系方面发挥着核心作用。[3]资产阶级国家国内关系的制度化催生了法治国家的雏形，而资产阶级法治国家之间的关系以及他们与各自殖民地之间关系的制度化则形成了两大法系，即罗马—日耳曼法系与普通法系。[4]他们对全球各地的法治化进程产生了深远的影响。[5]第二次世界大战结束后，国际新秩序逐步建立和发展起来。亚洲、非洲、拉丁美洲的一些殖民地和半

---

[1] 参见公丕祥：《中国式法治现代化新道路的演进历程》，载《学术界》2022年第4期。

[2] 参见朱景文：《西方法治模式和中国法治道路》，载《人民论坛·学术前沿》2022年第2期。

[3] 参见［英］戴维·赫尔德等：《全球大变革：全球化时代的政治、经济与文化》，杨雪冬等译，社会科学文献出版社2001年版，第50~53页。

[4] 参见朱景文：《西方法治模式和中国法治道路》，载《人民论坛·学术前沿》2022年第2期。

[5] 法国是当时欧洲大陆最强大的国家。随着法典编纂运动的兴起，欧洲大陆几乎所有国家都在不同程度上受到了法国法的影响。后来，借由殖民扩张，法国法的影响又扩展至法属非洲、中南美洲、北美洲、亚洲的一些国家或地区。《德国民法典》的编纂比《法国民法典》几乎晚一个世纪，但是它的理论体系和立法技术对其他国家或地区同样产生了不容忽视的影响。英国大范围的殖民扩张使得普通法的影响扩展到了北美、南亚、北非、南非、澳洲等许多地区。

殖民地摆脱了殖民统治，成为独立的民族国家。《联合国宪章》所确立的主权国家平等原则构成了各国平等地参与国际事务的有力依据。[1]

国际法治是国际关系的法治化，是在国际事务中推行良法善治。[2]这里的"良法"是指价值正确、平等适用、内容清晰的国际法规则；这里的"善治"是指国家的权利和义务得到普遍和公平的保障，法律规范的确定、实施和遵守达到公开、透明、公正的标准。[3]有学者认为，国际法治有狭义和广义之分。狭义的国际法治特指国际层面上的法治，即国家与国家关系中的法治、国家与国际组织关系中的法治以及国际组织与国际组织关系中的法治；而广义的国际法治还包括各国的国内法治。[4]国际法治从来就不是凭空产生的，而是深深地植根于传统的法治观念中。很难想象，一群在本国领域内漠视规则的国家能够在处理彼此之间的关系时依法行事。因此，国内法治构成了国际法治存在的基础，也为国际法治的运行和发展源源不断地供给养料。

市场经济与法治之间存在天然的联系。从封建专制体制下的义务本位发展到权利本位，从基于身份的社会关系发展到基于契约的社会关系不仅是人类社会的伟大进步，也为市场经济的发展创造了必不可少的条件。市场经济的形成同样得益于法人制度的确立。法人制度的出现扩展了法律主体的范畴。它将法律的适用范围从自然人个体延伸至经济组织。法治对于市场经济的运转起着调节、引导、组织、管理、预测等多方面的作用。它不仅为市场经济的参与者提供了一套稳定、明确、普遍的行为准则，而且为他们搭建了一个自由、平等、公平的活动空间。[5]市场经济具备一定的自我调节能力，但仍带有自发性、盲目性、时滞性、波动性等非有序化的倾向。因此，适度的计划调控和行政管理对于市场经济的健康发展是有益的。无论是计划调控还是行政管理都应由法律授权，受法律监督。不受限制的政府干预必将导致权力的膨胀，最终扰乱市场经济的良性运转。

---

[1]《联合国宪章》第2条第1款规定："本组织系基于各会员国主权平等之原则。"
[2] 参见何志鹏：《国际法治中的"大国不可能三角"》，载《学术月刊》2022年第6期。
[3] 参见何志鹏：《"良法"与"善治"何以同样重要——国际法治标准的审思》，载《浙江大学学报（人文社会科学版）》2014年第3期。
[4] 参见曾令良：《国际法治与中国法治建设》，载《中国社会科学》2015年第10期。
[5] 参见文正邦：《论现代市场经济是法治经济》，载《法学研究》1994年第1期。

当将市场经济与法治之间的关系投射于国际维度，便不难发现国际经济秩序与国际法治之间的关联。此处以 WTO 为例。WTO 代表了一个完整、可行和持久的多边贸易体制。它通过制定规则的谈判机制、监督规则执行的政策审议机制和适用规则定分止争的争端解决机制，在国际贸易领域落实了国际法治的理念。[1] 谈判、审议和争端解决这三大机制均以 "规则" 为核心。他们协同作用，全方位、多角度地明确了成员方所享有的权利和应承担的义务，对成员方的贸易措施形成了有效的约束，使有约必守、善意履行的法治思想得到了广泛传播。在世界向着多极化方向发展的今天，不同国家之所以能在贸易利益上实现求同存异，国际贸易之所以能够有序进行，WTO 功不可没。

司法是法治的重要组成部分。相应地，涉外司法因其作用范围超越了法院地国的地理边界，而构成了国际法治的重要组成部分。国际法治是建立和维护国际经济秩序的依仗，所以我国的涉外商事审判与国际经济秩序有着天然的联系。在国际法治的视域下，国际经济秩序依法而生。这里的"法"不是纸面上的"死"法，而是被加以践行的"活"法。作为法律适用机关，我国法院通过涉外商事审判，在依法矫正和规范国际经济秩序方面发挥着不容忽视的作用。

二、促进生产要素流动

全球化是指人类的活动超越国界，各个国家或地区在经济、文化、观念等方面相互交流与持续融合的过程。经济全球化表现为在全球层面或者在区域层面上经济要素高度流通，以及由此而引发的商品价格趋同、交易成本降低和国际生产体系的形成。按照理查德·鲍德温（Richard Baldwin）的理论，经济全球化是一个针对商品、信息和劳动力的全球流动，逐步解绑其所受限制的过程。蒸汽革命大大降低了货物的运输成本，所以货物的全球流动得到了解绑。这第一次解绑使得各国能够充分发挥比较优势，建立各自的优势产业，并彼此开展产品贸易。第二次解绑是指在信息技术革命显著降低信息流动成本的情况下，技术的全球流动得到解绑。这使得发达国家的企业可以把特定产品的部分生产工序外包给劳动力成本较低的发展中国家。发达国家的

---

[1] 参见肖冰：《国际法治、国际法律秩序变革与中国的角色——兼及世界贸易组织的危机与改革》，载《外交评论（外交学院学报）》2021 年第 2 期。

技术优势与发展中国家的劳动力成本优势的结合促进了产品内贸易[1]的发展。经济全球化的第三次解绑得益于人工智能、虚拟现实等技术，因为它们使得人口的流动不再受到空间的束缚，面对面交流的成本大幅下降。[2]

地理大发现促成了世界经济的关联，因为若是没有对地球自身构造的认知，也就没有任何意义上的世界经济可言。商品维度上的国际联系起源于大航海时代。海上贸易的勃兴把存在禀赋差异的各国联结了起来。[3]到了20世纪70年代，国际直接投资取得了长足发展。国与国之间的经济联系从商品扩大到资本。20世纪90年代左右出现的"全球价值链革命"给经济全球化带来了新的面貌，使之从"商品全球化"阶段迈入了"全球价值链"阶段。后者的本质在于生产要素的跨国流动。[4]这种流动构成了当代经济全球化的显著特征和影响当代世界经济运行的微观因子。[5]新型的全球化经济超脱了以国际贸易为基底的世界市场和产业间分工，演进为以国际直接投资为基底的要素跨国流动及由此而生的全球生产网络和价值链分工。[6]

---

〔1〕 产品内贸易（intra-product trade）是以产品内分工为基础的中间投入品贸易。一个国家或其企业只从事产品的特定部件或特定阶段的专业化生产。这种现象在产业组织理论中被称作垂直专业化，在国际贸易领域则表现为以垂直专业化为基础的产品内国际分工。

〔2〕 See Richard Baldwin, *The Great Convergence: Information Technology and the New Globalization*, Harvard University Press, 2016, pp.140-141.

〔3〕 按照大卫·李嘉图（David Ricardo）的比较优势理论，一个国家倾向于生产并出口成本相对较低的产品，同时进口成本相对较高的产品。各国生产成本的比较取决于劳动力的相对生产率与相对要素报酬（工资）的差异。之后，贝蒂·俄林（Bertil Ohlin）将多元要素纳入到贸易动因的解释中，建立了以生产要素为核心的国际贸易理论体系。该体系的基础性原理为"赫克歇尔-俄林定理"。该定理阐释了要素禀赋与贸易的关系，即一国通过出口相对充裕要素密集生产的产品，进口相对稀缺要素密集生产的产品，可以改进该国的福利水平。国际贸易中的商品交换与流动表现为各国相对充裕要素的净流出和相对稀缺要素的净流入。然而，要素禀赋理论的基本模型建立在一系列严格假设的前提之上，比如，只有两个国家，每个国家只生产两种商品，每种商品都使用两种生产要素，生产要素在国家内部可以自由流动，但国家之间不能流动等。第二次世界大战后尤其是20世纪70年代以来，实证研究发现相当规模的贸易发生在要素禀赋相近的国家之间，贸易形式也更多地表现为产业内贸易而非产业间贸易。这些现象无法在要素禀赋理论的框架下得到充分解释。参见盛斌、黎峰：《经济全球化中的生产要素分工、流动与收益》，载《世界经济与政治论坛》2021年第5期。

〔4〕 参见黄鹏、陈靓：《数字经济全球化下的世界经济运行机制与规则构建：基于要素流动理论的视角》，载《世界经济研究》2021年第3期。

〔5〕 参见盛斌、黎峰：《经济全球化中的生产要素分工、流动与收益》，载《世界经济与政治论坛》2021年第5期。

〔6〕 参见吴杨伟、王胜：《建设自由贸易试验区升级版的探讨——新型全球化经济要素流动的视角》，载《国际贸易》2018年第3期。

第四章 我国涉外商事审判对全球经济治理的辐射效应

贸易与投资是国际经济联系的两个重要方面。贸易反映的是各国产品的交换关系。它是一种生产过程后的联系。各国经济依然是相对独立的系统，只是产品的交换促成了不同国民经济系统之间的外部关联性。虽然贸易也可能影响一国国内的资源配置，比如，生产要素从进口部门转移到出口部门或者向着具有比较优势的产业集聚等，但是仅凭国内的要素流动无法改变一国的要素结构与要素总量。投资则是资本的国际流动，反映的是在生产要素流动基础上建立起来的生产过程。比如，绿地投资的过程可以表现为跨国公司的品牌、技术、管理模式、供应链等从母国向东道国的整体转移。这是一个以资本为载体的生产要素国际流动的过程，从更深层次上看，是一个全球资源的配置过程。[1]它弱化了各国经济的相对独立性，增强了世界经济的整体性。

自改革开放以来，我国根据国内外政治经济形势的变化，采取了不同的外资政策。第一阶段是从1978年至1995年。在这一时期，我国为了有效吸引外资，颁行了一系列给予外资超国民待遇的优惠政策。1983年9月，国务院发布的《关于加强利用外资工作的指示》从减免税收、提供国内市场、放宽设备和材料的进口限制以及产品的出口限制等角度为外资进入我国创造了有利条件。[2]1986年10月，国务院发布的《关于鼓励外商投资的规定》针对外资企业中的产品出口企业和先进技术企业规定了数项超国民待遇。[3]

---

[1] 参见张幼文：《要素流动下世界经济的机制变化与结构转型》，载《学术月刊》2020年第5期。

[2] 比如，在放宽税收政策方面，《关于加强利用外资工作的指示》规定，合营期在十年以上的中外合资经营企业，从开始获利的年度起，头两年免征所得税，从第三年起减半征收所得税三年。已开办的中外合资经营企业，按原规定免税期未满的可以延长免税期一年；减税期未满的可以延长减税期一年。对农业、林业等利润较低的中外合资经营企业和在经济不发达的边远地区开办的中外合资经营企业，在头五年减免所得税期满以后，还可以在以后的十年内继续减征所得税百分之十五至百分之三十。

[3] 根据《关于鼓励外商投资的规定》，产品出口企业是指产品主要用于出口，年度外汇总收入额减除年度生产经营外汇支出额和外国投资者汇出分得利润所需外汇额以后，外汇有结余的生产型企业；先进技术企业是指外国投资者提供先进技术，从事新产品开发，实现产品升级换代，以增加出口创汇或者替代进口的生产型企业。《关于鼓励外商投资的规定》为产品出口企业和先进技术企业提供的超国民待遇体现在多个方面。比如，该规定的第4条规定："产品出口企业和先进技术企业的场地使用费，除大城市市区繁华地段外，按下列标准计收：一、开发费和使用费综合计收的地区，为每年每平方米五元至二十元；二、开发费一次性计收或者上述企业自行开发场地的地区，使用费最高为每年每平方米三元；前款规定的费用，地方人民政府可以酌情在一定期限内免收"；第5条规定："对产品出口企业和先进技术企业优先提供生产经营所需的水、电、运输条件和通信设施，按照当地国营企业收费标准计收费用"；第6条规定："产品出口企业和先进技术企业在生产和流通过程中需要借贷的短期周转资金，以及其他必需的信贷资金，经中国银行审核后，优先贷放。"

1992年,《党的十四大报告》提出,我国应进一步扩大对外开放,更多更好地利用国外资金、资源、技术和管理经验。此后,一些地方政府陆续成立了招商局、经济发展局等引资机构。在超国民待遇的吸引下,涌入我国的外资数量呈显著增长。

第二阶段是从1995年至2012年。1995年,党的十四届五中全会提出了从计划经济体制向社会主义市场经济体制的转变,从粗放型经济向集约型经济的转变。这两个根本性转变影响了我国吸引和利用外资的理论和实践。在改革开放初期,给予外资优惠是必要的,但是外资长期享受超国民待遇对内资是不公平的,不利于社会主义市场经济体制的建立。此外,粗放型的发展已经给我国的资源和环境造成了很大的压力,外资的涌入进一步增加了国民经济和国家安全的风险。[1]1996年《关于国民经济和社会发展"九五"计划和2010年远景目标纲要的报告》指出,我国将逐步对外资实行国民待遇,为中外企业创造平等的竞争条件。此后,外资享有的超国民待遇渐渐被取消。[2]

第三阶段是从2012年至今。自2012年党的十八大以来,在创新、协调、绿色、开放、共享的新发展理念的指引下,我国形成了以优化营商环境为手段的引资新方略。2017年7月,习近平总书记在主持召开中央财经领导小组第十六次会议时强调,要改善投资和市场环境,加快对外开放步伐,降低市场运行成本,营造稳定公平透明、可预期的营商环境,加快建设开放型经济新体制。[3]2017年8月,国务院发布的《关于促进外资增长若干措施的通知》从完善外资法律体系、提升外资服务水平、保障投资者利润自由汇出、深化外资企业管理信息共享和业务协同、鼓励外资参与国内企业优化重组、完善外资企业知识产权保护、提升研发环境国际竞争力、保持外资政策稳定性和连续性等8个方面设计了有助于促进外资增长的优化营商环境策略。2018年6月,国务院发布的《关于积极有效利用外资推动经济高质量发展若干措施的通知》从提升投资自由化、投资便利化、投资保护水平等角度提出

---

〔1〕 参见裴长洪:《用科学发展观丰富利用外资的理论与实践》,载《财贸经济》2005年第1期。

〔2〕 参见马相东、王跃生:《新时代吸引外资新方略:从招商政策优惠到营商环境优化》,载《中共中央党校学报》2018年第4期。

〔3〕 参见习近平:《营造稳定公平透明的营商环境 加快建设开放型经济新体制》,载《人民日报》2017年7月18日,第1版。

第四章　我国涉外商事审判对全球经济治理的辐射效应

了打造更加公平和透明的营商环境的构想。

资本从他国向我国的流动带动了生产要素的跨国流动，进而使我国能够深入参与全球资源的配置，充分融入世界经济一体化的进程。吸引外资流入的重点在于构建良好的营商环境。无论是世界银行发布的《营商环境报告》还是其此后推出的用以取代该报告的"宜商环境项目"均将一国纠纷解决机制的运行情况列为判断该国营商吸引力的指标之一。司法是一国纠纷解决机制的核心部分，因为它具有其他纠纷解决方式不可比拟的优势。对于外部社会而言，司法具备工具属性，构成了一项治理技术。[1]作为工具的司法可以并且应当服务于经济。[2]有学者在研究美国的司法与经济之间的关系后发现，美国法院开展的司法活动在一定程度上决定了美国经济发展的方向和财富分配的模式。[3]我国的司法亦为治理型的司法。[4]以司法为手段优化营商环境的理念已经渗透到我国的宏观方针政策之中。[5]

我国的涉外商事审判正向世界展现出我国平等对待不同国家当事人、平等保护不同国家利益的开放态度。比如，在浙江隆达不锈钢有限公司诉 A. P. 穆勒—马士基有限公司海上货物运输合同纠纷案中，法院认为，尽管在承运人将货物交付收货人前，托运人有权要求变更运输合同，但双方当事人仍需依循公平原则来确定各自的权利和义务，所以 A. P. 穆勒—马士基有限公司以航程已无法安排改港且原船退回不具有可操作性为由，未安排改港或退运的做法并无不妥，该判决维护了外国当事人的合法权益；[6]在马来西亚新康泰旅行社有限公司诉港中旅国际成都旅行社有限公司委托合同纠纷案中，法院认为，原告曾多次向被告主张权利，诉讼时效存在中断事由，原告的诉讼请求未超过诉讼时效期间，所以我国的被告应向马来西亚的原告按照约定支付

---

〔1〕　参见强世功：《"法治中国"的道路选择——从法律帝国到多元主义法治共和国》，载《文化纵横》2014年第4期。

〔2〕　参见申伟：《中国司法的"系统—功能"定位》，载《环球法律评论》2021年第5期。

〔3〕　具体而言，在建国时期，美国司法为发掘社会的各种资源提供了必要的保障；在镀金时代，美国司法抑制了触动既得利益者的社会革新；在福利国家阶段，美国司法有助于确保社会资源的公平分配，推动了从强调个人利益到强调社会利益的利益观转变；到了20世纪，美国司法强调普遍安全中的公共利益，使法律成了维持经济秩序的有力工具。参见〔美〕伯纳德·施瓦茨：《美国法律史》，王军等译，法律出版社2007年版，第93~163页。

〔4〕　参见李红勃：《通过政策的司法治理》，载《中国法学》2020年第3期。

〔5〕　参见胡晓霞：《论法治化营商环境之司法方案》，载《中国应用法学》2021年第6期。

〔6〕　参见（2017）最高法民再412号。

未付款项并赔偿利息损失。

涉外商事审判是我国对外展示法治化成果的窗口。它的宣传作用体现在其能够增强他国当事人对我国司法环境的信心,并使之愿意与我国开展经济往来。早期的中外国际经济交往多以贸易为主要形式,但随着国内营商环境的改进,我国正逐步借助以资本为载体的生产要素的跨国流动,成为全球价值链上的重要一环。公开、公平、公正的涉外商事审判为我国与他国之间生产要素的流动注入了活力,进而对我国在国际经济秩序中的话语权的提升起着积极的影响。

三、增进合作共识

关于国际关系,现实主义提出了三个基本命题:第一,国际社会处于无政府的状态,这导致国家的生存时刻面临严峻的威胁,引发了国家之间的竞争与冲突,限制了国际合作的开展;第二,国际关系的主要行为体是具有理性的民族国家,他们依据对自身利益的理解,制定和实施对外政策;第三,组成国际社会的国家是自私的行为体,他们将国家利益视作决定国家行为的最高准则。[1]基于这三个基本命题,现实主义得出的结论是:在国际交往中,不同国家必然会产生利益上的冲突,冲突是无政府状态下国际社会的常态;由于各国都将自己的利益作为最高利益,所以消除冲突的尝试只能是徒劳的;冲突的解决最终要靠国家实力,因此权力的争夺就成了国际社会的永久话题。[2]

虽然国家利益具有冲突性是不争的事实,但是全球化时代的来临促使不同国家冲破了狭隘的国家利益的藩篱,走上了寻求共识、共谋发展的道路。全球化是人类社会跨越国家和民族的地域界限,超越制度和文化的障碍,形成一个不可分割的有机整体的过程。[3]正如德国著名社会学家乌尔利希·贝克(Ulrich Beck)所说,无论我们愿不愿意,我们正面临越来越多的问题,这些问题涉及整个人类,所以解决问题的方法需要在世界集体内部去寻找,

---

〔1〕 参见秦亚青:《国际制度与国际合作——反思新自由制度主义》,载《外交学院学报》1998年第1期。

〔2〕 Hans J. Morgenthau, *Politics Among Nations: The Struggle for Power and Peace*, Alfred Knopf, 1948, pp. 118-121.

〔3〕 参见俞可平等:《全球化与国家主权》,社会科学文献出版社2004年版,第119页。

它不仅要超越宗教的视野,而且要超越民族国家的边界。[1]全球化增强了国家相互依存的意识与和谐共处的观念。在全球化背景下,国家需要转变思维,以合作取代冲突,摒弃狭隘的国家利益观,将作为"小我"的本国利益置于作为"大我"的世界整体利益中去权衡利弊。[2]

进入21世纪后,随着经济全球化的蓬勃发展,区域集团数量增多,资本的跨国流动变得频繁,治理权力出现了由西向东、由国家向非国家实体的扩散。[3]尤其是在金融危机后,西方发达国家的经济发展普遍受挫,东西方的力量对比朝着新兴国家倾斜。原先的全球经济治理体系暴露出了公平性欠缺、领导权不清晰、有效性不足、治理赤字扩大等问题。[4]全球经济治理的转型迫切需要深层次的国际合作。西方主流学者眼中的国际合作通常以谋求短期收益和简单的利益最大化为导向,所以容易陷入利益互斥的困境,具体表现为相对收益困境、责任分配困境、安全疑虑困境、文明冲突困境。[5]全球经济合作的困局正是利益互斥困境的外化。[6]我国所推崇的共商共建共享的发展观超越了西方主流学派所遵循的"权力—利益本位"的合作逻辑,更为强调合作的包容性、自愿性和多样性,主张在相互尊重、公平正义、合作共赢理念指引下实现和谐共生,寻求构建"权力—利益—国际责任"三位一体的合作新格局。[7]

体系压力是促成国际合作的外部条件。压力的来源既包括大国竞争对其他国家产生的压迫感,也包括国际环境中的不稳定因素(如战争、敌对状态、

---

[1] 参见[德]乌尔利希·贝克等:《全球政治与全球治理——政治领域的全球化》,张世鹏等编译,中国国际广播出版社2004年版,第259页。

[2] 参见薛亚梅、赵长峰:《全球化进程中的国际合作与和谐世界》,载《学术论坛》2007年第1期。

[3] See Joseph S. Nye, Jr., *The Future of Power*, Public Affairs, 2011, pp. 153-204.

[4] 参见秦亚青:《全球治理失灵与秩序理念的重建》,载《世界经济与政治》2013年第4期。

[5] 参见肖晞、宋国新:《共同利益、身份认同与国际合作:一个理论分析框架》,载《社会科学研究》2020年第4期。

[6] 预期共同利益不足以抵消互斥利益的合作方会陷入相对收益的困境;对国际责任的分配难以达成共识的合作方会陷入责任分配的困境;在合作中不愿让渡部分主权的合作方会陷入安全疑虑的困境;受文明的独立性、封闭性、排他性影响的合作方会陷入文明冲突的困境。参见施卫萍、王会花:《国际合作理论的中国创新:多文明国际合作理论》,载《社会主义研究》2022年第4期。

[7] 参见赵汀阳:《以天下重新定义政治概念:问题、条件和方法》,载《世界经济与政治》2015年第6期。

他国外交政策的转变等）引发的危机。[1]体系压力是国际合作的重要动因，但并不必然导向合作。在实践中，面对体系压力，行为体选择对立而非合作的例子屡见不鲜。这是因为尽管不同行为体的共同诉求有所增加，但是国际合作依然可能受到共同利益相对性和国际关系复杂性的影响而陷入僵局。因此，国际合作的产生并非完全依赖于外部刺激，行为体的自我调试同样重要。

我国积极参与国际合作既受到了外部因素的推动，也体现了融入全球化的主观意愿。"融入"表明我国不搞反体系运动，而是秉持着友好参与者的基本立场。然而，"融入"并不意味着无原则的妥协或者盲目的跟从。我国要做的是以文明、和平的方式，完善和优化国际合作的渠道和模式，宣扬和践行公平正义的理念。[2]对内的自我建设是我国顺利开展国际合作的重要前提，原因在于我国不仅需要依靠自身的能力去开启和推进与他国的国际合作，而且需要依靠自身能力来提升他国与我国的合作意愿并防范在合作中受到不公平的对待。总体而言，我国参与国际合作的基点在于内源式的发展。

在重复博弈中，博弈各方的行为会产生趋同。[3]因此，不同国家在带有持续性的国际合作中更易达成共识，而共识是推动合作深入进行的必要条件。合作共识的产生有3种主要途径。第一种途径是开展相互学习。共存是学习的前提，尊重是学习的核心，理解是学习的目的。尤尔根·哈贝马斯（Jürgen Habermas）主张，人类生活于自己的内在世界、外在世界以及其所共享的社会生活世界之中，认知与技术的学习构成了社会的进化过程。[4]学习意味着不同文明之间是无优劣之分的，他们应当相互借鉴，取长补短。赫德利·布尔（Hedley Bull）认为，真正意义上的世界文化不应由某种文化所主导，而是应吸收不同文化的成分，从而得到国际社会的广泛接受。[5]第二种途径是

---

[1] See Brock F. Tessman, "System Structure and State Strategy: Adding Hedging to the Menu", *Security Studies*, Vol. 21, No. 2, 2012, pp. 192-197.

[2] 参见黄真:《中国国际合作理论：目的、途径与价值》，载《国际论坛》2007年第6期。

[3] See Robert Axelrod, *The Evolution of Cooperation*, Basic Books, 1984, p. 126.

[4] 参见［德］尤尔根·哈贝马斯:《交往与社会进化》，张博树译，重庆出版社1989年版，第1~19页。

[5] 参见［英］赫德利·布尔:《无政府社会：世界政治秩序研究》，张小明译，世界知识出版社2003年版，第254页。

形成共同规范。共同规范本身就是全球共识的一种体现，因为它使国家利益的评判有了普遍认可的标尺。[1]共同规范的产生需要经历制度化和社会化的过程。制度化是使规范从无形到有形的过程，社会化是使规范从被少数接受到被多数接受的过程。[2]第三种途径是建立集体身份。集体身份是一种高层级的群体意识。它的确立表明自我之中包含了普遍化的他者，单纯的利己倾向被利己与利他相并重的信念所取代。集体身份是维持合作的重要保障，也会在合作过程中得到持续的强化。当集体身份形成之后，合作会升华为一种信仰，并内化为国家的行为方式。[3]

由此可见，合作共识的形成和维系离不开行为体之间的共通"语言"。这里所说的"语言"并非指以声音和字符为载体的交流方式，而是泛指行为体之间在深层价值观上的联结。在第二次世界大战后，"文明"因素被引入到国际关系的讨论之中。英国学派的马丁·怀特（Martin Wright）提出，共同文化是国际体系存在的基础。[4]赫德利·布尔（Hedley Bull）也主张，若是没有文化的联系，没有共同的价值观，就不可能形成国际社会。[5]法治是人类文明的重要标志。法治文明体现了人类对有序生活和社会正义的共同追求。因此，法治作为一种通用的"语言"，在国际合作中可以起到粘合剂的作用。

20世纪70年代末开启的改革开放之路既是我国参与全球经济治理的里程碑，也是我国法治建设的新起点。[6]我国的涉外商事审判在对外开放的浪潮中经受洗礼并日臻完善。在此过程中，我国并不是闭门造车，而是充分借鉴了其他国家先进的涉外商事审判经验。因此，我国的涉外商事审判本身便体现了不同法治文明的交融。此外，我国的涉外商事审判是向他国展示我国法

---

[1] 参见［美］玛莎·费丽莫：《国际社会中的国家利益》，袁正清译，浙江人民出版社2001年版，第25~29页。

[2] See Martha Finnemore & Kathryn Sikkink, "International Norm Dynamics and Political Change", *International Organization*, Vol. 52, No. 4, 1998, pp. 890-896.

[3] 参见黄真：《中国国际合作理论：目的、途径与价值》，载《国际论坛》2007年第6期。

[4] 参见张小明：《国际关系英国学派——历史、理论与中国观》，人民出版社2010年版，第55页。

[5] See Tim Dunne, *Inventing International Society: A History of the English School*, Palgrave Macmillan, 1998, p. 136.

[6] 参见肖金明：《改革开放以来中国共产党的法治观及其实践形式》，载《法学论坛》2011年第4期。

治建设成果的重要窗口。它显著提升了国际社会对我国法治化的认可度，促使我国与他国在法治文明方面产生了共鸣及相互的身份认同。这对于我国与他国开展深入和持久的国际合作大有裨益。

第五章

以对接全球经济治理为导向的我国涉外商事审判的理念升级

当涉外商事审判被视为我国参与全球经济治理的一种手段时,它的价值和功能便需要被重新审视和界定。理念的升级为我国涉外商事审判的完善指明了前进的方向,为我国法院在全球经济治理中发挥能动作用奠定了底层逻辑。

第一节 我国涉外商事审判功能的再认识

20世纪50年代后的一段时期内,司法在我国基本上被视为无产阶级专政的工具。[1]20世纪80年代,司法功能的多样性得到了初步表达。1981年,最高人民法院向全国人民代表大会所作的《最高人民法院工作报告》提到了法院在惩治犯罪分子、保护人民利益、维护社会治安、促进安定团结、巩固人民民主专政等方面所起到的积极作用。随着党的十四大提出建立社会主义市场经济体制的目标,1992年的《最高人民法院工作报告》将为经济建设服务列为司法工作的目标之一。1993年的《最高人民法院工作报告》对司法的多重功能进行了更加充分的阐释。该报告指出,司法的价值在于打击刑事犯罪,调节经济关系,监督行政机关依法行政,保护公民和法人的合法权益,为维护国家安全与社会稳定,为加快改革开放和现代化建设提供法律保障。进入21世纪以来,在关于司法功能的探讨中,又出现了一些新的关键词,比如,推动发展、保障改革、维护稳定、促进和谐等。总体而言,在我国,对

---

[1] 参见孙笑侠:《论司法多元功能的逻辑关系——兼论司法功能有限主义》,载《清华法学》2016年第6期。

于司法功能的认知仍处于不断拓展的阶段。近年来，涉外商事审判的快速发展得到了理论界和实务界的广泛关注。对于涉外商事审判功能的理解也在经历变化。

一、法律功能

法律是从社会交往方式和组织方式的自然演进中提炼而来的公共理性。立法仅仅是赋予了法律规范社会意义，而法律规范的确切意义则是通过法官建构法律事实和审判规范得以确定的。在适用法律解决具体争议的过程中，法官必须运用经验理性去弥补法律中的公共理性。司法是法官行使自由裁量权，进行价值判断和价值选择的创造性活动。[1]我国《宪法》第 128 条[2]和《人民法院组织法》第 2 条第 1 款[3]将"审判"定为人民法院的基本任务，即要求法院通过法律的统一适用，实现法律对社会生活的调控。

在涉外商事审判中，法官适用法律解决涉外商事争议的过程主要可分为三个环节。首先，法官需要对案件事实作出判断。判断是以解决"是"或"非"的问题为目的的思维活动和实践活动。法官对于事实的判断主要通过对证据的审查得以实现。具体而言，法院需要对当事人及其代理人提供的证据材料，从合法性、真实性和关联性上予以审查，将具备以上三性的证据纳为具有法律意义的证据，据此还原事实真相。因具有涉外因素，涉外商事案件的事实认定往往不是易事。由于受到客观条件的限制，能够充分揭露事实真相的证据材料未必能够被法院和当事人获得。但是，证据的缺失不能构成法院拒绝裁判的理由。因此，在此种情况下，法官只能依据证据规则推导出"事实真相"，但这种"事实真相"未必是"客观真相"的完整映射。其次，法官需要对法律关系作出判断。事实判断所要解决的是"是"或"非"的问题，而法律关系的判断是法官在特定事实语境下对当事人之间的权利义务作出认定。在涉外商事案件中，当事人之间可能存在着千丝万缕的联系。法官的职责便在于从杂乱的现实联系中，理顺当事人在法律上的权利义务关系。最后，法官需要对当事人之间的争议作出裁判。对案件事实和法律关系的判

---

[1] 参见季金华：《司法的法律发展功能及其价值机理》，载《政法论丛》2019 年第 1 期。
[2] 《宪法》第 128 条规定："中华人民共和国人民法院是国家的审判机关。"
[3] 《人民法院组织法》第 2 条第 1 款规定："人民法院是国家的审判机关。"

第五章 以对接全球经济治理为导向的我国涉外商事审判的理念升级

断是基础行为,而裁判是象征审判得以完成的最终行为。裁判是一种表意行为,将法官在审理案件过程中形成的意思表现于外,并借由司法之权威而获得强制力。[1]

法律的统一适用离不开三段论提供的形式逻辑思维模式。司法领域的三段论表现为法官的思维在事实与法律之间往返流转。法官首先需要根据案件事实的性质寻找可予适用的法律。此种"找法"的过程即为寻找大前提的过程。在大前提确定之后,法官便需要依据大前提中的要求对案件事实进行涵摄,剥离出其中不符合大前提构成要素的情节,并判断作为小前提的案件事实与法律之间的契合度。法官审理案件的过程是通过三段论模式将纸面上的法变成"活法"的过程。这需要法官富有能动性和创造性地适用法律。尤其是在涉外商事案件中,摆在法官面前的是由国内法和国际法组成的庞大的法律体系。如何能够从中找到与案件事实相契合的大前提是法官面临的一大挑战。在我国,对于法官在审理案件时是否享有个案法律解释权尚无明确的法律规定,但是在实践中,每位法官在审理案件时都在自觉或不自觉地解释法律。[2]这是因为法律适用与法律解释是相伴而生的。[3]倘若没有法律解释,法律适用便无法进行。[4]

综上所述,在涉外商事审判中,法官承担了借助三段论适用法律解决当事人之间涉外商事纠纷的职责。涉外商事审判的法律功能体现在法官通过"找法"和"释法"的过程使当事人之间形形色色的涉外商事纠纷都能够依据现有的规则得到具有权威性的裁判。

---

[1] 参见蒋银华:《论司法的功能体系及其优化》,载《法学论坛》2017年第3期。
[2] 参见上官丕亮:《法官法律解释权刍议》,载《江海学刊》2010年第3期。
[3] 伯恩·魏德士(Bernd Rüthers)曾指出,任何类型的文本如果要为人们所理解,都要进行解释;同样的道理,任何法律规定或是协议在能够恰当地适用或执行之前都需要解释。韩忠谟也持相似的观点。他主张,法律在适用时需要解释,所谓的解释就是阐明法律的意义,这是法律适用于具体事件的一个必要步骤。参见[德]伯恩·魏德士:《法理学》,丁晓春、吴越译,法律出版社2013年版,第323页;韩忠谟:《法学绪论》,中国政法大学出版社2002年版,第93页。
[4] 卡尔·马克思(Karl Marx)曾指出,运用法律必然需要法官,如果法律可以自动运用,那么法官就是多余的了,法官的职责是当法律运用到个别场合时,根据他对法律的诚挚理解来解释法律。参见[德]卡尔·马克思、弗里德里希·恩格斯:《马克思恩格斯全集》(第一卷),人民出版社1956年版,第76页。

二、经济功能

经济基础决定上层建筑。我国由计划经济向市场经济的转变带动了其他领域的改革。司法是最早对此种转变作出回应的上层建筑之一。[1]20世纪70年代末开始的改革开放是以经济体制变革为先导的。在此过程中,不同市场主体的利益不可避免地发生了交叉、摩擦甚至是冲突。诉讼作为一种重要的纠纷解决机制,被越来越多的市场主体当作了定分止争的首选手段。于是,我国各级人民法院受理的民商经济案件的数量迎来了显著增长。

一直以来,社会主义市场经济的发展构成了我国司法理论和实践进步的第一动力。经济全球化背景下市场主体的活动范围从一国之内向一国之外的延伸促进了我国涉外商事审判的快速发展。我国涉外商事审判的勃兴之所以如此紧跟我国对外开放的步伐,原因便在于我国的对外开放离不开涉外商事审判的保驾护航。社会主义市场经济是法治经济。我国国内市场的良性运转需要以秩序为基础。从法治的角度来看,所谓的秩序就是在发达的商品经济和民主政治基础上,借由立法、执法、守法、司法等环节所建立的法的秩序。[2]当我国的市场经济已不再是单纯的内国经济,而是掺入了涉外经济成分时,法治经济的作用范围也应相应地延伸至涉外领域。

涉外商事案件因含有涉外因素,所以会触及比非涉外案件更广泛的利益。这便要求审理涉外商事案件的法官应作为公正的裁判者,调处争端方的诉争,维系多元利益的平衡。涉外商事审判应同时满足公正司法和司法公正的要求。公正司法强调的是程序公正,即在整个涉外商事审判过程中,法官应始终贯彻裁判者独立、诉讼主体平等、诉讼程序民主公开等原则;[3]司法公正则强调的是实体公正,即审理涉外商事案件的法官应始终以事实为依据,以法律为准绳,来判别是非曲直。

一方面,对外开放带动了涉外商事审判;另一方面,涉外商事审判也给予了对外开放反向的推动力。哪里的环境好,哪里的市场就会充满活力。这条定律已经在实践中得到了充分的验证。市场所处法域的司法环境的优劣是

---

〔1〕 参见张锐智:《社会主义市场经济与司法体制改革——关于司法体制改革价值定位的思考》,载《社会科学战线》2004年第2期。

〔2〕 参见张文显:《法的一般理论》,辽宁大学出版社1988年版,第325页。

〔3〕 参见王利明:《司法改革研究》,法律出版社2000年版,第50~55页。

决定该市场活力的关键因素之一。涉外商事审判不仅承担着明晰交易规则、划定行为界限、化解利益冲突的重任，而且在向世界展示着我国市场经济法治化的成果。随着国际社会对我国司法环境信赖度的普遍提升，我国与他国之间的经贸往来必将更加繁荣。这将把我国的对外开放推向一个新的历史高度。

三、政治功能

政治起源于群体化的人类社会生活。在任何时代，政治处理的都是与公众紧密相关的事务。不同的学说曾试图从不同的角度对政治加以界定。[1]目前，学界已经对政治的概念达成了一定程度的共识，即政治是在一个社会共同体内，以协调和管理公共事务、控制各个成员之间的合法关系网络为宗旨，围绕公共权力而展开的活动，以及公共权力机构对公共问题进行正当性决策和对公共资源进行权威性分配的过程。[2]

虽然司法在不同地域、不同时空下表现出迥异的形态，但是古今中外的司法都离不开三个基本要素，即以解决纠纷为主要目的、以中立的第三方为裁判者、以法作为解决纠纷的依据。[3]司法与政治不能混为一谈。一是两者所属的系统不同。司法从属于区别于政治系统的法律系统。虽然法律依靠政治得以贯彻，政治借由法律实现了权力的正当化，但是法律和政治的协作是以两个系统的相对独立为前提的。[4]法律系统和政治系统终究有着不同的职能和运作规则。二是两者追求的目标不同。政治上的决策更为注重协调和平衡不同阶层和集团的利益分配，试图通过多数人可接受的权益分配方案来化解和预防社会冲突和危机；而司法裁判关注的是公平和正义，以保持秩序、维护平等、促进公正为原则和底线。政治与司法的分离具有积极的意义。由兼具自主性和专业性的机构来履行司法职能是政治规范化和合法化的发展

---

[1] "伦理说"将政治视作合乎道德的行为规范；"神权说"将政治视作超自然、超社会的力量；"权力说"将政治视作掌权者的驭民之术；"管理说"将政治视作对社会公共事务的管理；"国家说"将政治视作国家通过立法、执法方式实施的国家行为；"分配说"将政治视作通过制定和执行政策而对各种价值进行的分配。参见江宜桦：《自由民主的理路》，新星出版社2006年版，第204页。

[2] 参见［法］高宣扬：《当代政治哲学》（下卷），人民出版社2010年版，第877页。

[3] 参见熊先觉：《司法学》，法律出版社2008年版，第9页。

[4] 参见［德］卢曼：《社会的法律》，郑伊倩译，人民出版社2009年版，第47~48页。

趋势。[1]一方面，政治提供了和平的司法环境，保证了司法权的稳定性，赋予了司法裁判强制力；另一方面，司法可被用于区分正当与不正当的政治活动，以便对政治施加必要的制约。[2]

尽管政治与司法具有各自的特性，但是两者之间的关联是无法否认的：司法是政治的创造物；司法权是政治权力的组成部分；司法的结构是应政治的需要而创设的；司法是政治过程的一个环节；主流的政治意识形态影响着司法的运作；司法权需要政治力量的保障。[3]司法与政治之间的紧密联系是客观存在而非人为创建的。两者的逻辑联结点在于他们都面对着共同的社会公共利益，担负着建立和维护社会秩序的重任。[4]总而言之，完全游离于政治之外的司法是不存在的。既然司法带有天然的政治属性，那么以司法回应政治就不只是政治上的需求，也是司法自身应有的基本内涵，更是司法应然追求的一种社会职能。[5]如今的法院已不能将自身局限地定义为纠纷解决机构。事实上，法院完全可以通过裁判来影响社会发展的进程。司法担负着时代的使命，需要回应时代的呼唤。[6]

我国的涉外商事审判伴随着改革开放的浪潮而兴起，并在"一带一路"倡议全面实施后迎来了新的篇章。改革开放和"一带一路"倡议是我国具有划时代意义的政治决策。涉外商事审判对于改革开放和"一带一路"倡议的回应体现在两个方面。第一，抽象的回应。审理涉外商事案件的法官应当具备牢固的政治信仰、坚定的政治觉悟、先进的政治意识、优秀的政治素养、高度的政治敏锐性，在大是大非问题上能够坚持原则，具有大局观，怀揣强烈的时代使命感和责任感，清楚地意识到涉外商事审判在推进改革开放和"一带一路"中的应然作用。第二，具体的回应。审理涉外商事案件的法官在

---

[1] 参见［美］塞缪尔·P. 亨廷顿：《变化社会中的政治秩序》，王冠华等译，上海人民出版社2008年版，第27页。

[2] 参见杨建军：《法治国家中司法与政治的关系定位》，载《法制与社会发展》2011年第5期。

[3] 参见江必新：《正确认识司法与政治的关系》，载《求是》2009年第24期。

[4] 参见姚建宗：《法律的政治逻辑阐释》，载《政治学研究》2010年第2期。

[5] 参见杨建军：《法治国家中司法与政治的关系定位》，载《法制与社会发展》2011年第5期。

[6] 例如，在1949年后，最高人民法院就先后承担过架构国家政治体系、服务国家中心工作、推动法院体系组织化等政治任务。参见时飞：《最高人民法院政治任务的变化——以1950—2007年最高人民法院工作报告为中心》，载《开放时代》2008年第1期。

第五章 以对接全球经济治理为导向的我国涉外商事审判的理念升级

处理个案的过程中,应时刻以事实为依据、以法律为准绳,来解决当事人之间的纠纷,并借此规范市场秩序,营造良好的法治环境,对外树立和提升我国涉外商事审判的公信力、影响力和吸引力。

涉外商事审判应向政治开放,但绝不是无限制的开放。涉外商事审判不恰当的政治化将导致其成为直接的政治载体,严谨的法律推理将被政治思维所取代,理性的法律判断将被政治因素所左右。[1]法院在公众中越是具有专业的形象,其政治功能越是能够得到有效的发挥。[2]涉外商事审判切不可为了达到政治目的而牺牲司法公信力,因为牺牲了司法公信力便是牺牲了更大的政治。

四、社会功能

司法与外部社会之间存在着"工具—目的"关系。这一点得到了自然法学、历史法学、实用工具主义法学、批判法学等西方主要法学流派的承认。[3]詹姆斯·赫斯特(James Hurst)提出的"法律工具论"和"能量释放说"恰当地概括了司法之于社会的工具属性。一国司法理论与实践的转变往往起因于司法为适应社会需要而做的调试。[4]作为一项工具,司法对社会的影响可能是正面的,也可能是负面的。比如,英国亨利二世的司法改革、德国检察官制度的建立、美国最高法院的宪法判决、欧洲法院秉持的实用主义和非教义主义的裁判风格等对于各自所处市民社会的发展均起到了不容忽视的积极作用。[5]然而,也有反例,比如,Lochner v. New York案的判决对镀金时代美国劳工权益的负面影响。[6]

---

[1] 参见强世功:《权力的组织网络与法律的治理化——马锡五审判方式与中国法律的新传统》,载《北大法律评论》2000年第2期。

[2] 参见江必新:《正确认识司法与政治的关系》,载《求是》2009年第24期。

[3] 参见申伟:《中国司法的"系统—功能"定位》,载《环球法律评论》2021年第5期。

[4] 参见宋保振:《司法的社会功能及其实现》,载《济南大学学报(社会科学版)》2020年第6期。

[5] 参见程汉大:《亨利二世司法改革新论》,载《环球法律评论》2009年第2期;林钰雄:《检察官论》,法律出版社2008年版,第16页;[德]克里斯托夫·默勒斯:《德国基本法:历史与内容》,赵真译,中国法制出版社2014年版,第121~125页;[美]阿奇博尔德·考克斯:《法院与宪法》,田雷译,北京大学出版社2006年版,第1页;[荷]马丁·W.海塞林克:《新的欧洲法律文化》,魏磊杰译,中国法制出版社2010年版,第112页。

[6] 参见[美]斯蒂芬·M.菲尔德曼:《从前现代主义到后现代主义的美国法律思想:一次思想航行》,李国庆译,中国政法大学出版社2005年版,第232页。

在传统的司法观下，司法程序构成了将案外因素阻隔于法官目光之外的屏障。法官必须严格依循三段论的逻辑来作出裁判。为了保证公正结果的获得，审理案件的法官被重重机制"蒙上了眼睛"。[1]然而，司法社会效果的提出却是旨在解放法官此前被蒙住的眼睛，使其视野不再被局限于法律和事实。[2]法律效果与社会效果相统一理念的兴起推动了后果主义裁判的产生，[3]进而使司法机关带有了"社会治理机关"的属性。[4]

随着中国特色社会主义进入新时代，我国社会的主要矛盾转为人民日益增长的美好生活需要和不平衡不充分的发展之间的矛盾。这一矛盾要求我国在继续推动经济发展的同时，要重视社会公平问题。[5]社会成员之间的公平分配是稳定的社会秩序存在的前提。不公平的分配势必将导致成员的不满。个体的不满持续升级和发酵，终将引发社会的冲突和动荡。为了维系社会正义，立法者以法律的形式为各类主体设定了其享有的权利和应承担的义务。然而，这种通过立法活动建立起来的权利义务体系在现实中可能遭到破坏。此时，司法的纠偏作用就显得尤为重要。

约翰·菲尼斯（John Finnis）提出了一种立足于恢复公平性的惩罚理论。他认为，惩罚的意义并不在于威慑，因为威慑不能为惩罚的正当性提供充分的佐证；惩罚的正当性应在于恢复被违法者扰乱的平衡，具体而言，违法者在法律允许的限度之外从事利己行为时，扰乱了他们与那些根据法律限制自身行动的人之间的公平性，使自己获得了比那些人更多的利益，惩罚的目的便是恢复遭到扰乱的利益与负担之间的平衡。[6]20世纪60至70年代在一些西方国家兴起的"恢复性司法"不再着眼于单纯的报复，而是希望能够在违法者与守法者之间建立恰当的对话，以平衡两者的权利义务。与西方国家相

---

[1] 参见周海源：《迈向规则主义的司法——中国司法改革回顾与展望》，载《天津行政学院学报》2015年第4期。

[2] 参见江必新：《在法律之内寻求社会效果》，载《中国法学》2009年第3期。

[3] 参见孙海波：《"后果考量"与"法条主义"的较量——穿行于法律方法的噩梦与美梦之间》，载《法制与社会发展》2015年第2期。

[4] 参见陈星儒、周海源：《司法参与社会治理的正当性进路分析》，载《湖北社会科学》2018年第4期。

[5] 参见刘东杰：《我国社会治理的历史变迁、内在逻辑与未来展望》，载《湖南社会科学》2022年第4期。

[6] See John Finnis, "Natural Law Theory: Its Past and Its Present", *The American Journal of Jurisprudence*, Vol. 57, No. 1, 2012, p. 90.

第五章　以对接全球经济治理为导向的我国涉外商事审判的理念升级

比，权利意识在我国的传播和普及较晚。[1]通过司法来保障权利可以起到强化国民权利意识的效果。真正的权利，即被民众切实享有的权利，不能仅停留在口头或字面上。在缺乏司法保护的社会中，所谓的权利不过是一项概念而已。[2]

个案裁判是涉外商事审判的核心。无论是回溯性地化解纷争还是预见性地发展法律，无论是意在澄清法律之含义还是意在引导民众之行为，涉外商事审判发挥作用都离不开个案裁判这一媒介。涉外商事审判对于社会转型的工具效果只能借由个案裁判一点一滴地得到积累。司法之功效的累积性是其优点所在，因为它能够降低系统风险，减少社会动荡，避免在社会转型中出现一着不慎满盘皆输的局面。[3]累积性意味着涉外商事审判不易导致社会剧变，这与我国追求的渐进式改革的社会转型方式是相符合的。[4]涉外商事审判对外部社会发挥作用的过程（以事实认定和法律适用为主的司法裁判过程）和方式（输出裁判和充当符号）具有平和可控的特点。相比于立竿见影式的工具，涉外商事审判为社会变迁提供了试错的余地。需要注意的是，涉外商事审判处理的是当事人之间的涉外商事纠纷。涉外商事关系仅是复杂社会现象的一个方面。因此，涉外商事审判对于外部社会的影响不可能是统揽式的。总而言之，在我国社会从封闭逐渐走向开放的过程中，涉外商事审判能够起到稳定器的作用，但是这种作用毕竟是渐进的和局部的。涉外商事审判的作用不能被过分夸大，否则将给涉外商事审判带来其不能承受之重。

第二节　我国法院在涉外商事审判中的意识转型

我国法院在涉外商事审判中的自我定位决定了其如何看待所受理的涉外商事纠纷以及如何处理此类纠纷。我国法院若要在全球经济治理中发挥更加

---

[1]　参见金观涛、刘青峰：《观念史研究：中国现代重要政治术语的形成》，法律出版社2009年版，第103~150页。

[2]　参见孙笑侠、吴彦：《论司法的法理功能与社会功能》，载《中国法律评论》2016年第4期。

[3]　参见[美]詹姆斯·C.斯科特：《国家的视角：那些试图改善人类状况的项目是如何失败的》，王晓毅译，社会科学文献出版社2004年版，第69页。

[4]　参见孙立平：《社会转型：发展社会学的新议题》，载《社会学研究》2005年第1期。

显著的作用,必须具备明确的主体意识、利益意识和互惠意识。

一、主体意识

从"统治"转向"治理"是当今世界各国公共事务管理方式变革的总趋势。我国同样经历了此种变化。在计划经济时代,行政权力渗透到社会关系的方方面面,弥漫于公共生活的各个角落。国家对于秩序的维护是围绕着行政权力的行使而展开的。自改革开放以来,我国社会中的利益主体和利益需求变得多样,异质性和不平等程度加深,矛盾和冲突增多。[1]一个去中心化的、多元主体共同参与的治理体系应运而生。[2]司法是一种特殊的管理活动。从微观上看,它能够解决纷争、恢复秩序;从宏观上看,它还具有树立导向、明确规则、引导群众依法表达诉求的功效。[3]如今,司法作为一股独特的力量,构成了国家治理体系不可分割的组成部分。[4]

司法能动主义是起源于美国的一种司法哲学。[5]自20世纪中期以来,它在世界范围内得到了广泛传播。[6]我国的司法改革亦受到司法能动主义的影响。中国式的司法能动是指人民法院立足司法职能,遵循司法基本规律,积极主动拓展司法功能,最大限度地发挥主观能动性,最大程度地实现司法的法律价值、社会价值和政治价值。[7]江必新指出,能动与被动是司法的一体两面,被动性是对司法某个阶段的程序要求,而不是对司法整体价值的判断,

---

[1] 参见郭风英:《从管理到治理:体制转型与理念变迁》,西南交通大学出版社2016年版,第2页。

[2] 参见柳亦博:《由"化繁为简"到"与繁共生":复杂性社会治理的逻辑转向》,载《北京行政学院学报》2016年第6期。

[3] 参见王静:《通过司法的治理——法治主导型社会管理模式刍论》,载《法律适用》2012年第9期。

[4] 参见舒小庆:《试论司法在国家治理中的地位和作用》,载《求实》2014年第12期。

[5] 自20世纪以来,美国经历了3次司法能动主义的浪潮。第1次是20世纪初至30年代的"洛克纳时期"。最高法院积极干预经济事务,否决国会的社会经济立法,维护契约自由原则,推行自由主义的经济政策。第2次是20世纪50至60年代的"沃伦法院时期"。最高法院积极反对种族歧视,维护民族平等,扩大了公民的权利范围,促进了美国的人权保障事业。第3次是由2000年布什诉戈尔案的判决引发的司法能动主义浪潮。最高法院将司法审查的范围渗透到权力制约、社会自治等领域。参见李桂林:《司法能动主义及其实行条件——基于美国司法能动主义的考察》,载《华东政法大学学报》2010年第1期。

[6] 参见杨建军:《重访司法能动主义》,载《比较法研究》2015年第2期。

[7] 参见凌捷:《司法能动主义的改革方向》,载《法制日报》2010年3月17日,第12版。

第五章　以对接全球经济治理为导向的我国涉外商事审判的理念升级

就整个司法运作过程而言,积极能动是主要方面,消极被动是次要方面;我国所处的特殊历史阶段要求人民法院的司法应是能动的,即坚持把法院工作置于国家工作大局中去谋划,争取法律效果与社会效果相统一,充分发挥司法在国家治理和社会治理中的效用。[1]

涉外商事审判是伴随着跨国经济往来的兴起衍生而来的司法分支。它的形成和发展迎合了时代的需求。首先,涉外商事审判有益于社会关系从封闭向开放的转型。人与人之间的交往曾明显地受到空间限制。但在现代社会中,出现了"脱域"现象,即社会关系摆脱了空间的束缚。[2]在"熟人社会"让位于"陌生人社会"后,人们不可避免地被卷入了更加开放的社会关系中。其次,涉外商事审判有益于社会关系从固态向流态的转型。齐格蒙特·鲍曼（Zygmunt Bauman）指出,在全球经济一体化的作用下,现代社会呈现出更多的流动性和网络化的特征。[3]由于人与人之间的纽带变得脆弱和多变,所以纠纷的数量在增多,类型也变得丰富。最后,涉外商事审判有益于社会关系从非契约性向契约性的转型。非契约性关系和契约性关系是人际交往的两种类型。非契约性关系是人际交往的初始形态,而契约性关系是发达的人际关系的产物。[4]当基于血缘、亲情、伦理、宗教而形成的"人对人的依赖关系"退居次要地位时,人与人之间的关系便超越了纯自然的联系,迈入了需要依靠规则加以维系的契约时代。[5]

涉外商事审判是开放市场经济体系中微观社会矛盾的监视器。法官在个案中处理的纠纷属于微观社会矛盾的范畴。法院既是微观社会矛盾的集散地,也是社会动向的观测口。[6]就涉外商事审判而言,法官可以通过审理当事人之间的涉外商事纠纷,探查对外开放对既有市场秩序和法律制度提出的挑战。

---

[1] 参见江必新:《能动司法:依据、空间和限度》,载《光明日报》2010年2月4日,第9版。

[2] 参见李炳烁:《通过司法的基层社会治理:解释框架与转型空间》,载《江苏社会科学》2018年第3期。

[3] 参见［英］齐格蒙特·鲍曼:《流动的时代:生活于充满不确定性的年代》,谷蕾、武媛媛译,江苏人民出版社2012年版,第1~3页。

[4] 参见周安平:《社会交换与法律》,载《法制与社会发展》2012年第2期。

[5] 参见张文显:《市场经济与现代法的精神论略》,载《中国法学》1994年第6期。

[6] 参见杨建军:《通过司法的社会治理》,载《法学论坛》2014年第2期。

我国的对外开放必须以稳妥、渐进的方式来实现。[1]在这一过程中，公权力主体更为关注秩序的稳定，而私权利主体更为关注权益的保护。涉外商事审判的重要意义在于，它既是秩序的维护机制，也是权益的保障机制。维稳与维权之间并不存在冲突，因为任何正当的秩序都应是能够确保合法权益实现的秩序，而任何合法权益的实现都必然依托于既有的稳定秩序。涉外商事审判在满足各种具体多样的权利诉求的同时，也在不断地进行秩序的调试和修复。

总而言之，在司法能动主义思潮的影响下，我国法院需要适时地摆脱"司法克制"传统的束缚。[2]我国法院在审理涉外商事案件时不能仅将自己置于纠纷解决机构的位置上。国际形势的变化与国内政策的走向对涉外商事审判提出了新的期许。我国法院只有正确地认识到自身作为能动的治理主体的地位，才能够真正地肩负起时代赋予的使命。

二、利益意识

利益的衡量与司法如影随形。司法的任务包含对不同利益的确认与合理分配。[3]从某种意义上讲，整个司法过程可以被视作利益衡量的过程。司法中的利益衡量是一柄双刃剑。一方面，它可能导致法官恣意地扩大自由裁量权；可另一方面，它为法官适当履行职能、妥善化解纠纷提供了必要的手段。[4]

当事人之间的利益分配是涉外商事审判中利益分配的主要方面。改革开放在为我国经济发展注入强劲动力的同时，也使利益结构产生了深刻的变化。由于多元的利益主体涌现，社会出现了明显的利益分化趋向。所谓的利益分化是指由社会的结构性变革而引发的利益关系重组，社会成员之间的利益联系发生显著变化的过程。[5]司法是调和不同主体之间利益冲突的重要渠道。

---

[1] 参见刘金国、蒋立山主编：《中国社会转型与法律治理》，中国法制出版社2007年版，第16~20页。

[2] 参见崔永东：《司法能动论：历史考察与现实评价》，载《法学杂志》2013年第8期。

[3] 参见胡玉鸿：《关于"利益衡量"的几个法理问题》，载《现代法学》2001年第4期。

[4] 参见房广亮：《利益衡量方法的司法适用思考——基于274份裁判文书的考察》，载《理论探索》2016年第3期。

[5] 参见桑玉成：《利益分化的政治时代》，学林出版社2002年版，第1页。

第五章　以对接全球经济治理为导向的我国涉外商事审判的理念升级

法官究竟应以确定性为导向还是以公平性为导向来发挥利益协调者的作用曾引发不小的争论。对确定性的渴求植根于人们的内心深处。倘若秩序的确立和维持缺乏了统一性、连贯性和规律性，那么任何人都不可能做好自己的事情或满足自己最基本的需求。[1]尽管保有基本的确定性是司法的内在道德之一，[2]但是确定性不是司法追求的唯一的善。[3]对确定性的过分强调反而可能导致一种无法被容忍的刻板教条。[4]当确定性引发了不可接受的结果时，它就不再是一种固有的美德。[5]

公平性是对确定性的补充和修正。虽然"法官除了法律之外没有别的上司"，可是法官在解决纠纷时并不是将法律当作僵死的教条加以适用。[6]在当事人之间进行公平的利益分配是法官审理案件时的另一层追求。在涉外商事审判中，法官面对的可能是不同国家当事人之间的纠纷。此时，法官对于利益的分配是否公平将经受更具挑战性的考验。比如，在杉浦立身（SUGIURA TATSUMI）诉龚茵茵股权转让纠纷案中，法院的判决在维护金融市场公共秩序的同时，依法保护了外国人的投资权益；[7]在俄罗斯欧凯有限公司（O'KEY Logistics LLC）与广东南方富达进出口有限公司仲裁裁决申请案中，法院正确适用《承认及执行外国仲裁裁决公约》（以下简称《纽约公约》），充分尊重仲裁的权威性和一裁终局原则，有力地维护了俄罗斯当事人的合法权益；[8]

---

[1] 参见［英］弗里德利希·冯·哈耶克：《法律、立法与自由》（第1卷），邓正来、张守东、李静冰译，中国大百科全书出版社2000年版，第54页。

[2] 参见［美］富勒：《法律的道德性》，郑戈译，商务印书馆2005年版，第55页。

[3] 参见约翰·杜威（John Dewey）认为，完全的确定性只能在纯认知活动中才会得以实现。奥利弗·温德尔·霍姆斯（Oliver Wendell Holmes）主张，确定性不过是一种幻象。杰罗姆·弗兰克（Jerome Frank）对确定性的批判更为彻底。他提出，确定性是超出人们可以获得之必要限度的、非理性的、脱离现实的幻想或神话。参见［美］约翰·杜威：《确定性的寻求：关于知行关系的研究》，傅统先译，上海人民出版社2004年版，第5页；Oliver Wendell Holmes, "The Path of the Law after One Hundred Years", *Harvard Law Review*, Vol. 110, No. 5, 1997, p. 998；于晓艺：《最忠诚的反叛者——弗兰克法律现实主义思想研究》，中央编译出版社2014年版，第37~60页。

[4] 参见［美］本杰明·N·卡多佐：《法律的成长：法律科学的悖论》，董炯、彭冰译，中国法制出版社2002年版，第4页。

[5] See David Luban, "What's Pragmatic about Legal Pragmatism", *Cardozo Law Review*, Vol. 18, No. 1, 1996, p. 45.

[6] 参见王虹霞：《司法裁判中法官利益衡量的展开——普通法系下的实践及其启示》，载《环球法律评论》2016年第3期。

[7] 参见（2018）沪74民初585号。

[8] 参见（2013）穗中法民四初字第12号。

在大舜食品（上海）有限公司与艾迪尔理德国际有限公司买卖合同纠纷案中，法院认定，被告乌拉圭公司擅自将货物转卖第三方，不向原告履行交货义务的行为已构成根本违约，双方之间的买卖合同无效，被告应退还原告货款。[1]在审理上述涉外商事案件时，我国法院未表现出偏袒我国当事人或是外国当事人一方的倾向，而是依据现行的国内法和国际法作出了公正的裁判，在当事人之间进行了公平的利益分配。

涉外商事审判还涉及国家与国家之间的利益分配。关于国家利益的系统性研究可以追溯到20世纪初期。不同学派对国家利益的理解莫衷一是。比如，现实主义的国家利益观建立在四点基本假设之上：（1）国家是国际关系中最主要的行为体；（2）国家是依据自我利益行动的单位；（3）国家是理性的行为体；（4）国际社会处于"无政府状态"，所以国家只能依靠自身的力量进行自我保护。[2]又如，在自由主义的视野下，国家利益是相互联系的。一个国家不可能在牺牲其他国家利益的情况下持续谋求本国利益。[3]任何企图破坏和平的国家都是非理性的和不道德的。[4]再如，建构主义认为，国家利益源自认同；认同决定利益，利益决定行为。[5]尽管存在上述差异，但是国家利益始终与权力密切相关。换言之，权力才是界定国家利益的基调。[6]

涉外商事审判中的当事人之间的利益分配集中表现为经济利益的分配，而涉外商事审判中的国家之间的利益分配则表现为全球经济治理权的分配。全球经济治理权是全球经济一体化时代下国家权力的表征之一。如前所述，法院可以通过涉外商事审判活动，在国家之间进行全球经济治理权的分配。国内法院是以不同于行政机关惯常采用的方式，对国家与国家之间的利益分配施加影响。与行政机关相比，国内法院在不同国家之间进行的利益分配更

---

[1] 参见（2020）沪0115民初42206号。

[2] See Peter J. Katzenstein, Robert O. Keohane & Stephen D. Krasner, "International Organization and the Study of World Politics", *International Organization*, Vol. 52, No. 4, 1998, p. 658.

[3] 参见秦亚青：《霸权体系与国际冲突》，上海人民出版社1999年版，第18页。

[4] 参见［英］爱德华·卡尔：《20年危机（1919—1939）：国际关系研究导论》，秦亚青译，世界知识出版社2005年版，第43页。

[5] 参见［美］亚历山大·温特：《国际政治的社会理论》，秦亚青译，上海人民出版社2000年版，第27页。

[6] 参见张发林、朱小略：《国家利益的国内基础——一个动态分析框架》，载《太平洋学报》2020年第11期。

第五章 以对接全球经济治理为导向的我国涉外商事审判的理念升级

为隐蔽和温和,也更易被国际社会接受。[1]

总而言之,我国法院的涉外商事审判不只是单纯的解决纠纷的活动,它还能产生在当事人之间以及在国家之间分配利益的效果。因此,我国法院在处理涉外商事案件时需要有清晰的利益意识,不能僵化地适用法律,而应注意从利益分配的角度审视和评估裁判的效果。

三、互惠意识

互惠是不同群体往来互动的基本形态。给予与回报的相互性不仅是人类公平感的源泉,也是所有秩序的社会心理基础。[2]在社会实践不断积累的过程中,人与人之间相互依赖的需求转化为互惠的协作。[3]这进一步促进了物品、人力、资讯等在群际之间的流通,强化了彼此共享、互补不足的行动倾向,并营造出由于人类生活于同一个世界所以需要保持融洽关系的信念。政治、经济、文化、宗教、教育等诸多领域都无法脱离互惠的行动逻辑去完成自身的构建。可以毫不夸张地说,互惠关系的存在保障了人类文明成果的积累和延续。[4]

我国提出的构建人类命运共同体的倡议为全球治理贡献了中国方案和中国智慧。《党的二十大报告》再次明确了我国推动构建人类命运共同体的坚定信念。[5]共商共建共享是人类命运共同体的精髓所在。共商强调的是各国治理权力、机会和规则的协调;共建强调的是各国在面对共同问题时需统一行动;共享强调的是各国应分享经济、政治、文化、生态等领域取得的成果。[6]人类命运共同体开创了全球一体化背景下人类在多元领域内合作互助、协同发展的新格局。在此种观念的引导下,人类将经历一种以互惠为核心特征的国际交往的新形态。[7]

---

[1] 参见霍政欣:《论全球治理体系中的国内法院》,载《中国法学》2018年第3期。

[2] 参见林端:《儒家伦理与法律文化:社会学观点的探索》,中国政法大学出版社2002年版,第33~34页。

[3] 参见邵方:《法人类学视野下的互惠原则》,载《政法论坛》2021年第3期。

[4] 参见赵旭东:《互惠人类学再发现》,载《中国社会科学》2018年第7期。

[5] 参见王公龙等:《二十大报告读解:促进世界和平与发展,推进构建人类命运共同体》,载《国际关系研究》2022年第5期。

[6] 参见赵曾臻:《人类命运共同体对全球治理体系的历史性重构》,载《哈尔滨工业大学学报(社会科学版)》2022年第6期。

[7] 参见赵旭东:《互惠逻辑与"新丝路"的展开——"一带一路"概念引发的人类学方法论的转变》,载《探索与争鸣》2016年第11期。

互惠在国际经济秩序的建立中发挥了不可小觑的作用。此处以国际贸易领域的互惠为例。国际贸易中的互惠是指通过市场准入条件的对等交换，建立相互认同的贸易规则，以维持国家间的贸易关系与利益平衡。[1]它最早出现于1778年美国与法国签订的《友好与通商条约》中。[2]多边贸易体制建立的初始动力来自美国试图将其与贸易伙伴单独进行的双边关税谈判多边化，所以互惠成了多边关税谈判的重要前提。[3]《哈瓦那宪章》写道，经其他成员请求，一成员应在互惠互利的基础上参与并完成旨在实质性削减关税总水平和其他对进出口商品所征费用的谈判。1947年GATT提到，缔约方希望通过达成互惠互利的安排，实质性削减关税和其他贸易壁垒。[4]在由"产品对产品"模式转向线性模式的肯尼迪回合中，互惠是谈判方遵循的首要原则。[5]到了后续的由关税议题转向非关税议题的东京回合中，互惠依然是谈判方谋求共识的基本思路。[6]乌拉圭回合结束后达成的《WTO协定》重申了"期望通过达成互惠互利安排，实质性削减关税和其他贸易壁垒"的愿景。

互惠在涉外司法领域也起着重要的作用。此处以承认与执行外国法院判决中的互惠为例。在这一领域，关于我国与他国之间是否存在互惠关系有着

---

[1] See Carolyn Rhodes, *Reciprocity, United States Trade Policy, and the GATT Regime*, Cornell University Press, 1993, p.3.

[2] 美国对于互惠的运用交替地显现出贸易限制和贸易促进的双重属性。20世纪30年代之前，互惠是美国贸易保护的政策工具。美国提出互惠主张的目的在于迫使贸易伙伴对其出口产品减让关税，但是双方所作减让不自动向第三方延伸。在1934年《互惠贸易协定法》施行后，互惠成了美国推动双边关税减让谈判、促进贸易自由化的基本手段。参见张斌、韩润江：《多边贸易体制互惠原则探析——兼论多边贸易体制对发展中和"非市场经济"成员的差别待遇》，载《国际商务研究》2011年第1期。

[3] See R. Michael Gadbaw, "Reciprocity and Its Implications for U.S. Trade Policy", *Law and Policy in International Business*, Vol.14, No.3, 1982, p.693.

[4] 由于《哈瓦那宪章》和1947年GATT均未明确互惠的含义，所以在1954年至1955年GATT审议会议期间，巴西曾提议建立度量关税互惠减让的评价规则和测算公式。然而，该提议最终未被采纳，原因在于：第一，各国的经济结构存在明显差异，因而以货币值度量关税减让水平可能会导致不公平的结果；第二，参与谈判的政府应当拥有完全的自主权来决定采用何种适当的方法估算关税减让和关税约束的价值。See General Agreement on Tariffs and Trade, "Review Working Party II on Tariffs, Schedules and Customs Administration: Draft Report to the Contracting Parties", https://docs.wto.org/gattdocs/q/GG/SPEC/55-163R1.PDF, last visited on 19 December 2022.

[5] See Kenneth W. Dam, *The GATT: Law and International Economic Organization*, University of Chicago Press, 1970, p.35.

[6] See Gilbert R. Winham, *International Trade and the Tokyo Round Negotiation*, Princeton University Press, 1986, p.11.

不同的判断标准。第一种为无条约无互惠标准，即只要我国与他国尚未缔结或者参加相互承认与执行法院判决的国际条约，便认为两国之间未建立互惠关系；[1] 第二种为事实互惠标准，即以作出判决的法院所在国是否有承认与执行我国法院判决的先例来判断两国是否存在互惠关系；[2] 第三种为承诺互惠标准，即在对方国家承诺将给予我国司法互惠的情况下，可以考虑由我国法院先行承认与执行对方国家法院的判决；[3] 第四种为推定互惠标准，即在对方国家法院不存在以互惠为理由拒绝承认与执行我国判决的先例的情况下，可推定我国与对方国家存在互惠关系；[4] 第五种为反向推定互惠标准，即如果对方国家法院曾根据互惠原则对我国的判决予以承认与执行，这便表明依据对方国家的法律，在同等情况下，我国法院的判决可以得到对方国家法院的承认与执行，据此可认为我国与对方国家存在互惠关系。[5] 上述判断标准的更迭反映出我国在互惠关系的认定上正由保守走向开放、由僵化走向灵活。

互惠是国际交往的传统根基，并且它在构建新型国际关系的过程中还将

---

[1] 代表性的案例包括日本公民五味晃申请中国法院承认和执行日本法院判决案、俄罗斯国家交响乐团和阿特蒙特有限责任公司申请承认英国高等法院判决案、赫伯特等诉江西省李渡烟花集团有限公司赔偿金裁定案、卓越诉南京电声股份有限公司欠款纠纷案、张晓曦申请承认外国法院民事判决案、圆谷制作株式会社诉北京燕莎友谊商城有限公司侵犯署名权纠纷案等。参见《最高人民法院公报》1996年第1期；（2004）二中民特字第928号；（2016）赣01民初354号；（2004）宁民五初字第7号；（2015）沈中民四特字第2号；（2004）二中民初字第12687号。

[2] 代表性的案例包括高尔集团股份有限公司（Kolmar Group AG）与江苏省纺织工业（集团）进出口有限公司申请承认和执行外国法院民事判决纠纷案、刘利与陶莉等申请承认和执行外国法院民事判决纠纷案、崔综元（CHOIJONGWON）申请承认与执行韩国水原地方法院民事判决案等。参见（2016）苏01协外认3号；（2015）鄂武汉中民商外初字第00026号；（2019）鲁02执535号。

[3] 承诺互惠源自2015年《司法服务和保障意见》第6条。该条规定："要在沿线一些国家尚未与我国缔结司法协助协定的情况下，根据国际司法合作交流意向、对方国家承诺将给予我国司法互惠等情况，可以考虑由我国法院先行给予对方国家当事人司法协助，积极促成形成互惠关系，积极倡导并逐步扩大国际司法协助范围。"

[4] 推定互惠源自2017年《第二届中国—东盟大法官论坛南宁声明》第7条。该条规定："尚未缔结有关外国民商事判决承认和执行国际条约的国家，在承认与执行对方国家民商事判决的司法程序中，如对方国家的法院不存在以互惠为理由拒绝承认和执行本国民商事判决的先例，在本国国内法允许的范围内，即可推定与对方国家之间存在互惠关系。"

[5] 代表性的案例为彼克托美式有限公司与上海创艺宝贝教育管理咨询有限公司申请承认与执行外国法院民事判决案。参见（2020）沪01执1342号。推定互惠关注的是对方国家法院不存在以互惠为理由拒绝承认与执行本国判决的先例，而反向推定互惠关注的是对方国家法院存在以符合互惠条件为理由的承认与执行本国判决的先例。反向推定互惠本质上也是一种推定，只是这种推定的条件与推定互惠相反。参见李旺：《论承认外国法院判决的互惠原则》，载《南大法学》2022年第1期。

持续发挥作用。互惠与国际经济和涉外司法有着内在的联系。这一点在现有制度中已经得到了充分的印证。如果我国法院在审理涉外商事案件时，偏袒本国利益，不当地剥夺其他国家、国际机构、非政府组织的全球经济治理权，那么我国涉外商事审判的公信力必将遭到减损。更糟糕的是，倘若其他国家的法院基于互惠原则，在涉外商事审判中针对我国采取相应的反措施，那么从微观层面来看，涉及我国利益的纠纷将无法得到公正的解决，从宏观层面来看，全球经济治理权的分配将陷入混乱。简而言之，我国法院对于涉外商事案件审判权的不当行使必将招来连锁式的消极后果。因此，互惠意识是我国法院在审理涉外商事案件时的必备理念。以互惠为导向的涉外商事审判是我国涉外司法走向开放和包容的体现，是妥善解决涉外商事纠纷的前提，也是我国与他国司法机关保持良好互动的保障。

第三节 我国涉外商事审判的价值取向

哲学范畴中的"价值"是指客体能够使主体的需要得到满足的效用。价值的本质在于实现客体与主体之间的供需匹配。换言之，价值的产生源自客体所具备的属性和功能与主体的发展需求达成了某种程度的契合。[1]价值取向指的是，特定主体基于自己的价值观在面对或处理各种矛盾、冲突、关系时所持的基本立场、态度或倾向。[2]我国涉外商事审判的价值取向决定了法官在审理涉外商事案件时"做什么"以及"怎样做"的问题。

一、国内法治与国际法治相协调

自改革开放以来，我国摘掉了落后的帽子，成为世界经济增长的重要贡献者。[3]我国与国际社会的互联互动变得空前紧密。我国对世界的依靠、对国际事务的参与在不断加深；世界对我国的依靠、对我国的影响也在不断加深。法治是国内社会和国际社会的"通用语言"。在国内层面，法治是多数国

---

[1] 参见黄新华、黄钊璇：《改革开放以来国家治理价值取向的变迁：动因、逻辑与路径》，载《学习论坛》2022年第4期。

[2] 参见徐贵权：《论价值取向》，载《南京师大学报（社会科学版）》1998年第4期。

[3] 参见刘卿、刘畅：《深刻理解"两个大局"的理论逻辑与外交指导意义》，载《国际问题研究》2021年第5期。

第五章　以对接全球经济治理为导向的我国涉外商事审判的理念升级

家治国理政的基本手段；在国际层面，法治是不同国家协调分歧、和平共处的重要保障。[1]我国当前的法治建设已经不能再囿于国内法治的视角，而是应当朝着国内法治与国际法治相协调的方向前进。

国内法治与国际法治相协调首先体现在国内法治对于国际法治的积极影响。一国行政当局通过与他国协商谈判，将本国的法治经验和理念在国际社会中加以传播，将本国国内法中的概念、原则和规则上升为国际法，是最常被注意到的国内法治对国际法治施加影响的方式。相较于行政当局的显性影响，一国司法机关对国际法治的贡献常常被忽视。可事实上，司法机关在国际法治中所起的作用同样十分重要。就我国涉外商事审判而言，它解决了国际法治中的两个关键性问题，即以什么样的法来实现国际法治和如何适用这些法来实现国际法治。对于前一个问题，审理涉外商事案件的法官不仅需要从法院地国、其他国家、国际机构、非政府组织制定的既有规则中找到应适用于当下争议的法，而且能够通过审判实践的积累推动国内法、条约、国际惯例和一般法律原则的发展。对于后一个问题，法官在涉外商事审判中将抽象的法用于解决具体的涉外商事纠纷，使纸面上的法变得鲜活起来，消解了法所固有的模糊性，填补了规则与事实之间的缝隙。

国内法治与国际法治相协调还体现在国际法治对国内法治的促进作用。从宏观角度来看，健全的国际法治为国内法治营造了良好的发展环境。国际法治有助于维护国际和平与安全，推动国际合作与交流。它是国际关系的"稳定器"。[2]倘若缺少国际法治提供的外部保障，我国的国内法治很难保持健康持续的发展。从微观角度来看，国际法治为国内法治的运转供给着养料。就涉外商事审判而言，法官常常需要依据国际法或者由国际法转化而来的国内法，来处理当事人之间的纠纷。国际法是国际法治的规范支撑，是国际社会集体智慧的结晶。法官在审理涉外商事案件时适用国际法或者由国际法转化而来的国内法，是我国国内法治融入国际法治浪潮的体现。国际法治的蓬勃发展促使包括我国在内的世界各国突破了对于法治的传统认识，将国内法治和国际法治一并当作法治建设的重要抓手。

---

[1] 参见丁丽柏、金华：《论习近平法治思想中的国内法治与国际法治互动理念》，载《广西社会科学》2021年第12期。
[2] 参见黄惠康：《中国特色大国外交与国际法》，法律出版社2019年版，第8页。

二、国家主义与全球主义相兼顾

在不同的参照系下,国家主义具有不同的含义。在以个人为参照系的情况下,国家主义是指在主权国家内部,个人与国家之间的关系应以国家为中心;而在以全球为参照系的情况下,国家主义是指在国际社会中,主权国家与人类共同体之间的关系应以国家为中心。[1]以个人为参照系的国家主义强调国家拥有全面和至高的权力,其权威不可遭到蔑视和侵犯。与以个人为参照系的国家主义不同,以全球为参照系的国家主义关注的是国家(民族)与世界(国际社会)的定位和相互关系。以全球为参照系的国家主义强调国家相对于国际社会的独立性和自主性,以及国家在国际关系中的政治权威。此种国家主义信奉国家理性,倡导国家权力和利益的最大化。当对于国家权力和利益的追求过度膨胀时,此种国家主义可能会在国际关系中滋生推崇权力和争夺利益的不良倾向,致使国家排斥对话与合作,进而损害整个人类共同体的利益。[2]此种国家主义起源于自由主义的国际秩序观。在约翰·米尔斯海默(John J. Mearsheimer)看来,自由主义的核心是个人主义。[3]个人主义是一种强调个人自由、利益、自我支配的哲学,反映的是一种以个人为中心的世界观,即个人才是目的,社会只是达到个人目的的手段。当个人主义被投射于国际关系之中时,自由主义的国际秩序观最终外化为以全球为参照系的国家主义。[4]

全球主义是一种区别于(以全球为参照系的)国家主义的世界认知论。全球主义的思想可以追溯至古希腊时期。作为古希腊四大哲学学派之一的斯多葛学派提出,宇宙是统一的整体,所以每个国家都是世界的国家,每个人都是宇宙的公民。[5]威尔逊主义是 20 世纪全球主义的代表。他的"十四点原则"勾画了世界和平的蓝图,提出了建立国际政治新秩序的构想。总体而言,

---

[1] 参见蔡拓:《全球主义与国家主义》,载《中国社会科学》2000 年第 3 期。

[2] 参见蔡拓:《全球主义观照下的国家主义——全球化时代的理论与价值选择》,载《世界经济与政治》2020 年第 10 期。

[3] See John J. Mearsheimer, "Bound to Fail: The Rise and Fall of the Liberal International Order", *International Security*, Vol. 43, No. 4, 2019, p. 7.

[4] 参见蔡拓、张冰冰:《从国家主义走向世界主义——自由主义国际秩序的辨析与反思》,载《探索与争鸣》2022 年第 7 期。

[5] 参见蔡拓:《全球主义与国家主义》,载《中国社会科学》2000 年第 3 期。

第二次世界大战前的全球主义反映的是对战争与和平问题的思考；到第二次世界大战后，全球主义才真正突破了主权国家的视界。新时代的全球主义包含三个方面。第一，全球主义遵循整体主义的世界观。它强调世界是一个整体，人类是一个整体。第二，全球主义坚持人类中心主义的伦理观。人类中心主义主张，全球性制度的构建应以维护人类共同利益为导向。第三，全球主义既是一种理念，也是一种行为规范。全球主义不仅具有理论上的价值，也在实践中对现代国际关系产生了深远影响。

司法是保护当事人利益，维护社会秩序的有力工具。涉外商事审判的复杂性在于它处理的是涉外商事案件，所以其裁判结果影响着我国当事人与他国当事人之间的利益，以及我国与他国、国际机构、非政府组织之间的利益。涉外商事审判不应被国家主义所裹挟。如果法官在审理涉外商事案件的过程中处处偏向我国及我国当事人的利益，那么这样的涉外商事审判已然背离了司法公正的基本原则。长此以往，我国的涉外商事审判将沦为无公信力可言的"护短"工具。全球主义是我国涉外商事审判不可或缺的内核。法官在审理涉外商事案件时应当清楚地意识到，裁判的作出不只是我国一国的私事，而是一个在不同主体之间分配全球经济治理权的过程，是一个足以影响全球经济治理规则的过程，是一个能够对近至案件当事人远至国际经济秩序施加影响的过程。

我国的涉外商事审判固然需要跳出国家主义的束缚，但这并不意味着它与国家主义是对立和相斥的。涉外商事审判归根结底是我国司法机关开展的司法活动，所以它必然会涉及对我国当事人和国家利益的维护。对于己方利益的维护必须是有理有据的，而不能是盲目的、肆意的。总而言之，行使涉外商事审判权的主体是我国法院，可涉外商事审判的效果并不局限于我国一国之内。这种混合属性决定了涉外商事审判需要在国家主义与全球主义之间达成一种平衡。

三、被动司法与能动司法相结合

亚历山大·汉密尔顿（Alexander Hamilton）认为，司法权的本质在于判断。[1]司法机关所作判断的权威性与它的中立性相关。司法权必须保持中立，

---

[1] 参见［美］汉密尔顿、杰伊、麦迪逊：《联邦党人文集》，程逢如译，商务印书馆1980年版，第391页。

因为如果司法权同立法权合一，那么法官将拥有对公民的生命和自由施行专断的权力；如果司法权同行政权合一，那么法官将掌握压迫者的力量。[1]司法的中立性决定了司法权不应主动出击，只能被动行使。司法的被动性主要表现为司法程序启动的被动性、司法裁判范围的有限性、司法权在案件审理过程中的消极性。[2]

如今，被动司法受到了能动司法主义的挑战。实用主义为能动司法主义的发展注入了动力。实用主义强调以效果为最高目的，通过对过往经验的反思，引发对真理的深度思考。实用主义认为，真理能够将新旧经验联系起来，并给人带来适应环境的满意效果。它将价值引入了真理的发生过程，在真理和价值之间搭起了一座桥梁。[3]实用主义的思想逐渐渗透到司法领域。[4]作为实用主义的拥护者，奥利弗·温德尔·霍姆斯（Oliver Wendell Holmes）认为，法律的生命并不在于逻辑，而是在于经验。本杰明·卡多佐（Benjamin Cardozol）主张，司法过程的最高境界不是发现法律，而是创造法律。为了使司法与社会的需求相对接，法官在必要时应发挥能动性，突破先例的限制。[5]理查德·波斯纳（Richard Posner）提出，实证主义法学者与实用主义法学者的显著区别在于，前者关心的是司法是否与以往保持一致，而后者仅在依据先例所作判决能够产生最有利于未来之结果时，才会关心司法是否与以往保持一致。[6]

社会需求的多元化是司法能动主义兴起的社会基础。日趋复杂的社会关系促使司法需要改变其传统的保守、克制的角色，而代之以能动、积极的姿态。能动的司法在适应新型经济关系方面发挥了不容忽视的作用。[7]棚濑孝

---

[1] 参见齐崇文：《浅议法院在多元化纠纷解决机制构建中的角色定位——以"能动司法"与"被动司法"之争为视角》，载《东岳论丛》2011年第3期。

[2] 参见汪习根主编：《司法权论——当代中国司法权运行的目标模式、方法与技巧》，武汉大学出版社2006年版，第53~54页。

[3] 参见陈亚军：《实用主义：从皮尔士到普特南》，湖南教育出版社1999年版，第89页。

[4] 参见侯淑雯：《司法衡平艺术与司法能动主义》，载《法学研究》2007年第1期。

[5] 参见[美]本杰明·卡多佐：《司法过程的性质》，苏力译，商务印书馆2009年版，第105页。

[6] 参见[美]理查德·A·波斯纳：《道德和法律理论的疑问》，苏力译，中国政法大学出版社2001年版，第279~280页。

[7] 参见吴英姿：《司法的限度：在司法能动与司法克制之间》，载《法学研究》2009年第5期。

第五章　以对接全球经济治理为导向的我国涉外商事审判的理念升级

雄从公害案件、消费者诉讼等现代化诉讼的发展中观察到，司法的职能正在从纠纷解决、确定私权关系等，朝着促进当事人对话和形成公共政策拓展；许多新型纠纷涉及的利益具有公共性和社会性，诉讼的结果可能导致公共团体、大型企业甚至是国家修改或废止某项行动、政策或者法律，所以法官在作出裁判时往往需要考虑法律之外的因素。[1]在美国，司法能动主义的兴起与法院需要面对社会福利、公共任用、土地租赁等领域的新型纠纷有着密切的关系。19世纪末至20世纪初，美国的法律从自治型法转向回应型法。在自治型法阶段，自成体系的法律与司法实践形成了较好的配合；但是到了回应型法阶段，法官在审理案件时如果依然只是就法论法，显然无法满足社会的需求，此时他们就需要更多地考虑实体正义和社会公正。[2]我国的司法同样应适应社会的发展。法官没有拒绝裁判的权力，所以他们在面对新形势和新问题时，必须学会使抽象的法律获得与时俱进的意义。[3]

尽管我国的涉外商事审判需要不断成长和完善，但是被动性依然是涉外商事审判应保有的一项基本特征。倘若涉外商事审判变为法官主动干预涉外经济关系的工具，那么司法的公信力势必会遭到减损和质疑。然而，涉外商事审判如果完全沉浸于被动司法的窠臼中，则无法有效地应对我国对外开放格局给司法工作带来的挑战。因此，涉外商事审判需要在一定程度上突破被动司法的束缚，走向融合能动司法的柔性司法克制主义。在审理涉外商事案件的过程中，克制应作为法官的常规立场，能动应作为法官在必要时的辅助工具。[4]总而言之，法官应结合具体案件的情况，经过利益衡量，来决定司法的能动程度。

---

〔1〕　参见［日］棚濑孝雄：《纠纷的解决与审判制度》，王亚新译，中国政法大学出版社1994年版，第122页。

〔2〕　参见李辉：《司法能动主义与司法克制主义的比较分析》，载陈金钊、谢晖主编：《法律方法》（第八卷），山东人民出版社2009年版，第413页。

〔3〕　参见宋远升：《司法能动主义与克制主义的边界与抉择》，载《东岳论丛》2017年第12期。

〔4〕　关于克制与能动之间的关系，陈金钊认为，克制是司法活动的主流，能动只能起到辅助的作用；对于法律已明确的含义，法官只能在认同的基础上加以解释；法官可以创造性地适用法律，但不能超出法律规定所能推导出的可能含义，应符合一般判断力所能达到的理解程度，并不得违反宪法和上位法律。参见陈金钊：《法官司法的克制主义姿态及其范围》，载陈金钊、谢晖主编：《法律方法》（第七卷），山东人民出版社2008年版，第42~44页。

第六章

以对接全球经济治理为导向的我国涉外商事审判的硬件建设

涉外商事审判的组织架构是保障我国涉外商事审判活动有序开展必不可少的"硬件"。"一带一路"倡议的实施将我国的对外开放推向了一个新的历史阶段，同时也催生了更多的国际商事纠纷。为了满足专业、迅速、有效地解决此类纠纷的现实需要，我国及时地将涉外商事审判的硬件完善工作提上了日程。

第一节 涉外商事审判机构的专业化

分工是生产力改善的源泉。[1]专业化分工伴随着人类社会的发展进程。[2]涉外商事审判作为一项专业性的活动必然需要专业化的机构与之相匹配。

一、我国涉外商事审判机构建设的现状

2018年《国际商事争端解决意见》提出，最高人民法院设立国际商事法庭，推动建立便利、快捷、低成本的"一站式"争端解决中心，为"一带一路"建设参与国当事人提供优质高效的法律服务。这标志着我国涉外商事审判机构的建设迈入了崭新的阶段。根据该意见，2018年6月，最高人民法院在广东省深圳市设立了"第一国际商事法庭"，在陕西省西安市设立了"第二国际商事法庭"。最高人民法院民事审判第四庭负责协调并指导两个国际商事法庭的工作。2019年的广东本草药业集团有限公司与意大利贝斯迪大药厂产

---

[1] 参见蒋欣娟、孙倩倩、吴福象：《技术专业化分工、地区创新能力演化与区域协调发展》，载《城市问题》2022年第1期。
[2] 参见周绍东：《分工与专业化：马克思经济学与西方经济学比较研究的一个视角》，载《经济评论》2009年第1期。

第六章　以对接全球经济治理为导向的我国涉外商事审判的硬件建设

品责任纠纷案是第一国际商事法庭实体审理的第一案。第一国际商事法庭判定，境外生产商作为缺陷产品的最终责任主体，当其怠于履行产品召回责任时，境内销售商可以在履行召回义务后，依法向境外生产商直接主张侵权赔偿责任。[1]在2019年的泰国华彬国际集团公司诉红牛维他命饮料有限公司股东资格确认纠纷案中，第二国际商事法庭敲响了"第一槌"。[2]在我国和泰国，发生了多起涉及红牛公司的案件。当事人围绕合资企业的利润分配、控制权、合资期限、商标、股权等问题争论不休。这起案件的妥善处理无论是对于我国企业"走出去"还是外国企业"走进来"都具有重要的意义。截至目前，第一和第二国际商事法庭已受理的案件涉及不当得利、产品责任、委托合同、公司盈余分配、股东资格、仲裁协议效力等诸多方面。

2020年11月，作为苏州市中级人民法院的专门审判机构，苏州国际商事法庭正式启用。这是经最高人民法院批复，在地方法院设立的首家国际商事法庭。苏州是"一带一路"、长江经济带、长三角区域一体化、自由贸易试验区等多项国家战略的叠加实施区。这为苏州国际商事法庭发挥作用提供了广阔的舞台。2021年12月，作为第二家在地方设立的国际商事法庭，北京国际商事法庭在北京市第四中级人民法院挂牌成立。在成立后的6个月内，北京国际商事法庭就受理涉外商事案件500余起，涉及30多个国家和地区，涉诉总金额超过58亿元。2022年4月，成都国际商事法庭在成都市中级人民法院挂牌成立。这是我国第三家在地方设立的国际商事法庭，也是全国第一家跨域集中管辖全省涉外一审商事案件的国际商事法庭。2022年8月，长春国际商事法庭在长春市中级人民法院挂牌成立。这是我国为服务东北亚区域国际经济合作所采取的一项重要举措。2022年9月，泉州国际商事法庭揭牌成立。它负责集中管辖发生在泉州市辖区内应由泉州市中级人民法院审理的一审和二审涉外民商事案件、外商独资企业案件、信用证纠纷、保函纠纷等特定类型案件，以及仲裁司法审查案件、涉外调解协议确认案件、申请承认和执行外国法院民商事判决案件等。2022年9月，厦门国际商事法庭在厦门市中级人民法院挂牌成立。此举旨在将厦门打造成为国际商事海事争端解决的优选地。同样是在2022年9月，中国—东盟自由贸易区南宁国际商事法庭挂牌成

---

[1] 参见（2019）最高法商初1号。
[2] 参见（2019）最高法民辖27号。

立。该法庭设在南宁铁路运输中级法院内，负责跨区域管辖广西范围内的涉外民商事案件。2023年3月至4月期间，杭州、宁波、南京、无锡四家国际商事法庭相继揭牌。由此可见，在最高人民法院国际商事法庭成立之后，我国地方法院的国际商事法庭建设随之进入了快速发展期。可以预见的是，我国未来还将出现更多的国际商事法庭。这是我国涉外商事审判机构走向专业化的显著标志。

二、国际商事审判机构建设的域外经验

国际商事法庭起源于中世纪西欧一些地区盛行的市集法庭。此类法庭在当时被称作"灰脚法庭"（court of piepowder）。对于这一称谓的含义，有两种理解：一种是此类法庭的当事人是经常往来于不同市场，脚上沾满灰尘的外国商人；另一种是此类法庭处理争议速度之快，以至于商人脚上的灰尘尚未落下，争议便已得到解决。[1]灰脚法庭随着10世纪以来西欧城市商业的复兴而出现。当时，欧洲各地的市集吸引了大量的外国商人。借由对这些商人征税可以增加当地的财政收入，所以地方统治者设法通过各种举措促进通商往来。灰脚法庭的设立便是举措之一。[2]正如有学者所说，灰脚法庭的出现不是为了阻碍商业，而是为了鼓励商人带着商品在不同地域之间往来。[3]

在审判人员组成、受案范围、法律适用、审理程序等方面，灰脚法庭具有不同于普通法庭的特点：（1）灰脚法庭的审判人员主要由商人组成，当纠纷涉及外国商人时，还需要有外国人作为陪审员参加；（2）灰脚法庭受理的案件主要为外国商人之间或者外国商人与本地市民之间的商事纠纷；（3）灰脚法庭在处理争议时主要适用商人法[4]；（4）灰脚法庭一般采用简易灵活

---

[1] See Charles Gross, "The Court of Piepowder", *The Quarterly Journal of Economics*, Vol. 20, No. 2, 1906, p. 231.

[2] 参见赵立行：《论中世纪的"灰脚法庭"》，载《复旦学报（社会科学版）》2008年第1期。

[3] See Leon E. Trakman, *The Law Merchant: The Evolution of Commercial Law*, Fred B. Rothman & Co., 1983, p. 9.

[4] 商人法是关于商人及其商业交易的规范。支配中世纪贸易者商业活动的法律不是该国的普通法，而是商人法。商人法是由商人从其需要和视野出发创造而成的习惯法，尽管它在某种程度上可能已经受到了成文法的影响。See Ephraim Lipson, *The Economic History of England*（*Volume I*）, Adam & Charles Black, 1947, p. 258.

第六章　以对接全球经济治理为导向的我国涉外商事审判的硬件建设

的审理程序,以实现纠纷的快速解决。[1]灰脚法庭盛行于12至13世纪。随着民族国家的兴起,此类法庭的独立性慢慢丧失,加之其地域性的特点所造成的判决执行困难的问题,此类法庭逐渐退出了历史舞台。到了17世纪,此类法庭基本被正规的国家法庭所取代。即便如此,灰脚法庭的历史意义是不可磨灭的。它具备了现代商事法庭的基本特征,构成了现代商事法庭的雏形。其制度理念为后来的国际商事法庭的诞生打下了基础。

1895年,第一家现代意义上的国际商事法庭在伦敦成立。[2]该法庭的设立为伦敦跃居世界金融和商业中心提供了重要助力。迈入21世纪后,一些国家或地区先后成立了专门的国际商事法庭。比如,2006年,迪拜设立了国际金融中心法院;2009年,卡塔尔金融中心民商事法院正式成立;2015年,新加坡国际商事法庭被启用;2015年,阿布扎比组建了全球市场法院;2017年,哈萨克斯坦阿斯塔纳国际金融中心法院投入运营。在英国决定"脱欧"之后,为了争取成为新的欧洲商事争议解决中心,占领欧洲法律服务市场,一些欧洲国家加快了成立国际商事法庭的步伐。[3]2017年,比利时通过了旨在设立布鲁塞尔国际商事法庭的法案草案;[4]2018年,德国提出了在全境内设立国际商事审判庭的构想;[5]2018年,巴黎上诉法院成立了巴黎国际商事法庭;2019年,荷兰国际商事法庭正式投入运营。[6]由此可见,国际商事审判机构的专业化已经在全球范围内形成了一股风潮。

---

[1] 参见徐浩:《中世纪西欧商人法及商事法庭新探》,载《史学月刊》2018年第10期。

[2] 2017年10月,该法庭更名为英格兰及威尔士商事与财产法庭。参见朱伟东:《国际商事法庭:基于域外经验与本土发展的思考》,载《河北法学》2019年第10期。

[3] 2016年,欧洲法律服务市场的规模约为160亿欧元。因为国际商事合同大多采用英文,所以在欧盟内部,伦敦曾在国际商事法律服务领域长期占据核心地位。在英国"脱欧"后,相当数量的国际商事法律服务可能会转移到其他欧洲国家。因此,一些欧洲国家摩拳擦掌,希望能够抢占高地。参见王战涛:《巴黎上诉法院新设英法双语国际商事法庭欲填补英国退欧空白》,载https://news.sina.com.cn/w/2018-02-11/doc-ifyrkrva7142369.shtml,最后访问日期:2022年12月30日。

[4] 参见张新庆:《中国国际商事法庭建设发展路径探析》,载《法律适用》2021年第3期。

[5] 2018年4月,德国联邦众议院公布了一份由联邦参议院提交的《联邦德国引入国际商事法庭的立法草案》。该草案的核心内容是授权州政府在州中级法院设立国际商事法庭。参见毛晓飞:《独特的德国国际商事法庭模式——解析〈联邦德国引入国际商事法庭立法草案〉》,载《国际法研究》2018年第6期。

[6] 2018年3月,《荷兰国际商事法庭议案》获得荷兰众议院通过。2018年12月,该议案获得荷兰参议院通过。2019年1月,荷兰国际商事法庭正式成立。参见张生:《荷兰国际商事法庭的建设与特色》,载《中国审判》2019年第2期。

三、我国涉外商事审判机构的完善策略

从 2018 年最高人民法院第一和第二国际商事法庭成立算起，我国专门的涉外商事审判机构的建设不过经历了短短数年的时间。虽然发展迅速，但是我国的涉外商事审判机构总体上尚不够成熟。我国未来可从以下方面对涉外商事审判机构加以完善：

第一，将英语列为我国涉外商事审判机构的工作语言。我国 2023 年《民事诉讼法》第 273 条规定，人民法院在审理涉外案件时，应使用我国通用的语言文字。然而，仅将中文作为我国涉外商事审判机构的工作语言无疑会增加外国当事人参与诉讼的难度。这显然有损于我国涉外商事审判机构的对外吸引力。相较而言，域外的国际商事法庭对英语采取了更为包容的态度。《迪拜国际金融中心法院法》明确规定，英语为迪拜国际金融中心法院的工作语言。除迪拜外，卡塔尔金融中心民商事法院、法国巴黎国际商事法庭、荷兰国际商事法庭等亦将英语列为工作语言。从长远来看，单一的工作语言不利于我国法院通过涉外商事审判在全球经济治理中发挥影响。与域外的国际商事法庭看齐，将英语纳入工作语言的范围是我国涉外商事审判机构发展的方向。

第二，调整我国涉外商事审判机构的上诉机制。目前，我国的国际商事法庭分为两种：一种是地方中级人民法院设立的国际商事法庭；另一种是最高人民法院设立的国际商事法庭。前一种国际商事法庭审理案件受 2023 年《民事诉讼法》第 10 条调整。该条款规定，人民法院审理案件，依法实行两审终审制度。而后一种国际商事法庭审理案件受《国际商事法庭规定》第 16 条调整。该条款规定，当事人对最高人民法院国际商事法庭作出的判决，可以向最高人民法院申请再审。值得注意的是，《国际商事法庭规定》第 16 条仅赋予当事人申请再审的权利，而未赋予其上诉的权利。换言之，地方中级人民法院国际商事法庭实行的是两审终审制，而最高人民法院国际商事法庭实行的是一审终审制。这会在地方中级人民法院国际商事法庭受理案件的当事人与最高人民法院国际商事法庭受理案件的当事人之间造成差别待遇。国际商事法庭与一审终审并不存在绝对的对应关系。事实上，阿布扎比、阿斯塔纳、迪拜、新加坡等地的国际商事法庭均采用两审终

第六章　以对接全球经济治理为导向的我国涉外商事审判的硬件建设

审制。[1]将两审终审制适用于最高人民法院国际商事法庭的审判活动，能够使涉外商事案件的当事人获得公平的对待，而且从域外的经验来看，这是具有可行性的。[2]

第三，改变我国涉外商事审判机构偏保守的发展思路。全球范围内的国际商事法庭可以分为激进型和保守型。激进型的国际商事法庭是一国通过修订宪法或者制定专门法律，历经大刀阔斧的改革设立而成的；而保守型的国际商事法庭是一国通过对原有的司法体制加以细微调整设立而成的。[3]依据此标准，迪拜国际金融中心法院、新加坡国际商事法庭、阿斯塔纳国际金融中心法院、卡塔尔金融中心民商事法院、阿布扎比全球市场法院等属于激进型的国际商事法庭；而英格兰及威尔士商事与财产法庭、荷兰国际商事法庭、巴黎国际商事法庭等则属于保守型的国际商事法庭。无论是激进型还是保守型的国际商事法庭，他们均表现出吸收仲裁的优点，提供富有竞争力的诉讼服务的倾向。正如一位法官所说，国际商事法庭是"诉讼和仲裁之间一场精心的婚姻"。[4]2018年《国际商事争端解决意见》和《国际商事法庭规定》是最高人民法院国际商事法庭设立的规范基础。就其性质而言，这两个文件并非全国人民代表大会及其常务委员会的立法。目前，不论是最高人民法院的国际商事法庭还是地方中级人民法院的国际商事法庭，他们开展的涉外商事审判，较非涉外审判而言，在灵活性和开放性方面，尚缺乏显著的区别。

---

[1] 阿布扎比全球市场法院、阿斯塔纳国际金融中心法院、迪拜国际金融中心法院设有初审法庭和上诉法庭。相似地，新加坡最高法院设有高等法院和上诉法院。新加坡国际商事法庭相当于高等法院一级。如果当事人对新加坡国际商事法庭作出的判决不服，有权向新加坡最高法院的上诉法院提起上诉。参见杜涛、叶珊珊：《国际商事法庭：一个新型的国际商事纠纷解决机构》，载《人民法院报》2018年7月10日，第2版；殷敏：《"一带一路"实践下中国国际商事法庭面临的挑战及应对》，载《国际商务研究》2022年第4期。

[2] 有些域外的国际商事法庭为当事人上诉设置了限制条件，主要包括4种形式：（1）对上诉事由加以限制；（2）将法庭同意作为上诉的条件；（3）要求当事人提供上诉担保金；（4）允许当事人对上诉权的行使加以约定。为了适度保留一审终审所具有的节省诉讼成本和高效解决纠纷的优点，有学者提出，我国可以借鉴域外的经验，针对上诉设定合理的限制条件。参见黄进、刘静坤、刘天舒：《中国国际商事法庭制度改革探析》，载《武大国际法评论》2020年第6期。

[3] 参见朱伟东：《国际商事法庭：基于域外经验与本土发展的思考》，载《河北法学》2019年第10期。也有学者根据设置模式的不同，将国际商事法庭分为嵌入式和独立式。参见卜璐：《"一带一路"背景下我国国际商事法庭的运行》，载《求是学刊》2018年第5期。

[4] See Burkhard Hess, "The Justice Initiative Frankfurt am Main 2017", http://conflictoflaws.net/2017/the-justice-initiative-frankfurt-am-main-2017-law-made-in-frankfurt, last visited on 2 January 2023.

我国国际商事法庭的创新力度即便是与域外保守型的国际商事法庭相比，也略显保守。[1]如果我国的国际商事法庭缺少与普通法庭相比的辨识度，仅是在传统的诉讼制度框架内打转，那么其将无法达到与域外国际商事法庭相当的司法竞争力，也就无法充分参与到全球经济治理之中。

第二节　涉外商事审判法官的专业化

审判具体表现为争议双方在法庭上各自提出主张和证据并展开辩论，由法官进行审理并最终作出裁判。[2]在涉外商事审判中，法官是行使审判权的直接主体。

一、涉外商事审判法官专业化的现实意义

2002年5月，中共中央办公厅、国务院办公厅联合印发的《2002—2005年全国人才队伍建设规划纲要》深刻揭示了人才在我国经济和社会发展中的基础性、战略性和决定性的作用，阐明了做好人才工作的重要性和紧迫性，首次提出实施"人才强国战略"。2010年6月《国家中长期人才发展规划纲要（2010—2020）》将人才定义为具有一定的专业知识或专门技能，进行创造性劳动并对社会作出贡献的人，是人力资源中能力和素质较高的劳动者，并明确指出，人才是我国经济社会发展的第一资源。自党的十八大以来，习近平总书记高度重视人才问题，在人才理论和实践方面推陈出新。其关于人才工作的重要论述构成了习近平新时代中国特色社会主义思想的重要组成部分，形成了治国理政新理念新思想新战略中精彩的"人才篇"。在《党的二十大报告》中，习近平总书记再次强调，培养造就大批德才兼备的高素质人才，是国家和民族长远发展的大计；我国应完善人才战略布局，坚持各方面人才一起抓，建设规模宏大、结构合理、素质优良的人才队伍。

在深入实施人才强国战略的背景下，我国对于涉外法治人才的培养给予了

---

[1] 参见林福辰：《中国国际商事法庭的运行机制研究》，载《四川师范大学学报（社会科学版）》2022年第1期。

[2] 参见陈光中主编：《刑事诉讼法》，北京大学出版社、高等教育出版社2016年版，第340页。

第六章　以对接全球经济治理为导向的我国涉外商事审判的硬件建设

越来越多的关注。[1]《中共中央关于全面推进依法治国若干重大问题的决定》明确提出，我国应当建设通晓国际法律规则、善于处理涉外法律事务的涉外法治人才队伍。涉外商事审判的法官是处理涉外法律事务的一线人员，是涉外法治人才的重要组成部分。他们的素质直接决定了涉外商事审判的质量。涉外商事审判法官专业化的现实意义体现在以下方面：

第一，有助于平等保护涉外商事案件当事人的利益。涉外商事审判归根结底是一种解决当事人之间纠纷的活动。相较于非涉外案件，涉外商事案件的复杂性体现在它常常涉及本国当事人和外国当事人的利益。在涉外商事审判中，法官在确认管辖权、选择应适用的法律、承认与执行外国法院判决等环节中肩负着平衡本国当事人和外国当事人利益的职责。法律条文带有不可避免的抽象性，而法官面对的涉外商事纠纷却是具体的。将抽象的法律条文僵化地套用于具体的涉外商事纠纷并不能实现涉外商事审判的目的。一旦审判的结果出现了偏差，涉外商事审判定分止争的原初功能便会落空。在处理涉外商事案件，尤其是复杂案件的过程中，法官必须能够发挥自身的能动性和创造性。此种专业性极强的工作必然需要由专业化的审判人员来完成。

第二，有助于切实维护我国的国家利益。涉外商事审判的功能不只是定分止争。事实上，法官在涉外商事审判中完成了全球经济治理权在我国与他国、国际机构、非政府组织之间的分配。法官通过处理当事人之间的涉外商事纠纷，为维系良好的国内经济秩序和国际经济秩序提供了司法保障。涉外商事审判的法官对于我国国家利益的维护可以概括为两点：一是"防"，防的是我国本该享有的全球经济治理权旁落他人，以致我国在全球经济治理体系中陷于被动受制的不利境地；二是"促"，促的是我国市场经济的健康发展以及我国与他国经济交往的稳步升级。与审理非涉外案件的法官相比，涉外商事审判的法官应具有更为广阔的视野，兼备国内法和国际法的知识。只有经过专业训练的法官才能够担此重任。

第三，有助于有效提升我国司法的国际竞争力。20世纪90年代，新加坡确立了便捷亲民、快捷及时、平等无倾、公正廉洁的司法方针。新加坡的国际仲裁中心、国际调解中心、国际商事法庭构成了新加坡国际商事纠纷解决

---

[1] 参见黄惠康：《从战略高度推进高素质涉外法律人才队伍建设》，载《国际法研究》2020年第3期。

领域的"三驾马车"。日趋完善的国际商事纠纷解决机制帮助新加坡跃居国际商业中心的位置。[1]新加坡的例子表明,一国的国家竞争力与其司法竞争力息息相关。法官是司法的践行者。一国司法水平的提升离不开本国法官水平的提升。在涉外商事审判中,我国法院与他国法院之间的关系既有合作的一面,也有竞争的一面。只有在有一支专业化的法官队伍作支撑的情况下,我国的涉外商事审判才能够在此种竞争中占得优势,进而以其特有的方式对全球经济治理施加影响。

二、涉外商事审判法官培养机制的创新

由于面对的是涉外商事纠纷,所以除符合法官的一般要求外,涉外商事审判的法官还应具备以下素养:第一,扎实的域外法律知识,不仅需要掌握本国的法律,而且需要能够运用外国法和国际法来解决现实纷争;第二,开阔的国际视野,能够以多边主义的视角促进国内法治与国际法治的良性互动,推动本国利益与全球利益的平衡发展;第三,过硬的外语水平,能够在实务工作中娴熟地运用外语查阅资料和证据、组织开展审判活动、制作法律文书等。

涉外商事审判法官的培养是一个长期的、持续的过程。大学阶段的法学教育是培养过程的第一步,也是至关重要的一步。为了培养一批合格的能够审理涉外商事案件的法官,我国高校的法学教育应在以下方面有所突破:(1)优化课程体系,在国际法、国际私法、国际经济法之外,增设国际贸易法、国际投资法、国际金融法、比较法等课程;(2)引入"法学+N"的培养模式,将法学与外语、贸易、金融等专业相结合,着力打造复合型人才;(3)推进法律实践教学,改变由老师向学生单向传输知识的教学定式,加强法律诊所类和模拟法庭类课程的建设;(4)完善国内外高校的联合培养机制,开展多样化的交流活动。[2]

除大学阶段的法学教育外,职业培训对于培养涉外商事审判法官同样重要。我国的法官职业培训兴起于20世纪80年代中后期。彼时,我国的法官队伍人员结构复杂、学历偏低、专业水平不高。为了改变这一状况,最高人民法

---

[1] 参见沈伟:《国际商事法庭的趋势、逻辑和功能——以仲裁、金融和司法为研究维度》,载《国际法研究》2018年第5期。

[2] 参见郭雳:《创新涉外卓越法治人才培养模式》,载《国家教育行政学院学报》2020年第12期。

院于 1985 年成立了全国法院干部业余法律大学。教师以司法系统中一批既有理论水平又有实践经验的干部为主,另有部分大学老师。1988 年,最高人民法院又创立了中国高级法官培训中心。1997 年,以上述两个机构为基础,国家法官学院挂牌成立。我国的法官职业培训走上了科学化、制度化、规模化的道路。

我国目前开展的法官职业培训对于促进法官成长无疑是有效的。然而,为了培养出能够胜任涉外商事审判工作的法官,我国的法官职业培训还应从以下方面加以完善:(1)增设专门的涉外法律实务训练,改变过去"大而全"的培养模式,转而向"专而精"的方向发展;(2)针对开放程度较高、涉外商事纠纷频发的地区,加大涉外商事审判法官的培训力度,允许部分地区走在前头,循序渐进地推进涉外商事审判法官队伍的建设;(3)强化涉外商事审判法官职业培训的连贯性和持续性,将预备培训与在职培训相结合,将职业培训与业绩考核相挂钩;(4)为涉外商事审判法官创造多方位的业务交流渠道,倡导国内同行之间的研讨切磋,鼓励向他国同行学习经验。[1]

三、涉外商事审判法官引进机制的探索

专业化的涉外商事审判法官队伍的建设有"培养"和"引进"两条路径。培养是一个育才的过程,而引进是一个引才的过程。两者是并行不悖、相辅相成的。为了充实审判人员的数量、提升审判人员的质量,不少域外的国际商事法庭采取了聘任外籍法官的做法。

根据新加坡的现行法律,总统可以任命符合基础资格条件,具有审判经验和个人素养的外籍人士担任最高法院的国际法官。国际法官以 3 年为 1 个聘期,可以连任,享有与高等法院法官(Judge of the High Court)相同的职权和豁免。目前,新加坡国际商事法庭共有 45 名法官,其中有 18 名国际法官,他们分别来自澳大利亚、英国、法国、加拿大、日本、中国香港、印度、美国等地。[2]

在迪拜国际金融中心法院,国际法官的来源包括在阿联酋政府承认的任何司法管辖区内担任或曾担任高级司法职务的人士以及有普通法系丰富的商事争议处理经验的律师或法官。他们的任期不得超过 3 年,但可以连任。目

---

[1] 参见袁发强:《涉外民商事司法环境优化机制研究》,北京大学出版社 2018 年版,第 24~27 页。

[2] 参见新加坡国际商事法庭官方网站,https://www.sicc.gov.sg/about-the-sicc/judges,最后访问日期:2023 年 1 月 5 日。

前，迪拜国际金融中心法院共有 13 名法官，其中有 8 名国际法官，他们分别来自英国、马来西亚、澳大利亚等地。[1]

根据《卡塔尔金融中心民商事法院规例及程序规则》的规定，卡塔尔金融中心民商事法院允许在商事领域具备专长的专家（不限国籍）参与案件的审理，履行法官的职责。这为外籍法官的聘任提供了法律依据。目前，卡塔尔金融中心民商事法院共有 13 名法官，其中有 11 名外籍法官，他们分别来自英国、新西兰、新加坡、南非、塞浦路斯、科威特等地。[2]

阿布扎比全球市场法院的 8 名现任法官均为外籍法官，他们分别来自英国、澳大利亚、新西兰等地。[3]该法院的法官构成与阿布扎比金融中心区的法律适用规则相适应。阿布扎比酋长国是阿联酋最大的酋长国。尽管阿联酋属于大陆法系，但是阿布扎比金融中心区采用的是英国的普通法和衡平法，所以聘任外籍法官是为了保证金融中心区内国际商事争议解决机制的正常运行。

我国《宪法》第 34 条规定，我国年满 18 周岁的公民享有选举权和被选举权。这里所说的"被选举权"既适用于各级人大代表的选举，也适用于其他各级国家机关公职人员的选举。[4]此外，《中华人民共和国法官法》（以下简称《法官法》）第 12 条规定，担任法官的人选应具有中国国籍，并通过国家统一法律职业资格考试。[5]上述规定限制了我国国际商事法庭对于外籍法官的聘任。事实上，聘任外籍法官审理涉外商事案件具有多方面的好处：第一，来自不同地域的外籍法官有着多元化的文化和法学教育背景，他们具有

---

[1] 参见迪拜国际金融中心法院官方网站，https://www.difccourts.ae/about/court-structure/judges，最后访问日期：2023 年 1 月 5 日。

[2] 参见卡塔尔金融中心民商事法院官方网站，https://www.qicdrc.gov.qa/courts/court，最后访问日期：2023 年 1 月 5 日。

[3] 参见阿布扎比全球市场法院官方网站，https://www.adgm.com/adgm-courts/judges，最后访问日期：2023 年 1 月 5 日。

[4] 参见浦兴祖：《重新认识"被选举权"》，载《探索与争鸣》2016 年第 3 期。

[5]《法官法》第 12 条规定："担任法官必须具备下列条件：（一）具有中华人民共和国国籍；（二）拥护中华人民共和国宪法，拥护中国共产党领导和社会主义制度；（三）具有良好的政治、业务素质和道德品行；（四）具有正常履行职责的身体条件；（五）具备普通高等学校法学类本科学历并获得学士以上学位，或者普通高等学校非法学类本科以上学历并获得法律硕士、法学硕士及以上学位，或者普通高等学校非法学类本科以上学历，获得其他相应学位，并具有法律专业知识；（六）从事法律工作满五年，其中获得法律硕士、法学硕士学位，或者获得法学博士学位的，从事法律工作的年限可以分别放宽至四年、三年；（七）初任法官应当通过国家统一法律职业资格考试取得法律职业资格。"

过硬的专业技能和良好的国际声誉，他们的加入对于提升我国国际商事法庭的司法公信力和国际竞争力大有裨益；第二，国际商事争议的快速和有效解决需要法律适用的灵活性，外籍法官的引入有助于推动涉外商事审判法律适用的革新，促使国际法、外国法、习惯法等非国内法在纠纷解决中发挥更加明显的作用；第三，外籍法官的引入有助于形成专门和稳定的涉外商事审判力量，满足国际商事法庭对于合格法官的迫切需求，缓解日益增多的涉外商事案件所带来的司法压力。

聘任外籍法官的制度障碍或许在短期内难以消除。当前，我国可以尝试聘任中国籍的香港法官参与涉外商事审判。香港法官的专业形象、外语水平和业务能力在国际社会上受到广泛认可，而且他们具有中国国籍。在现行《宪法》下，我国可以以特别法的形式对中国籍香港法官的任职条件、任职期限等问题加以规定。这不失为一个过渡性的解决方案。

四、涉外商事审判法官管理机制的改进

我国当前的法官管理机制建立在四个层次的规范基础之上。[1]第一层次为宪法。我国《宪法》关于法官的规定散见于数个条款之中，比如，《宪法》第62条第8项、第63条第5项、第67条第12项、第101条第2款、第129条第2款等。[2]第二层次为全国人民代表大会及其常务委员会制定的法律，比如，《人民法院组织法》《中华人民共和国公务员法》《法官法》《中华人民共和国监察法》《中华人民共和国刑法》《中华人民共和国国家赔偿法》等。第三层次为最高人民法院制定的规则，比如，《关于规范法官和律师相互关系维护司法公正的若干规定》《中华人民共和国法官职业道德基本准则》《法官行为规范》等。第四层次为地方法院制定的规则，比如，辽宁省高级人民法院制定的《辽宁省人民法官守则》、天津市高级人民法院制定的《审判职权行使与审判责任认定标准（试行）》、甘肃省高级人民法院制定的《审判人员

---

〔1〕 参见郭延军：《循宪法指引理顺法官管理规则体系》，载《政治与法律》2019年第12期。

〔2〕 《宪法》第62条第8项规定，全国人民代表大会行使选举最高人民法院院长的职权；第63条第5项规定，全国人民代表大会有权罢免最高人民法院院长；第67条第12项规定，全国人民代表大会常务委员会负责根据最高人民法院院长的提请，任免最高人民法院副院长、审判员、审判委员会委员和军事法院院长；第101条第2款规定，县级以上的地方各级人民代表大会选举并且有权罢免本级人民法院院长；第129条第2款规定，最高人民法院院长同全国人民代表大会的每届任期相同，连续任职不得超过两届。

违法审判责任追究实施细则》、北京市高级人民法院制定的《关于实行案件质量评查制度的若干规定》等。与审理非涉外案件的法官相比，涉外商事审判的法官具有一定的特殊性。然而，这种特殊性并没有体现在涉外商事审判法官的管理机制之中。为了适应涉外商事审判的需要，我国应在法官遴选和考评两个层面上对涉外商事审判法官的管理加以改进。

第一，涉外商事审判法官遴选机制的改进。现代法治国家普遍建立了严格的法官遴选制度。现有的遴选制度大致可以分为两种：一种是注重职业经验的经验模式；另一种是注重专业考试和职业培训的考训模式。判例法的传统是从个案之中抽象出规则，再将规则应用于具体案件的裁判。这需要富有审判经验的人来担任法官，所以经验模式主要被英美法系国家所采用。成文法强调法律的体系性和法律条文的演绎。这需要通过考试和培训挑选出掌握充足法律知识之人来担任法官，所以考训模式主要被大陆法系国家所采用。[1]虽有前述差别，但两种模式也有共同点，即法官遴选资格的严格性和特殊性、法官遴选主体的中立性和专业性、法官遴选程序的民主性和公开性、法官最终任命的统一性和层级性。《人民法院第二个五年改革纲要（2004—2008）》第37条指出，我国应改革法官遴选程序，建立符合法官职业特点的选任机制。2014年《中共中央关于全面推进依法治国若干重大问题的决定》提出了法官逐级遴选的方针，即初任法官由高级人民法院统一招录，一律在基层法院任职；上级人民法院的法官一般从下一级人民法院的优秀法官中遴选。2019年《法官法》第25条和第26条明确规定，法官实行员额制管理和单独职务序列管理。这是我国在打造专业化法官队伍的道路上迈出的重要一步。[2]

对于涉外商事审判法官的遴选机制，我国可以从三个方面加以完善。（1）将经验模式与考训模式相结合。前者主要用于上级人民法院法官的遴选，而后者主要用于初任法官的遴选。（2）区分普通法官和领导型法官的遴选标准。普通法官的工作重心在于日常审判，所以他们的遴选应基于其专业技能；而领导型法官肩负着主持重大疑难案件的研究、总结审判经验、从事法院管理等职责，所以他们的遴选应考虑其管理能力。（3）强化涉外商事审判法官遴

---

〔1〕 参见姚莉：《比较与启示：中国法官遴选制度的改革与优化》，载《现代法学》2015年第4期。

〔2〕 参见张磊：《健全完善符合审判职业特点的法官管理制度》，载《人民法院报》2020年9月15日，第2版。

选的特殊性。当前的法官遴选机制更多地体现出对于法官这一职业的共性要求，但是涉外商事审判法官处理的案件不同于普通的国内纠纷，所以涉外商事审判法官除了符合法官的共性要求之外，还应具备特殊的知识储备、思维方式和全球视野。

第二，涉外商事审判法官考评机制的改进。目前，我国的法官考评模式主要有三种，即"质效指标加权计分法""加权计分法为主的主客观考评法""个案评价为基础的质效加减分考核法"。[1]这些考评模式的指标集中在五个方面：(1) 案件数量指标，包括立案数、结案数等；(2) 案件质量指标，包括立案变更率、差错案件数、文书获奖级别和数量、案件发改率等；(3) 案件效率指标，包括结案率、结收案比、长期未结案数、延长审限数等；(4) 案件效果指标，包括文书上网率、涉诉信访率、实际执行率、再审率等；(5) 其他指标，包括案件信息录入全面性与准确性、程序变更手续规范性等。[2]

针对涉外商事审判法官的考评机制，我国可以从四个方面加以完善。(1) 确立正确的考评导向。涉外商事审判应以追求公平正义为终极目标，而不仅是单纯地消灭案件。相应地，涉外商事审判法官的考评应将法官是否通过审判实现公平正义作为核心的考虑因素，切莫异化为引发法官恶性竞争的"紧箍咒"。(2) 加大过程管控的力度。我国应改变以往偏重结果的静态考核方式，将庭审准备是否充分、引导举证是否到位、释明权的行使是否正确、当事人的平等参与权是否得到保障、庭审语言是否简明规范等纳入考评范围。(3) 突出释法说理的重要性。我国应着力改变管辖权、法律适用等相关内容在判决说理中所占比重不高的现状，以"四理"[3]要求严格规范涉外商事审

---

[1] "质效指标加权计分法"是根据《最高人民法院关于开展案件质量评估工作的指导意见（试行）》中的评估指标进行设计的，在全国法院中有着较为广泛的应用；"加权计分法为主的主客观考评法"因涉及主观因素，所以在应用时需要更为慎重；"个案评价为基础的质效加减分考核法"被部分地方法院所采用，比如，北京地区的法院根据《北京法院法官办案业绩评价办法（试行）》实行此种考评模式。

[2] 参见黄锡生、余晓龙：《以绩效管理为借鉴的法官业绩考评机制再造》，载《东岳论丛》2019年第12期。

[3] "四理"是指阐明事理、释明法理、讲明情理、讲究文理。2018年《最高人民法院关于加强和规范裁判文书释法说理的指导意见》第2条规定："裁判文书释法说理，要阐明事理，说明裁判所认定的案件事实及其根据和理由，展示案件事实认定的客观性、公正性和准确性；要释明法理，说明裁判所依据的法律规范以及适用法律规范的理由；要讲明情理，体现法理情相协调，符合社会主流价值观；要讲究文理，语言规范，表达准确，逻辑清晰，合理运用说理技巧，增强说理效果。"

判的裁判文书,将涉外商事审判法官释法说理的情况作为独立的考评指标。(4) 注重法官的持续成长。考评主体不仅应将考评结果及时告知接受考评的法官,还应针对考评中暴露出的不足加以说明,提出改进意见和建议,以真正实现借由考评促进涉外商事审判法官成长的目标。

第三节　国际商事专家委员会的智力支持

2018年6月公布的《国际商事争端解决意见》首次提出组建国际商事专家委员会的构想。该委员会的设立是我国涉外商事审判领域一项令人瞩目的创新。

一、国际商事专家委员会的建设现状

2018年8月,最高人民法院发布了《关于成立国际商事专家委员会的决定》,并聘任31位专家作为国际商事专家委员会的首批专家委员,聘期为4年。[1]2020年12月,最高人民法院决定聘任第二批专家委员,共24人,聘期同样为4年。[2]2022年8月,最高人民法院对首批聘任到期的专家委员进行了续聘。2023年4月,最高人民法院又聘任了14位专家作为第三批专家委员。[3]现任的专家委员来自亚洲、非洲、北美洲、欧洲、大洋洲等地。许多

---

[1] 首批专家委员包括:张月姣、黄进、王利明、沈四宝、卢松、单文华、万猛、刘敬东、石静霞、王贵国、杨良宜、袁国强、李复甸、陶景洲、艾伯特·杨·范登伯格(Albert Jan van den berg)、安娜·曼塔库(Anna P. Mantakou)、芮安牟(Anselmo Reyes)、大卫·安德浩特(David Unterhalter)、唐纳德·弗朗西斯·多诺万(Donald Francis Donovan)、伊曼纽尔·盖拉德(Emmanuel Gaillard)、加布里埃尔·考夫曼—科勒(Gabrielle Kaufmann-Kohler)、加里·博恩(Gary Born)、乔治·贝尔曼(George A. Bermann)、申熙泽(Hi-Taek Shin)、施觉民(James Spigelman)、奈拉·科迈尔—欧贝德(Nayla Comair-Obeid)、嘉柏伦(Neil Kaplan)、马培德(Peter Malanczuk)、范思深(Susan Finder)、威廉·布莱尔(William Blair)、弗拉基米尔·库里洛夫(Vladimir I. Kurilov)。

[2] 第二批专家委员包括:费宗祎、司玉琢、周汉民、张勇健、王俊峰、高祥、肖永平、杜新丽、刘晓红、易显河、范愉、梁定邦、利马(Viriato Manuel Pinheiro de Lima)、阿马波拉·格里哈尔瓦(Amapola Grijalva)、巴特·卡图雷贝(Bart M. Katureebe)、克里斯托弗·阿德巴约·奥乔(Christopher Adebayo Ojo)、王宇清(Colin Ong)、法萨·奥古尔古兹(Fatsah Ouguergouz)、哈米德·谢里夫(Hamid Sharif)、伊斯迈尔·西里木(Ismail Selim)、约翰·阿齐尔·埃劳(Johan Achiel Erauw)、黄锡义(Michael Hwang)、莊泓翔(Steven Chong)、迈丹·苏莱曼诺夫(Maidan Suleimenov)。

[3] 第三批专家委员包括:丁丁、王瀚、赵宏、贾兵兵、高之国、高燕平、黄惠康、黄解放、郑若骅、克里斯托夫·坎贝尔·霍尔特(Christopher Campbell-Holt)、范维敦(Danny Patrick McFadden)、约瑟法·西卡德·米拉布尔(Josefa Sicard-Mirabal)、穆罕默德·阿卜杜勒·瓦哈卜(Mohamed S. Abdel Wahab)、奥卢芬克·艾德科娅(Olufunke Adekoya)。

专家委员具有在国际机构工作的背景，正在或者曾在国内外知名高校任教，身兼学者和实务人员的身份。从专业分类来看，他们的研究或工作领域包括国际法、国际贸易法、公司法、合同法、知识产权法、国际投资法、破产法、海商法等。[1]

根据《最高人民法院国际商事专家委员会工作规则（试行）》（以下简称《工作规则》）第3条的规定，国际商事专家委员会中的专家委员的职责主要体现在三个方面：（1）主持调解国际商事纠纷；（2）为域外法的查明和适用提供咨询意见；（3）为国际商事法庭的发展规划以及最高人民法院制定相关司法解释和司法政策提供意见和建议。

第一，主持调解国际商事纠纷。作为可替代性纠纷解决方式之一，调解曾在20世纪上半叶受到国际商事纠纷当事人的青睐。[2]在第二次世界大战后，国际商事调解的发展步伐慢了下来，主要原因在于调解协议缺乏强制执行力的保障。[3]近年来，国际社会重新注意到调解在解决国际商事纠纷方面的价值：首先，调解可以避免不同法系之间的差异，灵活、妥当、便利地化解争议；其次，调解的成本普遍低于诉讼和仲裁的成本；最后，调解属于恢复性的纠纷解决方式，有利于维系当事人之间的商业关系。[4]国际商事专家委员会的设立是我国将国际商事法庭打造成为多元化机制有机衔接的纠纷解决平台的重要保障。专家委员应在各方自愿的基础上，参照国际惯例和交易习惯，遵从公平、合理、保密的原则进行调解，促使当事人互谅互让、达成和解。如果经专家委员主持调解，当事人达成了调解协议，国际商事法庭应在审查后制发调解书。如果当事人要求发放判决书，国际商事法庭可以制发判决书。

第二，为域外法的查明和适用提供咨询意见。当一项涉及域外法的争议被提交至国际商事法庭时，法官可能难以确定该法的内容为何以及应如何适用。专家委员对于法官准确理解和适用域外法，起到了智囊团的作用。依据

---

[1] 参见陈婉姝：《国际商事专家委员会运行机制的创新、困境及纾解》，载《武大国际法评论》2022年第5期。

[2] See S. I. Strong, "Beyond International Commercial Arbitration? The Promise of International Commercial Mediation", *Washington University Journal of Law & Policy*, Vol. 45, No. 1, 2014, p. 12.

[3] 参见费秀艳：《国际商事调解的法律性质及其制度构建》，载《江汉论坛》2022年第11期。

[4] 参见杜军：《我国国际商事调解法治化的思考》，载《法律适用》2021年第1期。

《工作规则》第 14 条和第 15 条的规定，如果国际商事法庭或者其他人民法院拟向专家委员咨询，其应向国际商事法庭协调指导办公室[1]提交咨询函，该函件需载明被咨询的专家委员姓名、所咨询的法律问题以及答复期限；如果专家委员同意接受咨询，其应按期制作书面答复意见，签字确认后送交国际商事法庭协调指导办公室；在必要时，若干名专家委员可以举行专家咨询会，形成书面答复意见并共同签字确认；针对专家委员出具的关于国际条约、国际商事规则、域外法律等的咨询意见，如果案件当事人申请专家委员出庭进行辅助说明，且专家委员表示同意，受邀专家委员可以出庭。专家委员的这项职能提升了我国法院适用域外法的可能性和准确性，有助于促进我国法院为中外当事人提供普惠、公平、精准的司法服务。[2]

第三，为国际商事法庭的发展规划以及最高人民法院制定相关司法解释和司法政策提供意见和建议。《工作规则》第 16 条规定，如果国际商事法庭拟委托专家委员就国际商事法庭的发展规划以及最高人民法院制定相关司法解释和司法政策提出意见和建议，其应向国际商事法庭协调指导办公室提交委托函，该函件需载明受委托的专家委员姓名、委托事项以及答复期限；如果专家委员同意接受委托，其应按期制作书面答复意见，签字确认后送交国际商事法庭协调指导办公室；在必要时，若干名专家委员可以举行专家咨询会，形成书面答复意见并共同签字确认。专家委员的意见和建议为最高人民法院加强涉外司法领域的创新提供了宝贵的指引。[3]

二、专家委员选任机制的完善

国际商事专家委员会的设立是我国国际商事法庭建设中的一项创举。《工作规则》第 5 条规定，最高人民法院根据工作需要择优聘任专家委员。该规则第 2 条指出，专家委员必须符合以下条件：（1）在国际商事法律领域具有精深造诣和较高国际影响力；（2）品行高尚、公道正派；（3）能够认真履职

---

[1] 2019 年 6 月，《工作规则》中提到的"国际商事专家委员会办公室"正式更名为"国际商事法庭协调指导办公室"。

[2] 参见冼小堤：《服务更高水平对外开放：打造国际司法优选地》，载 https://cicc.court.gov.cn/html/1/218/149/156/2175.html，最后访问日期：2023 年 1 月 12 日。

[3] 参见何晶晶：《一带一路建设中的商事争端解决》，载《中国社会科学报》2018 年 12 月 5 日，第 5 版。

尽责。从《工作规则》的规定来看，专家委员的选任机制目前尚显粗糙。这不利于甄选出合格的专家委员，进而可能会减损当事人乃至国际社会对于国际商事专家委员会的信任度。关于专家委员的选任机制，我国可从以下方面加以完善：

第一，明确专家委员的聘任程序。国际商事法庭协调指导办公室的职责包括指导协调国际商事法庭建设、审判管理、对外交流，以及负责国际商事专家委员的日常工作等。国际商事法庭协调指导办公室应作为专家委员的管理机构，承担起专家委员的聘任工作。专家委员的聘任可遵循下列程序：（1）由国际商事法庭协调指导办公室在国际商事法庭官方网站公布选聘专家委员的公告；（2）竞聘者需由所在工作单位、行业协会或者同领域的知名专家推荐，并提交载有详细个人履历的申请表；（3）国际商事法庭协调指导办公室负责对竞聘者的申请表进行初步审查，并将审查意见和相关材料上报至最高人民法院政治部[1]；（4）对于最终决定聘任的专家委员，国际商事法庭协调指导办公室应颁发聘书，并通过官方媒体公布专家委员名单。

第二，优化专家委员的构成。从目前的情况来看，国际商事专家委员会已经形成了中外专家委员协同工作的格局。然而，当前的专家委员的构成尚有可改进的空间。首先，加大共建"一带一路"国家专家委员的比例。建立我国国际商事法庭的构想是在《国际商事争端解决意见》中被提出的。[2]由此可见，国际商事法庭的战略定位之一是为"一带一路"服务。但是目前，来自"一带一路"国家的专家委员数量偏少。这不利于实现国际商事法庭与"一带一路"的联动。其次，加大外籍专家委员的比例。迪拜国际金融中心法院、卡塔尔金融中心民商事法院、阿布扎比全球市场法院等国际商事法庭中的外籍法官比例均在60%以上。相较而言，我国国际商事专家委员会中的外籍专家委员的比例偏低。尽管外籍专家委员不能等同于外籍法官，可是外籍

---

〔1〕 最高人民法院政治部主要负责最高人民法院机关及直属单位组织人事管理工作；制定法官和其他工作人员管理法规、条例、规章等；指导全国法院思想政治、表彰奖励和教育培训工作；协助做好各高级人民法院领导班子建设以及地方人民法院的机构编制工作；负责人民法院司法警察管理工作。

〔2〕《国际商事争端解决意见》提出，最高人民法院设立国际商事法庭，牵头组建国际商事专家委员会，支持"一带一路"国际商事纠纷通过调解、仲裁等方式解决，推动建立诉讼与调解、仲裁有效衔接的多元化纠纷解决机制，形成便利、快捷、低成本的"一站式"争端解决中心，为"一带一路"建设参与国当事人提供优质高效的法律服务。

专家委员的比例折射出的是我国国际商事法庭国际化和开放化的水平。最后，拓宽专家委员所涉领域。现有专家委员的专业领域已经覆盖到了国际商事纠纷的许多方面，但是国际商事交往的精细化以及新型国际商事关系的出现将持续对专家委员的构成提出新的要求。将更多领域（如反垄断法、数据法、建设工程法、信托法、能源法等）的专家纳入国际商事专家委员会是大势所趋。随着不同领域专家委员的增多，将其按照专业领域进行分类列册将有助于他们有针对性地开展工作、发挥所长。

第三，实现专家委员的动态调整。所谓的动态调整就是要有进有出。《工作规则》第 4 条规定，专家委员应结合专业特长，独立、客观、公正地提供咨询意见及建议；中立、公正地调解国际商事案件，平等地对待当事人；遵守专家委员行为守则中的其他事项。该规则第 5 条指出，如果专家委员在聘期内因个人意愿、身体健康等原因无法继续担任现职，或者因其他原因不适合继续担任现职，最高人民法院可以决定终止聘任。至于专家委员违反第 4 条的要求是否属于最高人民法院决定终止聘任的情况，现行规则并未予以明确。专家委员尽职尽责对于维护国际商事法庭的公正性和对外形象是十分重要的。因此，有必要强化对专家委员的监督评价，并将监督评价的结果与专家委员的退出相关联。国际商事法庭协调指导办公室应承担起对专家委员的监管评价职责，将专家委员在履行职务过程中出现的有悖于独立性、公正性、专业性的情况记入个人工作记录。对于有严重违法乱纪行为的专家委员，国际商事法庭协调指导办公室应立即向最高人民法院政治部提出解聘建议；对于怠于履行职责和有违敬业精神的专家委员，国际商事法庭协调指导办公室可根据其个人工作记录，在其聘期即将结束时向最高人民法院政治部提出不予续聘的建议。只有实现专家委员有进有出，才能真正将那些有真才实学、脚踏实地的专家委员留在国际商事专家委员会中，并促使他们尽心尽力地完成本职工作。

三、专家委员工作机制的完善

首先，明确专家委员的服务对象。关于国际商事专家委员会是否为最高人民法院的专门性服务机构，存在不同的观点。[1]《工作规则》第 3 条规定，

---

[1] 参见刘俊敏、童铮恺：《"一带一路"背景下我国国际商事法庭的建设与完善》，载《河北法学》2019 年第 8 期。

专家委员可以根据国际商事法庭的委托，承担所列职责。该条款使用了"可以"一词。这似乎意味着专家委员开展工作并非必然需要基于国际商事法庭的委托。2018年《最高人民法院关于聘任国际商事专家委员会首批专家委员的决定》和2020年《最高人民法院关于聘任国际商事专家委员会第二批专家委员的决定》均提到，最高人民法院聘任专家委员的目的在于进一步提高人民法院国际商事审判的专业化水平。此外，《工作规则》第3条第2项已经明确指出，专家委员可以为最高人民法院国际商事法庭以外的各级人民法院提供法律咨询意见。由上述线索可知，专家委员的服务对象并不限于最高人民法院国际商事法庭。2019年《进一步司法服务和保障意见》提到，我国应鼓励有条件的地方法院建立专家委员参与国际商事案件多元化纠纷解决的机制。在地方法院的专家委员队伍组建之前，国际商事专家委员会应被定位为最高人民法院设立的、为整个法院系统提供专业法律服务的辅助机构。

其次，健全专家委员回避制度。迪拜国际金融中心法院的法院顾问在任职之前，必须按规定宣誓。在处理案件的过程中，当事人可以就法院顾问的资格提出异议。如果法院顾问发现自己与案件存在利益冲突，他必须向迪拜国际金融中心法院和当事人披露引发该冲突的事项。[1]我国的专家委员与迪拜国际金融中心法院的法院顾问具有相似的职能。相应地，我国应当重视专家委员的回避问题。《工作规则》第10条规定，同意主持调解的专家委员必须签署无利益冲突的书面声明，表明其不存在可能影响调解独立性、公正性的情形。该条款已经触及专家委员的回避问题，但是它的不足体现在两个方面：（1）该条款仅适用于专家委员主持调解的情况，可是专家委员在就国际商事法庭以及各级人民法院审理案件时遇到的法律问题提供咨询意见时，同样可能产生利益冲突；（2）该条款仅规定了专家委员的自我披露义务，我国应当同时为国际商事法庭协调指导办公室设置审查专家委员是否存在利益冲突的职权，以及为当事人设置针对专家委员的中立性提出异议的权利。

最后，探索专家委员参与庭审的可能。如前所述，专家委员的职责目前被限定为主持调解国际商事纠纷、为域外法的查明和适用提供咨询意见、为国际商事法庭的发展规划以及最高人民法院制定相关司法解释和司法政策提供意

---

[1] 参见陈婉姝：《国际商事专家委员会运行机制的创新、困境及纾解》，载《武大国际法评论》2022年第5期。

见和建议。此种设定使得专家委员对于涉外商事审判的参与只能是外围的、边缘的。曾有学者提出过专家委员以人民陪审员的身份参与庭审的设想,[1]但是《中华人民共和国人民陪审员法》（以下简称《人民陪审员法》）的规定排除了许多专家委员担任人民陪审员的可能性。[2]2023年《民事诉讼法》第82条规定,当事人有权向人民法院申请有专门知识的人出庭,就鉴定人出具的鉴定意见或者专业问题提出意见。2023年《民事诉讼法》对这里的"有专门知识的人"未设置其他的限制条件。这为专家委员以"法庭之友"的身份参与庭审创造了可能。根据2023年《民事诉讼法》第82条的规定,专家委员可以基于当事人的申请,向法官提交"法庭之友"书状。法官应在庭审中公开书状的内容,以便双方当事人对此书状发表质询意见。法官对"法庭之友"的意见应否被采纳享有决定权。在制作裁判文书时,法官需将"法庭之友"书状的内容、专家委员的法庭陈述、当事人的质询等写入判决。无论"法庭之友"的意见最终是否被采纳,"法庭之友"书状均应被载入案卷材料。[3]只有保证专家委员能够以特定方式切实参与到庭审活动之中,才有可能充分发挥其专业技能,防止其沦为涉外商事审判中的摆设。

---

[1] 参见刘静:《比较法视野下中国国际商事法庭的创设与运作》,载《商事仲裁与调解》2022年第3期。

[2] 《人民陪审员法》第5条规定:"公民担任人民陪审员,应当具备下列条件:（一）拥护中华人民共和国宪法;（二）年满二十八周岁;（三）遵纪守法、品行良好、公道正派;（四）具有正常履行职责的身体条件。担任人民陪审员,一般应当具有高中以上文化程度。"第6条规定:"下列人员不能担任人民陪审员:（一）人民代表大会常务委员会的组成人员,监察委员会、人民法院、人民检察院、公安机关、国家安全机关、司法行政机关的工作人员;（二）律师、公证员、仲裁员、基层法律服务工作者;（三）其他因职务原因不适宜担任人民陪审员的人员。"

[3] 参见杨临萍:《"一带一路"国际商事争端解决机制研究——以最高人民法院国际商事法庭为中心》,载《人民司法》2019年第25期。

第七章

以对接全球经济治理为导向的我国涉外商事审判的机制完善

只有当我国涉外商事审判的国际公信力、国际影响力和国际吸引力得到全面提升时,我国法院才有可能在全球经济治理中起到应有的作用。这三种"力"的提升离不开涉外商事审判机制的整体完善。

第一节 以增强我国涉外商事审判国际公信力为目标的完善策略

涉外商事审判的国际公信力是指国际社会中不特定的主体对涉外商事审判所具有的信任感。法律适用、外国法的查明、域外法的解释等因素均会对涉外商事审判的国际公信力产生影响。

一、抑制法律适用的任意性

在当前的涉外商事审判中,法官在选择应适用的法律时拥有较多的自由裁量权。此种情况的产生主要有两个方面的原因:

第一,选择性冲突规范的盛行。传统的冲突规范往往包含国籍、住所、行为地、物之所在地等单一、客观的连结点。这样能够使法官受制于硬性的规则,从而排除法官的主观任意性,实现裁判结果的一致性。但自17世纪起,冲突规范出现了软化的趋势。[1]这种软化体现在以下方面:(1)对同类法律关系加以划分,依据其不同的性质,设置不同的连结点;(2)针对特定法律关系的不同方面设置不同的连结点;(3)用灵活、开放的系属代替僵硬、

---

[1] 参见徐冬根:《国际私法趋势论》,北京大学出版社2005年版,第45页。

封闭的系属；(4) 增加连结点,扩展法律选择的范围。[1]受此风潮的影响,许多选择性冲突规范出现在了我国法律之中。选择性冲突规范可以进一步分成无条件和有条件两种类型。前者允许法官任意地、无条件地选择若干连结点中的一个;[2]而后者则要求法官依次序、有条件地对规范所包含的若干连结点作出选择。[3]在许多情况下,选择性冲突规范并没有为法官如何选择法律提供明确的答案。因此,即便有冲突规范的指引,法官在选择法律时依然拥有较大的自由裁量权。[4]这导致了涉外商事审判中法律适用的不确定性。

第二,法律事实认定的难题。在适用司法三段论时,若要保证结论为真,则作为法律推理小前提的案件事实应为真值。任何被用于推理的事实只有被置于特定的制度语境下,才具有法律上的意义。[5]作为一种制度性事实,法律事实的认定需要借助法律规范来实现。在确定涉外商事案件的法律适用时,法官所要关注的并非客观事实,而是制度事实。在不同制度之下,即便是同一事实也可能呈现出不同的法律含义。案件事实认定的难点在于,法官需要选择依据何国法律来完成认定。倘若法官不假思索地依据法院地法来给案件事实定性,而完全不考虑冲突规范所指向的外国法是如何定性的,那么这很容易造成错误适用法律的后果。在某些涉外案件中,特别是当事人对于事实的认定存有争议时,案件事实的认定通常是法官在法院地法和准据法之间反复权衡之后的结果。既然法律事实的认定是一个选择和权衡的过程,那它必然离不开法官的主观判断。这不可避免地增加了涉外商事审判中法律适用的不确定性。

涉外商事审判中法律适用的不确定性是内生的,所以法官能做的不是消

---

[1] 参见肖永平:《肖永平论冲突法》,武汉大学出版社2002年版,第22~23页。

[2] 例如,《涉外民事关系法律适用法》第22条规定:"结婚手续,符合婚姻缔结地法律、一方当事人经常居所地法律或者国籍国法律的,均为有效。"

[3] 例如,《涉外民事关系法律适用法》第41条规定:"当事人可以协议选择合同适用的法律。当事人没有选择的,适用履行义务最能体现该合同特征的一方当事人经常居所地法律或者其他与该合同有最密切联系的法律。"

[4] 参见翁杰:《涉外民事案件法律适用释法说理问题研究》,载《政法论丛》2019年第3期。

[5] 参见李力、韩德明:《解释论、语用学和法律事实的合理性标准》,载《法学研究》2002年第5期。

灭这种不确定性，而是通过强化法律适用中的释法说理来约束这种不确定性。"类似案件类似处理"是形式正义的基本要求。它的实现需要一个能够将抽象的冲突规范应用于具体个案的工具。演绎推理恰好可以满足此种需求。它至少能够保证前提和结论的联结在形式上是正当的。然而，在我国当前的涉外商事审判中，存在一个普遍的现象，即许多法官几乎将全部的注意力集中在从形式上去证明案件事实与冲突规范相适应。审理涉外商事案件的法官对于法律的选择必须在法律限定的范围内进行，但是如前所述，选择性冲突规范的盛行和法律事实认定的难题使得法官仅靠僵化地运用冲突规范并不足以合理地确定案件应当适用的法律。演绎推理仅能维持法律适用形式上的正当性，而若要保证其实质上的正当性，则需要法官运用论题学思维[1]展开论证。在审理涉外商事案件的过程中，法官在面对特定问题时可能会有多种选择，此时他需要就该问题从不同角度展开分析，最终从数个备选方案中找到最佳的答案。论题学思维的引入旨在证明"有条件的成立"，即经由针对特殊问题的讨论，来为结论找到足以使其正当化的观点和依据。涉外商事审判法律适用的规范化并非要完全排除法官的自由裁量权，而是要在其上施加必要的限制，促使法官对其选择进行充分的释法说理，以做到言之有理、足以服众。

二、矫正外国法查明的乱象

在审理涉外案件时，如果法院依据其本国的冲突规范决定适用某一外国的实体法，它便需要查明该外国法的存在，并确认其中涉及当事人权利义务的具体内容，此即外国法的查明。[2]作为体现冲突规范价值的代表性制度，外国法的查明是涉外司法的关键环节。它不仅影响着当事人的利益，而且关系到法律选择的现实意义。借由《涉外民事关系法律适用法》和《法律适用

---

[1] 论题学思维的特点在于：(1) 使人们在面对多种选择时，找到最妥当、最合理的解决方案；(2) 以问题为导向的思维方式，围绕问题展开论辩；(3) 从不同角度出发，对同一问题的多种观点加以分析；(4) 检验某一论题作为或然性观点是否符合当前情势的需要，是一种合理性的判断。参见翁杰：《涉外民事案件法律适用释法说理问题研究》，载《政法论丛》2019年第3期。

[2] 参见韩德培主编：《国际私法》，高等教育出版社2014年版，第151页。

法司法解释（一）》中的相关规定，外国法查明制度在我国得以确立。[1]然而，在涉外审判实践中，外国法被查明并最终得以适用的比例很低。在为数不少的案件中，法官仅经过简单的查明步骤，就断定外国法无法查明，转而适用法院地法。[2]目前，外国法的查明陷入了一个逻辑怪圈：外国法的适用源于当事人的选择，后续的查明属于当事人的义务，但是外国法查明之后能否得以适用以及是否无法查明的认定均取决于法官的判断。[3]有学者指出，我国当前的外国法查明处于无序的状态，即有援引条文之名而无援引效果之实，有未查明之表述而无未查明理由之解释，有多渠道查明途径之规定却过分依赖当事人的力量。[4]法官习惯性地以外国法无法查明为由转而适用法院地法，折射出的是法律适用中的单边主义倾向。这不但与多边主义的理念相悖，而且有损当事人的意思自治与信赖利益。

为了将外国法的查明导入正轨，我国可从以下方面着手完善相关机制。首先，增加查明途径。已失效的《民通意见》规定了五种查明外国法的途径。[5]相似地，2005 年《第二次全国涉外商事海事审判工作会议纪要》同样

---

[1]《涉外民事关系法律适用法》第 10 条规定："涉外民事关系适用的外国法律，由人民法院、仲裁机构或者行政机关查明。当事人选择适用外国法律的，应当提供该国法律。不能查明外国法律或者该国法律没有规定的，适用中华人民共和国法律。"《法律适用法司法解释（一）》第 15 条规定："人民法院通过由当事人提供、已对中华人民共和国生效的国际条约规定的途径、中外法律专家提供等合理途径仍不能获得外国法律的，可以认定为不能查明外国法律。根据《涉外民事关系法律适用法》第十条第一款的规定，当事人应当提供外国法律，其在人民法院指定的合理期限内无正当理由未提供该外国法律的，可以认定为不能查明外国法律。"该司法解释第 16 条规定："人民法院应当听取各方当事人对应当适用的外国法律的内容及其理解与适用的意见，当事人对该外国法律的内容及其理解与适用均无异议的，人民法院可以予以确认；当事人有异议的，由人民法院审查认定。"

[2] 例如，在北京颖泰嘉和生物科技有限公司与美国百瑞德公司（BIOREDOXINC）居间合同纠纷上诉案中，法院认为，当事人未能提供有效的美国法律或判例，这导致法院无法查明适用于本案的美国法，故判定处理本案争议所适用的准据法应为我国《合同法》等相关法律及司法解释。参见（2013）高民终字第 1270 号。

[3] 参见马明飞、蔡斯扬：《"一带一路"倡议下外国法查明制度的完善》，载《法学》2018 年第 3 期。

[4] 参见林燕萍、黄艳如：《外国法为何难以查明——基于〈涉外民事关系法律适用法〉第 10 条的实证分析》，载《法学》2014 年第 10 期。

[5] 根据《民通意见》第 193 条的规定，这 5 种查明途径分别是：（1）由当事人提供；（2）由与我国订立司法协助协定的缔约对方的中央机关提供；（3）由我国驻该国使领馆提供；（4）由该国驻我国使馆提供；（5）由中外法律专家提供。

第七章　以对接全球经济治理为导向的我国涉外商事审判的机制完善

提到了数种当事人可采用的查明途径。[1] 相较而言，现行《法律适用法司法解释（一）》只是笼统地规定了三种查明途径，即由当事人提供、对我国生效的条约所包含的途径、由中外法律专家提供。在有些情况下，外国法的查明并非易事。拓展查明途径是促进落实外国法查明的直接举措。因此，我国法律应尽可能全面地列举可利用的查明途径。其次，明确查明期限。现行法律中"合理期限"的模糊表述造成了相关裁判不统一的局面。我国法律应针对查明期限作出明确的规定，比如，应提供外国法律的当事人应在接到法院书面通知之日起 30 日内提供外国法；如果查明难度较大，当事人可向法院以书面形式申请延期并说明理由，由法院作出决定。最后，设定无法查明的标准。在我国的涉外司法实践中，法官草率地以外国法无法查明为由转而适用我国法律的情况屡见不鲜。[2] 这导致外国法查明制度被实际架空。我国有必要就外国法是否无法查明设置具体的判断标准，以限制法官的自由裁量权。比如，我国法律可以规定：在依职权查明外国法的情况下，当负有查明义务的主体运用两种以上的查明途径仍无法获取外国法时，才可认定为不能查明外国法，法官必须在裁判文书中对已运用的查明途径、查明所耗时间、无法查明的原因等情况进行说明；在当事人提供外国法的情况下，若法官未以适当方式告知当事人负有查明义务，则不得认定外国法不能查明，若在当事人提交外国法后，法官依然认定外国法不能查明，则其必须在裁判文书中说明判断理由。

2022 年 9 月，上海市高级人民法院首次发布了《上海涉外商事审判域外法查明白皮书（2015—2021）》及典型案例。在白皮书中，上海市高级人民法院将自 2015 年以来，上海法院涉外、涉港澳台商事审判中的外国法查明的特点总结为五点：（1）案由分布广泛，查明法律趋于精细化和复杂化；（2）查明途径拓宽，查明方式体现合作性与多元化；（3）查明主体法定，当事人提供与

---

[1]《第二次全国涉外商事海事审判工作会议纪要》第 51 条规定："涉外商事纠纷案件应当适用的法律为外国法律时，由当事人提供或者证明该外国法律的相关内容。当事人可以通过法律专家、法律服务机构、行业自律性组织、国际组织、互联网等途径提供相关外国法律的成文法或者判例，亦可同时提供相关的法律著述、法律介绍资料、专家意见书等。当事人对提供外国法律确有困难的，可以申请人民法院依职权查明相关外国法律。"

[2] 参见肖芳：《我国法院对"外国法无法查明"的滥用及其控制》，载《法学》2012 年第 2 期。

法院查明相结合；(4) 查明结果多样，成文法和域外判例均有体现；(5) 查明人员专业，专家及服务机构发挥重要作用。在公布的 9 起典型案例中，上海法院准确地查明了瑞士、英属维尔京群岛、新加坡、美国、日本等地的法律，公正地处理了当事人之间的涉外商事纠纷。[1]白皮书还提到，上海法院在外国法查明方面进行了积极的探索和创新，包括与华东政法大学外国法查明研究中心建立外国法查明合作机制，共同制定《外国法查明专项合作机制操作指引》；在 2019 年《上海法院涉外商事纠纷诉讼、调解、仲裁多元化解决一站式工作机制的指引（试行）》中专门加入了关于外国法查明的规定；制定《涉外商事审判程序指引》，统一不能查明外国法的认定标准，定期审查外国法查明的效果；围绕外国法查明中的疑难复杂问题，开展学术研讨、案例分析、课题申报、专家授课等活动。上海法院的这些做法为在全国范围内逐步规范外国法查明开了一个好头。

三、增进域外法解释的国际视角

法律解释内嵌于法律适用的过程中，所以在涉外商事审判中，法官无论是选择适用国内法，抑或是选择适用国际条约、国际商业惯例、外国法等，都离不开法律解释这一环节。对于国内法的解释，一国法院往往已经从不计其数的案件中积累了成熟的经验。然而，对于域外法的解释，许多国家的法院表现出了"以我为准"的倾向，即法官在域外法的解释中，过多地受到本

---

[1] 这 9 起典型案例分别为：(1) 厦门建发化工有限公司诉瑞士艾伯特贸易有限公司买卖合同纠纷案 [(2016) 沪 01 民终 3337 号]；(2) 闽东丛贸船舶实业有限公司与招商局物流集团上海奉贤有限公司、中外运物流华东有限公司所有权确认纠纷案 [(2020) 沪 02 民终 550 号]；(3) 杨新宙诉堀雄一朗损害股东利益责任纠纷案 [(2020) 沪 01 民终 7597 号]；(4) 印度国家银行诉瓦伦亚洲私人有限公司金融借款合同纠纷案 [(2018) 沪 72 民初 4268 号]；(5) 赵涛诉姜照柏、上海鹏欣（集团）有限公司、高汉中及美国 MPI 股份有限公司出资纠纷案 [(2003) 沪一中民五（商）初字第 116 号]；(6) Cova 国际企业有限公司诉佳啤贸易（上海）有限公司股东知情权纠纷案 [(2014) 沪一中民四（商）终字第 S2030 号]；(7) 中金汇理商业保理（新加坡）有限公司诉东莞市入世丰针织有限公司其他合同纠纷案 [(2020) 沪 0106 民初 17032 号]；(8) 马格内梯克控制系统（上海）有限公司诉李建斌、张佳榕、施慧玲、埃姆埃（香港）自动化控制技术与服务有限公司、朱家文侵害商业秘密、其他不正当竞争纠纷案 [(2016) 沪 0110 民初 788 号]；(9) 上海宽娱数码科技有限公司诉福州市嘀哩科技有限公司、福州羁绊网络有限公司、福建天下无双投资集团有限公司侵害作品信息网络传播权纠纷案 [(2019) 沪 0110 民初 8708 号]。

第七章　以对接全球经济治理为导向的我国涉外商事审判的机制完善

国因素的影响。比如，在伦奎斯特[1]时期，美国联邦最高法院在解释域外法时，在很大程度上被美国行政机关的意见所左右。典型的案例是1992年 United States v. Alvarez-Machain 案。在该案中，美国联邦最高法院完全采纳了美国政府关于1978年美国与墨西哥签订的引渡条约的解释意见。[2]该案引发了国际社会对于美国破坏他国主权和领土完整的担忧。又如，在2013年 Maloney v. The Queen 案中，澳大利亚最高法院需要解释《消除一切形式种族歧视国际公约》第5条中的平等权。法院最终采纳了基于澳大利亚国内法的解释。[3]

与上述做法相对的是一种从国际视角出发解释域外法的思路。比如，在2010年 Abbott v. Abbott 案中，美国联邦最高法院开始强调被国际社会所接受的理解方式在解释域外法方面的重要意义。[4]又如，在2015年 Macoun v. Commissioner of Taxation 案中，澳大利亚最高法院依据《维也纳条约法公约》，首先审视了《联合国专门机构特权和豁免公约》第6条第19节第2款的通常含义，然后参考了该公约的准备资料，继而考虑了该公约缔约国的已有实践。[5]

---

[1]　威廉·哈布斯·伦奎斯特（William Hubbs Rehnquist）于1986年至2005年期间任美国首席大法官。他持保守主义的立场，支持分权统治和小政府管理，认为总统不应享有民事纠纷的豁免权，反对堕胎，赞成死刑，主张简化批捕和审判流程。

[2]　在该案中，美国联邦最高法院判定，即使刑事案件的被告人被美国执法人员从其他国家绑架至美国受审，法庭仍有权对案件进行审理。See United States v. Alvarez-Machain, 504 U.S. 655 (1992).

[3]　本案争议的焦点在于1992年《烈酒法》和《烈酒条例》针对个人在公共场合持有的酒精量所作的差别性规定是否违反《种族歧视法》第10条。法院最终判定，被指控的条款属于《种族歧视法》第8条第1款中的"特殊措施"，该法第10条的规定并不适用于这些条款。See Maloney v. The Queen, [2013] HCA 28 (2013).

[4]　1992年，阿伯特夫妇结婚。2002年，他们搬到智利居住。在智利期间，他们的婚姻出现问题，并开始分居。智利家事法院将孩子的日常照顾权和监护权判予母亲一方，并赋予父亲一方探视权。依据智利1967年《未成年人法》的规定，享有探视权的父母一方同时享有对于儿童离境的否决权。这意味着，阿伯特女士带孩子离开智利之前必须征得阿伯特先生的同意。2005年，阿伯特女士在未经阿伯特先生同意的情况下，将10岁的孩子带到美国。智利和美国均为《国际儿童诱拐民事方面的海牙公约》缔约国。美国联邦最高法院判定，父母一方基于其对儿童离境的否决权，享有《国际儿童诱拐民事方面的海牙公约》中的监护权，所以阿伯特女士将孩子带离智利的做法侵犯了阿伯特先生的监护权。See Abbott v. Abbott, 130 S. Ct. 1983 (2010).

[5]　麦肯曾受雇于国际复兴开发银行，并于2007年从银行退休。在2009年至2010年期间，麦肯每月从一个退休基金中获得一笔退休金。该退休基金是依据国际复兴开发银行的"员工退休计划"而设立的。麦肯认为，其由此获得的退休金可以享受免税政策。See Macoun v. Commissioner of Taxation, [2015] HCA 44 (2015).

一国的国内法院对于域外法的解释究竟是沿循国内路径还是国际路径，与该国处理国际关系的立场是相关联的。例如，在18世纪末至20世纪中叶期间，美国法院在解释域外法时曾秉持着善意、开放、从宽的理念。[1]这反映出彼时的美国作为一个年轻的国家，当面对不稳定的国际局势时，试图避免与其他国家发生摩擦的现实考量。[2]但在20世纪中叶后，随着美国超级大国身份的确立，美国法院在域外法的解释中逐渐放弃了国际视角，选择了保守、封闭的国内路径。

我国法院在解释域外法时同样会受到国内路径的影响。例如，在意大利科玛克股份公司与上海迅维机电设备有限公司国际货物买卖合同纠纷上诉案中，法院在认定科玛克公司向迅维公司出具授权书指定后者为经销商的行为是否构成《联合国国际货物销售合同公约》第9条第1款中的"习惯做法"时，主要参照了"习惯做法"一词在我国法律体系中的通常含义。[3]值得注意的是，在某些涉外案件中，我国法院已经开始探索域外法解释的国际路径。比如，在赵涛诉姜照柏、上海鹏欣（集团）有限公司、高汉中及美国MPI股份有限公司出资纠纷案中，赵涛是否具有MPI公司的股东身份需要依据美国法来判断，上海市第一中级人民法院最终根据美国特拉华州普通公司法的相关判例认定赵涛的股东身份有效；[4]在原告华恒国际实业有限公司与被告高明国际贸易有限公司、第三人宁波创富金属制品有限公司股权转让合同纠纷案中，争议应适用高明公司登记地澳大利亚的法律，宁波市中级人民法院最终依据澳大利亚新南威尔士州最高法院的两个典型案例对澳大利亚2001年《公司法》中的相关条款进行了解释；[5]在赛奥尔航运有限公司与唐山港陆钢铁有限公司错误申请海事强制令损害赔偿纠纷上诉案中，赛奥尔公司是否

---

[1] "迷人的贝茜规则"产生于这一时期。该规则是指，当存在其他解释的可能性时，美国法院对国会通过的法律不应作出违反国际法的解释。依据该规则，即使一项生效的条约未被并入或者转化，国内法院依然可以"幽灵般"地适用该条约，产生与条约的并入或转化相同的效果。See Murray v. The Charming Betsey, 6 U.S. 64 (1804); Curtis A. Bradley, "The Charming Betsy Canon and Separation of Powers: Rethinking the Interpretive Role of International Law", *Georgetown Law Journal*, Vol. 86, No. 3, 1997, p. 483.

[2] See Helmut Philipp Aust, Alejandro Rodiles & Peter Staubach, "Unity or Uniformity? Domestic Courts and Treaty Interpretation", *Leiden Journal of International Law*, Vol. 27, No. 1, 2014, p. 85.

[3] 参见（2011）沪高民二（商）终字第18号。

[4] 参见（2003）沪一中民五（商）初字第116号。

[5] 参见（2012）浙甬商外初字第16号。

享有留置权需要依据英国法来判断，天津市高级人民法院参照英国法律专家的意见，最终认定在英国普通法下，船东对滞期费的请求不能行使留置权，除非当事人有特别约定。[1]

从本质上讲，域外法解释的国内路径反映出的是由绝对主权观衍生而来的司法单边主义。2015年《司法服务和保障意见》指出，我国法院应依法准确适用国际条约和惯例，准确查明和适用外国法律，以增强裁判的国际公信力。该意见释放出一个重要的信号：我国的涉外司法应摒弃司法单边主义的倾向，贯彻司法多边主义的理念。在大连市海洋与渔业局与昂迪玛海运有限公司、博利塔尼亚汽船保险协会海域污染损害赔偿纠纷再审审查案中，法官依据《维也纳条约法公约》对《国际油污损害民事责任公约》进行了解释。这是在《司法服务和保障意见》颁布之后，我国法院贯彻该意见的精神，依照《维也纳条约法公约》解释国际条约的第一案，所以该案具有重要的示范意义。

与司法多边主义的立场相适应，在涉外商事审判中，我国法院应采用国际路径对案件所涉的域外法进行解释。这里所说的国际路径要求我国法院在面对域外法时，应能够跳脱出狭隘的"以我为准"的藩篱，依据《维也纳条约法公约》对国际条约加以解释，按照国际通行的理解和做法对国际商业惯例加以解释，参照来源国的法律体系对外国法加以解释[2]。处理涉外商事案件的法官遵照法律适用规则找到应适用于当事人纠纷的域外法，这只是形式意义上的适用域外法。只有法官将应适用的域外法置于恰当的语境下进行解释，这些域外法才能够得到实质性的适用。

---

[1] 参见（2012）津高民四终字第4号。

[2] 依外国法所属法律体系对其进行解释的要求被明文写入某些国家的法律之中。比如，1966年《葡萄牙民法典》第23条第1款规定，解释外国法，应在其所属法制范围内，并按该法制所定之解释规则为之；1984年《秘鲁民法典》第2055条规定，对外国准据法的解释，依其所属的法律体系；1995年《意大利国际私法制度改革法》第15条规定，外国法应根据其本身的解释和适用标准予以适用；1998年《突尼斯国际私法典》第34条规定，法官在适用外国法律时，应一并适用该国对它的解释；2004年《比利时国际私法典》第15条规定，外国法应根据该外国对其作出的解释予以适用。参见徐鹏：《外国法解释模式研究》，载《法学研究》2011年第1期；黄进、杜焕芳：《"外国法的查明和解释"的条文设计与论证》，载《求是学刊》2005年第2期。

第二节　以增强我国涉外商事审判国际影响力为目标的完善策略

涉外商事审判的国际影响力是指涉外商事审判被国际社会中不特定的主体所认识，并对后者的行为产生作用的能力。我国可以通过重视典型案例的推广、激发对国际法塑造的参与、促进法官的国际交流、提升我国法院判决被承认与执行的可能等途径增强涉外商事审判的国际影响力。

一、重视典型案例的推广

在社会转型期，司法成为人们观察社会发展的重要坐标。虽然解决社会矛盾的各种资源已被广泛地调动起来，但是司法对于社会管理的参与度有增无减。司法宣传是司法参与社会管理的关键环节。这里的宣传应作广义的理解，包括发布、阐明、解释、介绍、昭示、弘扬等活动。司法宣传旨在将司法领域已经完成的、当前进行的、未来规划的事项，旗帜鲜明地予以传播，以避免无端的猜疑和不必要的误解。[1]人们认识司法必然要有一个过程。这便需要法院持续地拓展宣传渠道，丰富宣传内容。

司法的影响力与公信力是密切相关的。有学者指出，司法公信力强调对于司法的评价不是来自个别人或者少数人，而是一种社会公众的集合性判断。[2]其中夹杂着宣传要素。[3]司法公信力的形成有三个支撑点，即司法公正、媒介传播、公共感知。司法公正是根基，媒介传播是手段，公共感知是效果。简单来说，借由司法保障正义不仅要做到，也要被感知到。[4]在全球一体化的背景下，我国的司法公信力已上升为构建人类命运共同体的抓手之一。[5]正如《管子·枢言》所写："诚信者，天下之结也。"与司法公信力的

---

〔1〕参见戴建志：《司法宣传：司法活动中的沟通艺术》，载《人民司法》2010年第19期。

〔2〕参见胡铭：《司法公信力的理性解释与建构》，载《中国社会科学》2015年第4期。

〔3〕See Kenneth Dowler, "Media Consumption and Public Attitudes Toward Crime and Justice: The Relationship Between Fear of Crime, Punitive Attitudes, and Perceived Police Effectiveness", *Journal of Criminal Justice and Popular Culture*, Vol. 10, No. 2, 2003, pp. 109–111.

〔4〕参见张春良：《论"一带一路"视域下中国涉外司法公信力铸造之道——以最高人民法院为中心的考察》，载《四川大学学报（哲学社会科学版）》2022年第5期。

〔5〕参见肖永平：《提升中国司法的国际公信力：共建"一带一路"的抓手》，载《武大国际法评论》2017年第1期。

第七章 以对接全球经济治理为导向的我国涉外商事审判的机制完善

提升相配合,司法影响力的建设被置于前所未有的高度。

发布典型案例是我国法院目前开展司法宣传的常见手段。[1]案例的选择和案例的表达都很重要。他们之间是相辅相成的关系。若想讲好案例,首先要选好的案例;单有好的案例并不够,还要设法讲好案例。所谓的典型案例应具备法律关系明确、审判程序规范、理由阐述得当等特征,蕴含较为深刻的法理思想,能够对亟待解决的社会现实问题作出回应。一个典型案例的宣传效果胜过一堆口号和套话。它的影响力是深刻的、持久的。

在涉外商事审判领域,我国法院推出了一系列典型案例。比如,2015年7月、2017年5月、2022年2月、2023年9月,最高人民法院先后发布了四批涉"一带一路"建设典型案例;2017年10月,山东省高级人民法院发布了全省法院涉外商事海事十大典型案例;2020年11月,上海市高级人民法院发布了涉外金融纠纷典型案例;2021年8月,上海市浦东新区人民法院发布了涉外商事审判十大典型案例;2022年5月,江苏省高级人民法院发布了江苏法院涉外、涉港澳台商事十大典型案例;2022年7月,天府新区法院(四川自贸区法院)与重庆两江新区(自贸区)法院联合发布了川渝新区(自贸区)涉外、涉港澳台商事典型案例;2022年7月,北京市第四中级人民法院发布了近5年的涉外商事十大典型案例;2022年9月,上海市高级人民法院发布了上海法院涉外、涉港澳台商事审判典型案例;2022年12月,上海市徐汇区人民法院发布了5起涉外、涉港澳台商事典型案例;2023年7月,浙江省高级人民法院发布了2018年至2022年浙江法院涉外、涉港澳台商事审判典型案例等。这些典型案例是我国涉外商事审判高水平成果的代表,阐明了我国涉外商事审判中许多亟待理清的问题。

虽然我国法院已经迈出了推广涉外商事审判典型案例这一步,但是当前的推广机制尚有完善的空间。首先,明确推广涉外商事审判典型案例的目标。典型案例不同于指导性案例。前者侧重于引导公众了解法律、遵守法律、信仰法律;而后者侧重于指导各级人民法院如何审判类似案件。[2]但是目前,

---

[1] 比如,针对知识产权领域,2009年《最高人民法院关于贯彻实施国家知识产权战略若干问题的意见》指出,我国应采取各种形式,大力宣传知识产权的司法保护,提高全社会的知识产权意识,结合人民法院新闻发布制度,适时发布知识产权审判中的重要新闻和典型案例。

[2] 参见《最高人民法院关于案例指导工作的规定》第7条规定:"最高人民法院发布的指导性案例,各级人民法院审判类似案例时应当参照。"

典型案例与指导性案例的定位出现了混同。典型案例在彰显我国涉外商事审判的公正性、开放性、进步性方面的作用未得到足够的重视。这种轻宣传的导向必须予以矫正。其次，强化涉外商事审判典型案例的对外宣传。《司法服务和保障意见》提到，我国应高度重视司法的舆论引导和宣传工作，通过多种方式向国际社会及时、全面、详实地展示我国法治建设的成就。由此可见，我国的司法宣传应当兼顾对内（国内）宣传和对外（国际）宣传。目前，涉外商事审判典型案例基本以中文发布。这无法起到有效对外宣传我国涉外商事审判的作用。部分法院已经开始探索以中英双语发布涉外商事审判典型案例。[1]他们的做法是值得肯定和推广的。最后，打造富有活力的涉外商事审判典型案例推广格局。目前，我国地方法院的涉外商事审判典型案例的推广情况存在地域性差异。长江三角洲地区走在前头，北京、山东、川渝地区稳步推进，而其他地方仍显滞后。我国涉外商事审判典型案例推广的未来发展应采取先进带动后进的策略，逐步调动起全国法院的积极性和参与感，将此项工作常态化和规范化，最终建成一个内容丰富、动态调整的司法资源宝库。

二、激发对国际法塑造的参与

自1949年以来，我国参与全球治理经历了三个阶段：第一阶段是从1949年到1978年，在这一阶段，我国对全球治理的参与能力和程度是十分有限的；第二阶段是从1978年到党的十八大之前，在这一阶段，我国对于参与全球治理持审慎的态度；第三阶段是党的十八大以后，在这一阶段，我国选择积极、能动地参与到全球治理之中。[2]由于全球治理离不开国际法，所以我国与国际法的关系也相应地经历了三个阶段，即有限接触、审慎发展、积极引领。在前两个阶段中，我国是国际法的被动接受者，而非主动的塑造者和

---

[1] 比如，2020年5月，青岛市中级人民法院以中英双语发布了2016~2019年涉外、涉港澳台商事审判典型案例；2022年4月，杭州市中级人民法院以中英双语发布了杭州法院涉外民商事审判十大典型案例；2022年9月，上海市浦东新区人民法院以中英双语发布了涉外、涉外商投资企业商事审判典型案例等。

[2] 参见黄少安、郭冉：《新中国参与全球治理的回顾和总结》，载《山东社会科学》2020年第6期。

第七章　以对接全球经济治理为导向的我国涉外商事审判的机制完善

建构者。[1]彼时的中国秉持一种民族主义的国际法观。[2]在党的十八大后，我国开始尝试有序建立国际法治。这反映出我国的国际法观从民族主义向着全球主义转变。

我国法院与国际法的关系同样经历了一个演变的过程。从新中国成立到改革开放之前，我国法院带有明显的政治功能，参与治理的能力很弱，与国际法的关系十分疏远。[3]从改革开放到党的十八大之前，我国法院通过解决涉外纠纷，提升了自身参与全球治理的能力，与国际法的互动有所增强。在党的十八大后，我国法院解决涉外纠纷的水平持续走高，对于全球治理的参与度明显提升，与国际法的互动得到了长足发展。法院既是国际法的实施者，也是国际法的催生者和演化者。[4]国际法的解释是国际法运作的关键环节。[5]解释的过程是带有创造性的，这种创造性来源于解释者对不同利益的权衡以及对事实的选择性采纳。法院承担着创造性地解释国际法的职责，所以它构成了推动国际法发展的一股独特力量。我国涉外商事审判对全球经济治理规则的解释和推进是我国法院与国际法之间良性互动的一个缩影。我国涉外商事审判的国际影响力应表现为实实在在的改变外部的能力，而不能只是空泛的口号。涉外商事审判对于国际法的塑造便是这种影响力的集中体现。换言之，涉外商事审判在塑造国际法方面发挥的作用越大，其国际影响力就越显著。我国未来可以从确定、填补、演变、创设这四个维度上促进涉外商事审判对于国际法塑造的参与。

确定是从移到定的过程。增强法律适用的统一性、稳定性和可预期性是各国司法工作的共同追求。2020年7月和9月，最高人民法院相继颁布了《关于统一法律适用加强类案检索的指导意见（试行）》和《关于完善统一法律适用标准工作机制的意见》，将统一法律适用这项工作推向了一个新的高度。与国内法相似，国际法亦带有不可避免的模糊性。国内法院适用国际法

---

[1] 参见何志鹏：《国际法治的中国表达》，载《中国社会科学》2015年第10期。
[2] 参见王铁崖：《王铁崖文选》，中国政法大学出版社2003年版，第351~361页。
[3] 参见姚莉：《法院在国家治理现代化中的功能定位》，载《法制与社会发展》2014年第5期。
[4] 参见贺荣：《论中国司法参与国际经济规则的制定》，载《国际法研究》2016年第1期。
[5] 参见杜焕芳、李贤森：《人类命运共同体思想引领下的国际法解释：态度、立场与维度》，载《法制与社会发展》2019年第2期。

的过程是一个将国际法从不确定状态转化为确定状态的过程。国际法的统一适用既指我国法院相互之间做到一致,也指我国法院与他国法院做到一致。前者与我国法院统一适用国内法具有同质性;而后者则要求我国法院摆脱司法单边主义的束缚,以开放兼容的态度运用国际法,推动不同法域中国际法适用的和谐统一。

填补是从缺到全的过程。法官可以通过填补法律的空缺来推动法律的发展。在涉外商事审判中,法官同样具备这种能力。比如,在徐州天业金属资源有限公司与圣克莱蒙特航运股份公司等海上货物运输合同纠纷再审案中,法官填补了《国际海运固体散装货物规则》中关于小颗粒与大块货物混装的适运标准认定方法的空白;[1]在栖霞市绿源果蔬有限公司与中国银行股份有限公司北京市分行信用证转让纠纷再审案中,法官填补了《跟单信用证统一惯例》中关于当事人责任范围的空白。[2]审理涉外商事案件的法官固然需要对国际法保持敬畏的态度,但是他们不能仅将自身限定为国际法的"仆从"。即便是在国际法治空前发达的今天,国际法依然难以覆及涉外商事关系的方方面面。法官在其能力限度内从事一定程度的立法是其工作的内在组成部分。[3]在涉外商事审判中,法官一方面要尊重现有的国际法,做到依法裁判;另一方面,也要在遇有规则空白时,解放自身的创造力,以弥合国际法的漏洞。

演变是从旧到新的过程。演化解释是指对规则作出随时间而变化的解释。它是实现条约演化的一种手段。[4] 2016 年第 68 届国际法委员会报告指出,条约的含义并不总是由初始意图所决定,而是会受到后续发展情况等一系列因素的影响。条约的意思不是在缔约之时就被刻在石头上,它需要像有机体

---

[1] 参见(2015)民申字第1896号。

[2] 审理本案的法官指出,信用证是独立于基础合同的单据交易,所以信用证当事人违反义务所应承担的责任范围应仅限于信用证项下的直接损失。发生在基础合同关系下的损失不属于信用证当事人应当预见的范围,与信用证当事人违反义务的过错行为之间不具有因果关系,故不应在信用证关系中得到赔偿。参见(2013)民申字第1296号。

[3] 参见[美]本杰明·卡多佐:《司法过程的性质》,苏力译,商务印书馆2009年版,第63页。

[4] 参见刘雪红:《论条约演化解释对国家同意原则的冲击》,载《法律科学(西北政法大学学报)》2017年第3期。

第七章 以对接全球经济治理为导向的我国涉外商事审判的机制完善

一样随着时间,为适应环境而演进。[1] 演化解释已经在争端解决实践中得到了应用。比如,在中国影响出版物和视听娱乐产品的贸易权和分销服务措施案中,WTO 上诉机构认为,中国服务贸易减让表中的"录音制品"和"分销"的含义是会随着时间推移而发生变化的,中国针对录音制品分销的承诺适用于网络分销媒介;[2] 在 Tyrer v. United Kingdom 案中,欧洲人权法院主张,《欧洲人权公约》是一个鲜活的法律文件,应受到欧洲议会各成员国在刑事政策上的新发展和共同接受的标准的影响,所以鞭刑违反了公约第 3 条关于禁止不人道处罚的规定。[3] 事实上,演化解释并不局限于条约解释领域。与国内法类似,国际法同样带有难以克服的滞后性。为了实现国际法的与时俱进,国内法院在解释国际法时可以采用演化解释的方法。在涉外商事审判中,我国法院可以对案件所涉国际法中的一般性术语、含有价值取向的用语等进行演化解释。[4] 这是我国涉外商事审判参与塑造国际法的一条重要途径。

创设是从无到有的过程。在涉外商事审判中,我国法院参与创设国际法主要有三种方式。第一,如果我国法院反复适用某一规则,那么该规则便可上升为我国的一般实践。当其他国家采取同样的一般实践时,一项国际惯例便可能由此而生。第二,如果我国法院针对既有的国际法进行了确定、填补或者演变,并且这种做法没有遭到其他国家的反对,则此种默认是具有法律意义的,这意味着沿着我国法院建议的路线发展国际法的"种子"就此种下。[5] 第三,如果我国法院针对既有的国际法进行的确定、填补或者演变遭到了其他国家的反对,进而引发了争议,国际司法机构在解决该争议的过程中对我国法院的做法给予了肯定,则国际法同样可能沿着我国法院

---

[1] See Jan Klabbers, "On Rationalism in Politics: Interpretation of Treaties and the World Trade Organization", *Nordic Journal of International Law*, Vol. 74, No. 3., 2005, p. 406.

[2] World Trade Organization Appellate Body Report, China-Measures Affecting Trading Rights and Distribution Services for Certain Publications and Audiovisual Entertainment Products, WT/DS363/AB/R, para. 396.

[3] Tyrer v. United Kingdom, App. No. 5856/72, A/26, [1978] ECHR 2, para. 31.

[4] 参见吴卡:《中国法院发展国际规则的逻辑进路与实践取向》,载《法学评论》2022 年第 5 期。

[5] See Antonios Tzanakopoulos & Christian J. Tams, "Introduction: Domestic Courts as Agents of Development of International Law", *Leiden Journal of International Law*, Vol. 26, No. 3, 2013, pp. 538-539.

建议的路线发展下去。相较于前述的确定、填补和演变,创设是一种更为彻底的塑造国际法的途径。为了能对国际法的创设施加积极的影响,我国法院在涉外商事审判中要"敢想"和"敢做"。敢想是指我国法院不应简单地自我定位为涉外商事纠纷的解决者,而是应对自身作为国际法推动者的身份有清醒的认识;敢做是指我国法院应充分解放自身的创造力,对国内出现的一般实践积极加以肯定,摒弃死板适用国际法的旧习,有意识地推动国际法的成长。

三、促进法官的国际交流

法官是涉外商事审判中的裁判者。将我国法官的审判理念和经验在国际层面上加以传播能够显著地增强我国涉外商事审判的国际影响力。目前,我国法官与外国法官的国际交流主要有三种形式。

第一种形式是研修。研修是我国培养本国法官的一种传统手段。20世纪90年代,我国有数批法官被派往美国、日本等国研修。[1]在我国决定建设社会主义法治国家,加快融入全球化进程的情况下,我国迫切地需要汲取全球有益的司法实践经验,以健全本国的司法体系。这进一步加快了我国法官走出国门的步伐。[2]随着时间的推移,我国在研修派出方的身份之外,兼具了研修组织方的身份。2003年12月,根据我国和老挝签署的合作谅解备忘录,我国接待了老挝法官代表团。这是我国首次组织外国法官来华研修。在2015年《司法服务和保障意见》颁布之后,外国法官来华研修项目的数量显著增多。2019年《进一步司法服务和保障意见》明确指出,我国支持外国法官来华培训研修。截至目前,我国已经接待了来自加拿大、法国、老挝、缅甸、尼泊尔、巴基斯坦、斯里兰卡、越南、葡萄牙、佛得角、莫桑比克、圣多美和普林西比、蒙古国、玻利维亚、多米尼加、尼加拉瓜、巴拿马、秘鲁、乌拉

---

[1] 参见易新:《回顾与展望——访中国高级法官培训中心办公室主任梁宝俭》,载《法律适用》1993年第5期。

[2] 例如,1997年10月,最高人民法院和英国大法官办公室签署了为期5年的中英青年法官研修计划。在该计划结束后,最高人民法院又与英国司法部开展了为期3年的研修项目。根据双方达成的协议,每年会有一些中国法官被选派到英国大学的法学院攻读硕士学位。他们有时会受邀观摩英国法官开庭审理案件。参见最高人民法院编:《人民法院改革开放三十年·大事记(1978—2008)》,人民法院出版社2008年版,第48页。

第七章　以对接全球经济治理为导向的我国涉外商事审判的机制完善

圭、委内瑞拉等国的法官来华研修。[1]研修的内容包括我国的审判制度、法律文化、外交政策等。

第二种形式是会议。相较于研修，会议是一种持续时间短、议题集中度高的法官交流方式。有的会议是以研讨会的名义举行的。例如，2018年4月，我国国家法官学院与委内瑞拉国家法官学院举办了一场以"信息技术在司法中的应用"为主题的研讨会，两国法官围绕该主题作了发言，就如何促进审判现代化进行了对话交流；2022年10月，我国国家法官学院与德国国际合作机构举办了一场以"青少年犯罪比较研究"为主题的研讨会，来自中德两国的30余位法官、检察官、学者参加了这次会议。也有会议是以论坛的名义举行的。例如，2022年7月，第三届中国—东盟大法官论坛顺利召开，与会的各国法官围绕"加快对接《区域全面经济伙伴关系协定》经贸新规则，为区域贸易投资提供更好的司法服务"、"加强知识产权合作，提升知识产权保护国际化水平"等议题进行了深入交流；2022年9月，金砖国家大法官论坛举行，与会的各国法官围绕"新时代的金砖司法合作"这一主题广泛地交换了意见。还有会议是以圆桌会议的名义举行的。例如，2018年10月，第五届中国和英国司法圆桌会议召开，两国法官围绕"共同打击跨境有组织犯罪中的证据交换"、"在金融全球化的背景下建立专业化、多元化金融审判和纠纷解决机制"等议题展开了热烈讨论；2023年2月，第六届中国和新加坡法律和司法圆桌会议召开，两国法官就"统一法律适用的机制与举措""复杂诉讼管理的最佳实践""跨境商事诉讼国际条约和国际惯例的适用问题""跨境破产"等议题各抒己见。在部分会议上，中外法官会达成作为交流成果的官方文件。例如，第三届中国—东盟大法官论坛通过的《南宁声明》指出，与会各方将善意和准确地理解《区域全面经济伙伴关系协定》中的经贸规则，通过专业化的审判营造市场化、法治化、国际化的营商环境，并将进一步加强在知识产权司法保护、在线诉讼、司法案例交流等领域的合作，共同为构建更加紧密的中国—东盟对话伙伴关系作出贡献；金砖国家大法官论坛通过的《共同声明》提出，金砖国家法院将秉持公平正义原则，平等保护各国公民权益，持续推动贸易和投资的自由化与便利化，促进贸易法律规则的协调统一，共

---

[1] 参见蔡从燕、王一斐：《大国崛起中的跨国司法对话——中国司法如何促进实施"一带一路"倡议》，载《国际法研究》2022年第1期。

同维护公平、诚实、守信的区域合作。

　　第三种形式是培训基地。培训基地是一种供中外法官交流的实体平台。相较于前述的研修和会议，培训基地具有更高的组织性和稳定性。它是中外法官互通资讯、分享经验的重要阵地。例如，2014年5月，中国—上海合作组织国际司法交流合作培训基地在上海政法学院揭牌，该基地不仅是上海合作组织[1]外交建设新的着力点，而且肩负着为各个成员国培训司法人才的重任；2017年6月，中国—东盟法官交流培训基地揭牌，该基地的设立旨在推动我国与东盟[2]各国法官彼此了解对方的司法制度及运行情况，促进各国法官审判水平的整体提升；2017年9月，中国—中亚西亚国家法官交流培训基地揭牌，该基地依托甘肃省高级人民法院设立，主要承担针对中亚和西亚各国的援外培训和实务交流工作。

　　尽管中外法官已经通过前述三种形式进行了多方位的交流，但是有关涉外商事审判的交流依然较为薄弱，尚有待强化。首先，应增设涉外商事审判的专门议题。截至目前，中外法官围绕司法实践中许多亟待解决的问题展开了对话，其中不乏时代发展所催生的新议题。国内司法在营造国际化营商环境中的作用、国内司法与国际规则的对接等话题已经被纳入了讨论的范围，可是他们毕竟不能等同于涉外商事审判本身。涉外商事审判具有不同于其他司法活动的特点，尤其是其能够对全球经济治理施加影响。因此，涉外商事审判理应得到特别的关注。在我国涉外商事审判迅速发展的今天，有必要开辟中外法官在涉外商事审判领域的交流渠道。

　　其次，应增进地方法院的国际交流。当前，最高人民法院和国家法官学院是组织中外法官国际交流的主力军。我国也有地方法院组织此类活动的实例。比如，2010年10月，由广西壮族自治区高级人民法院主办的"加强国际司法交流与合作，促进区域经济发展与繁荣"研讨会在南宁市举行，来自阿富汗、澳大利亚、柬埔寨、印度尼西亚、老挝、萨摩亚、塞舌尔、斯里兰卡、越

---

[1] 上海合作组织成立于2001年6月15日。创始成员国为中国、俄罗斯、哈萨克斯坦、吉尔吉斯斯坦、塔吉克斯坦、乌兹别克斯坦。2017年，上海合作组织阿斯塔纳峰会签署了关于给予印度和巴基斯坦成员国地位的决议。2022年9月，在乌兹别克斯坦撒马尔罕举行的上海合作组织成员国元首理事会第22次会议签署了关于伊朗加入上海合作组织履行义务的备忘录。2022年11月，伊朗议会高票通过法案，批准伊朗加入上海合作组织。

[2] 东盟于1967年8月8日在泰国曼谷成立。它的成员国包括：文莱、柬埔寨、印度尼西亚、老挝、马来西亚、缅甸、菲律宾、新加坡、泰国、越南、东帝汶。

南等国的法官参加了此次研讨会。然而,这种由地方法院主办的国际交流仍只是个别现象。地方法院如今分担了相当一部分涉外商事审判的职责,所以鼓励地方法院依据本地区涉外商事纠纷的特点以及审判实践中遇到的特别问题开展中外法官的国际交流,对于整体提升我国涉外商事审判的国际影响力是有益的。

最后,应建立追踪评估机制。我国组织中外法官国际交流的初衷之一在于对外输出本国的司法成果、经验和理念。我国目前已经开展了一系列的交流活动,但是缺乏输出效果的事后评估。参与交流的外国法官表达的礼貌性感谢并不能够证明我国达成了对外输出的目的。我国应在国际交流活动后追踪考察外国法官在审判实践中是否采纳了我国法官对于国内法和国际法所作的解释、是否援引了我国法官针对涉外商事纠纷所作的判决、是否借鉴了我国涉外商事审判中的一般做法,并根据考察结果进一步调整和优化中外法官国际交流的议题和内容,做到事前规划与事后评估紧密衔接。

四、提升我国法院判决被承认与执行的可能

法院在审理涉外商事案件后所作的判决仅是纸面上的裁判结果。我国法院的判决能否被他国法院承认与执行有时会成为涉外商事审判的基本功能和衍生功能能否得以实现的关键。若只是空有一张判决,我国涉外商事审判的国际影响力便是虚浮的。我国法院的判决得到承认与执行是将这种影响力由虚变实的重要保障。

目前,各国对外国法院民商事判决的审查模式可分为实质审查、形式审查和折衷审查。实质审查曾出现在1957年以前的卢森堡和1964年以前的法国,但如今已罕有国家采用这种模式。[1] 形式审查和折衷审查是常见的两种模式。前者是指一国法院在承认与执行外国法院判决时,只审查该判决是否符合本国法律规定的形式要件,至于该判决的事实认定和法律适用是否正确,则不在审查范围之内;后者是指一国法院原则上只对外国法院判决进行形式审查,但是保留在例外情况下对外国法院判决进行实质审查的权限。由此可见,外国法院判决能否得到一国法院承认与执行的关键在于其能否通过形式审查。虽然各国法律规定的承认与执行外国法院判决的形式要件有所不同,

---

[1] 参见沈红雨:《外国民商事判决承认和执行若干疑难问题研究》,载《法律适用》2018年第5期。

但是有一些普遍的常规要件：（1）请求承认与执行的判决是外国法院作出的终局、有效的判决；（2）请求承认与执行的判决是由有管辖权的法院作出的；（3）请求承认与执行的判决是经公正程序作出的；（4）外国法院判决的承认与执行不与被请求国公共秩序相抵触；（5）外国法院判决不与被请求国法院的判决或者已承认的其他国家法院的判决相冲突；（6）判决作出国与被请求国之间存在互惠关系。[1]由上述要件可知，我国法院可以从审慎确认管辖权、严格遵守正当程序、灵活认定互惠关系的角度，增强我国涉外商事判决被其他国家法院承认与执行的可能。

第一，审慎确认管辖权。各国普遍将请求承认与执行的判决是否由有管辖权的法院作出，作为承认与执行该判决的先决条件之一。例如，《德国民事诉讼法》第328条规定，依德国法律，外国法院无管辖权者，应不予承认该外国法院的判决；《英国民事管辖权与裁判法》第30条规定，原裁判国法院具有管辖权是判决承认与执行的必要条件；《美国统一外国金钱裁判承认法》第4条规定，外国法院对被告不具有属人管辖权或诉讼标的管辖权的，可拒绝承认与执行其所作判决。至于应适用何种法律来判断外国法院是否对案件具有管辖权，主要有三种模式：（1）依被请求国法律规定的标准；[2]（2）仅要求不得违反被请求国法律关于专属管辖的规定；[3]（3）以列举方式明确判决作出国法院享有管辖权的情形，同时要求不得违反被请求国法律关于专属管辖的规定。[4]事实上，前述三种模式均在一定程度上依赖于被请求国的法律。判决作出国法院在作出判决前必然已经依其本国法律对管辖权进行过审查。被请求国法院在承认与执行阶段再以判决作出国法律对管辖权加以审查

---

[1] 参见李旺：《论承认外国法院判决的互惠原则》，载《南大法学》2022年第1期。

[2] 例如，我国与阿根廷、保加利亚、波兰、法国、古巴、蒙古国、罗马尼亚等国签订的司法协助协定规定，根据被请求方的法律，作出判决的法院不具有管辖权，属于拒绝承认与执行该判决的情形之一。

[3] 例如，我国与哈萨克斯坦、俄罗斯、吉尔吉斯斯坦、塔吉克斯坦、乌克兰等国签订的司法协助协定规定，根据被请求方的法律，被请求方法院对案件具有专属管辖权，属于拒绝承认与执行外国法院判决的情形之一。

[4] 例如，我国与老挝、塞浦路斯、突尼斯、西班牙、意大利、越南等国签订的司法协助协定规定，判决作出国法院对案件享有管辖权的情形主要包括：（1）在提起诉讼时，被告在该国境内有住所或居所；（2）被告书面明示接受该国法院管辖；（3）被告就争议的实质事项进行了答辩，且未对该国法院的管辖权提出异议；（4）在合同案件中，合同签订地或履行地在该国境内；（5）在侵权案件中，侵权行为地或结果地在该国境内。同时，协定要求据以作出判决的案件不属于被请求方法院专属管辖的范围。

第七章 以对接全球经济治理为导向的我国涉外商事审判的机制完善

不但意义不大，反而徒增外国法查明的压力。[1]为了提高判决未来被承认与执行的可能，而要求我国法院在涉外商事审判中去关注潜在的被请求国的法律关于管辖权的规定，这并不现实。然而，不同国家法律关于管辖权的规定往往有相通之处。因此，我国法院在涉外商事审判中依据本国法审慎地审查自身是否具有管辖权（如案件是否符合协议管辖的规定、当事人是否就同一争议达成了有效的仲裁协议、是否就同一争议存在平行诉讼等），同样有助于减少其所作判决无法被外国法院承认与执行的隐患。

第二，严格遵守正当程序。正当程序意指判决是经过公正有效的审判程序，在充分保障双方当事人诉讼权利的情况下得出的。有关外国法院判决承认与执行的条约均对正当程序给予了关注，比如，《选择法院协议公约》第9条、《关于民商事案件管辖权及判决执行的卢迦诺公约》第27条、《海牙判决公约》第7条等。[2]正当程序的要求也出现在有关外国法院判决承认与执行的国内法中。例如，《日本民事诉讼法》第118条规定，外国法院判决具有效力的条件之一是被告接受了必要的传唤或送达，并且诉讼程序不违反日本的公序良俗；《德国民事诉讼法》第328条规定，不予承认外国法院判决的事由之一是作为被告的德国当事人没有收到法院的传票，因而没有参与案件的审理。因此，为了最大限度地保证其所作判决能够得到承认与执行，我国法院在审理涉外商事案件时应严格遵守正当程序。一是，保障法官的中立性。我国法院应通过落实法官回避制度，消除法官偏私对审判可能造成的不利影响。二是，保障当事人平等。这主要表现为：当事人享有平等的诉讼权利，承担平等的诉讼义务；对于当事人相同的诉讼行为，应适用相同的诉讼法规范并产生相同的诉讼法效果。[3]三是，保障当事人的程序参与权。程序参与权主

---

[1] 参见沈红雨：《外国民商事判决承认和执行若干疑难问题研究》，载《法律适用》2018年第5期。

[2] 《选择法院协议公约》第9条规定，承认或者执行的拒绝事由包括：提起诉讼的文书或者同等文件没有在足够的时间内以一定方式通知被告使其能够安排答辩，通知被告的方式与被请求国有关文书送达的基本原则不符，导致该判决的具体诉讼程序不符合被请求国程序公正的基本原则；《关于民商事案件管辖权及判决执行的卢迦诺公约》第27条规定，如果缺席判决的作出是因为被告未及时收到起诉的文件，没有充分的时间安排辩护，则不应对判决予以承认；《海牙判决公约》第7条规定，拒绝承认或者执行判决的事由包括：提起诉讼的文书或具有同等效力的文件没有在足够的时间内以一定方式送达被告以便其能够安排答辩，送达方式与被请求国有关文书送达的基本原则不符，作出判决的具体诉讼程序不符合被请求国程序公正的基本原则等。

[3] 参见邵明：《宪法视野中的民事诉讼正当程序——兼论我国〈民事诉讼法〉的修改理念》，载《中国人民大学学报》2009年第6期。

要包括诉讼知情权和诉讼听审权。前者是指当事人有权及时、充分地了解诉讼程序的进行情况；后者是指受到诉讼结果影响的当事人有权提出程序请求、主张事实、提供证据、进行辩论。四是，保障程序公开。程序公开是指法院将审判活动的步骤、方法、时限、过程等向当事人和社会公众公开。[1]它是法院以人民群众看得见的方式实现司法公正的关键。五是，保障合乎比例。比例原则强调目的与手段的均衡。在诉讼的语境下，该原则表现为法院不得采取过度的措施，即便是为了实现诉讼目的，也应将司法行为对当事人的不利影响减小到最低限度。[2]

第三，灵活认定互惠关系。我国 2023 年《民事诉讼法》第 298 条和第 299 条提到了我国法院在承认与执行外国法院判决中的互惠原则。但是，对于如何认定互惠关系的存在，该法并未提及。在我国的司法实践中，出现了无条约无互惠、事实互惠、承诺互惠、推定互惠、反向推定互惠等认定标准。然而，零散的、不统一的实践始终无法替代兼具规范性和稳定性的立法。[3]从现有的许多案例来看，我国法院对于互惠关系的认定是偏严格的。比如，在赫伯特等诉江西省李渡烟花集团有限公司赔偿金裁定案中，申请人申请承认与执行美国宾夕法尼亚州第一司法区费城县中级法院所作判决，尽管湖北省高级人民法院作出的湖北葛洲坝三联实业股份有限公司等诉美国罗宾逊直升机公司飞机坠毁人身损害赔偿纠纷案的判决此前已经获得了美国联邦法院加州总部地区法院的承认与执行，但是审理本案的南昌市中级人民法院依然认为，我国与美国未建立互惠关系；[4]在李强、丁凤静申请承认与执行外国法院民事判决案中，申请人申请承认与执行新加坡家事司法法庭所作判决，

---

[1] 参见江必新、程琥：《司法程序公开研究》，载《法律适用》2014 年第 1 期。
[2] 参见占善刚、张博：《比例原则在民事诉讼中的适用与展开》，载《学习与实践》2019 年第 1 期。
[3] 参见马明飞、蔡斯扬：《我国承认与执行外国判决中的互惠原则：困境与破解》，载《政治与法律》2019 年第 3 期。
[4] 参见（2016）赣 01 民初 354 号。至于为何我国法院未依据美国联邦法院加州总部地区法院此前已经承认与执行我国法院判决的事实，认定我国与美国之间存在互惠关系，有学者曾提出如下推测：首先，承认与执行我国法院判决的美国法院是加州地区的法院，美国各州的法律制度不尽相同，同一案件在各州的处理结果可能大相径庭；其次，承认与执行我国法院判决的美国法院是联邦法院，美国联邦法院和各州法院是分立的，而美国州立法院并没有承认与执行我国法院判决的先例；最后，承认与执行我国法院判决的美国法院是加州地区的法院，而美国缺少在最高审判层级上承认与执行我国法院判决的先例。参见谢新胜：《条约与互惠缺失时中国判决的域外执行——以美国法院执行中国民商事判决第一案为视角》，载《环球法律评论》2010 年第 4 期。

审理本案的德州市中级人民法院认为，申请人提交的南京市中级人民法院承认与执行新加坡民事判决的案例仅能证明为了促进贸易和投资的便利化，两国在经济领域有认可民事判决的互惠先例，但无法证明两国在涉及身份关系的民事判决领域同样存在互惠关系。[1]互惠蕴含着"对等报复"和"激励支持"的意味，相应地会产生"以牙还牙"和"投桃报李"的效果。倘若我国在承认与执行外国法院判决时惯常性地抱有避免"己方合作而他方背弃"的防范心态来判定互惠关系是否存在，那么其他国家在承认与执行我国法院作出的涉外商事判决时很可能会表现出不合作的态度。因此，我国法院应最大程度地发挥互惠的激励支持的一面，尽可能地减弱其对等报复的一面，不再纠结于承认与执行的条件是否绝对对等，而是要以开放和包容的姿态去展现互惠互利的诚意。[2]

第三节 以增强我国涉外商事审判国际吸引力为目标的完善策略

涉外商事审判的国际吸引力是指招引国际社会中不特定的主体选择涉外商事审判来解决纠纷的能力。我国可以从摒弃协议管辖中的实际联系要求、构建诉调仲有机衔接的涉外商事纠纷解决机制、推进涉外商事审判的信息化建设的角度，增强涉外商事审判的国际吸引力。

一、进一步放开协议管辖中实际联系要求的限制

涉外民商事纠纷的协议管辖是指在法律规定的范围内，双方当事人可将他们之间业已发生或者可能发生的纠纷，通过协议约定提交某国法院审理的制度。该制度源于罗马法。在罗马法中，当事人以协议形式既可以创设也可以排除某法院的管辖权。前者被称为"积极的合意管辖"，后者被称为"排除管辖"。[3]司法管辖权一向被视为国家主权的重要组成部分。然而，随着国际交往的繁荣和诉讼民主的兴盛，越来越多的国家对于与国家利益和社会公共

---

[1] 参见（2018）鲁14协外认1号。
[2] 参见范冰仪：《我国承认与执行外国判决中适用互惠原则的实证研究》，载《国际经济法学刊》2021年第3期。
[3] 参见周翠：《协议管辖问题研究：对〈民事诉讼法〉第34条和第127条第2款的解释》，载《中外法学》2014年第2期。

利益关系不大的民商事案件，不再强制行使全部的司法管辖权，而是允许当事人合意选择将此类案件交由外国法院管辖。[1]

协议管辖关乎当事人的私人权利和国家的主权权力。他们的关系体现在三个方面：其一，私人权利之间的博弈，即当事人为何选择此法院而非彼法院作为管辖法院；其二，主权权力之间的博弈，即一国为何承认或者拒绝承认另一国法院具有管辖权；其三，私人权利与主权权力之间的博弈，即一国如何认定当事人协议管辖的范围和效力。[2]自20世纪中叶起，协议管辖制度逐渐被世界上多数国家所采纳。这是当事人意思自治在涉外民商事诉讼领域的一次胜利。对于协议管辖在多大程度上予以承认已经成为衡量一个国家涉外司法开放和便利程度的重要指标之一。[3]协议管辖不仅具有理论的正当性，而且具有现实的合理性。由于管辖法院是当事人从公正、高效、便捷地解决纠纷的意图出发作出的选择，所以他们通常不会对管辖权提出异议，并且基于对所选法院的信任，他们对法院所作判决提出上诉的可能性也会降低。概言之，协议管辖有助于缩短诉讼周期，减少诉讼费用，促进纠纷得到有效解决。

对于当事人协议选择的法院是否必须是与争议有实际联系的地点的法院，不同国家态度不一。虽然有些国家，如法国、墨西哥等，出于保证案件审理的确定性和稳定性的考虑，要求当事人选择的法院必须与争议事项之间存在实际和直接的联系，但是整体而言，协议管辖中的实际联系要求有被淡化的趋势。《瑞士联邦国际私法法规》《罗马尼亚国际私法典》《意大利国际私法制度改革法》《突尼斯国际私法》《比利时国际私法典》《保加利亚国际私法典》《乌克兰国际私法》《土耳其国际私法与国际民事诉讼程序法》等国内法均未要求当事人协议选择的管辖法院必须与案件存在实际联系。相似地，英美法系国家普遍认为，当事人选择的法院与案件有无联系并不会影响管辖协议的效力。比如，在 The Bremen v. Zapata Off-Shore Co. 案中，德国布雷门公司负责将美国萨帕塔公司的钻井塔由美国路易斯安那州运往意大利拉韦纳港，

---

[1] 参见吴永辉：《论新〈民诉法〉第34条对涉外协议管辖的法律适用》，载《法律科学（西北政法大学学报）》2016年第5期。

[2] 参见周祺、赵骏：《国际民商事协议管辖制度理论的源与流》，载《南京社会科学》2014年第6期。

[3] 参见刘晓红、周祺：《协议管辖制度中的实际联系原则与不方便法院原则——兼及我国协议管辖制度之检视》，载《法学》2014年第12期。

第七章　以对接全球经济治理为导向的我国涉外商事审判的机制完善

双方在合同中约定，一切争议交由英国法院解决。尽管当事人及他们之间的纠纷与英国并不存在任何联系，但是美国法院依然认可了当事人达成的管辖协议的有效性。[1]

协议管辖制度设立的初衷在于赋予当事人将他们之间的纠纷交由他们信任的、便于诉讼开展的法院审理的权利。把当事人可选的法院限定在与案件有实际联系的法院有悖于这一初衷。李浩培主张，通过订立契约从事国际经济交往的法律主体通常来自不同的国家，他们倾向于维护其本国的司法制度的权威性，而对于对方的司法制度难免抱有不信任之感，要求当事人必须选择与争议有实际联系的地点的法院管辖不当地减损了当事人合意将管辖权赋予一个中立法院的可能，导致的结果是当事人或许根本无法彼此信任达成契约，所以这样的要求对国际经济往来是十分不利的。[2]事实上，充分认可当事人的意思自治更有利于案件的公正解决，因为当一个人为他人的事务作决定时，很可能存在某种不公，但当一个人为自己的事务作决定时，这种情况则要少得多。[3]当事人在协商选择管辖法院时所作的利益权衡往往比公权力替当事人进行的利弊分析更为全面、精细和个性化。

2023年《民事诉讼法》新增的第277条规定："涉外民事纠纷的当事人书面协议选择人民法院管辖的，可以由人民法院管辖。"该条款未对当事人的协议管辖添加实际联系要求。这反映出我国正努力向国际先进做法看齐。然而，依据2018年《国际商事法庭规定》第2条第1款[4]的规定，当事人对于最高人民法院国际商事法庭的选择依然会受到实际联系要求的限制。[5]在

---

[1] See The Bremen v. Zapata Off-Shore Co., 407 U.S. 1 (1972).

[2] 参见李浩培：《国际民事程序法概论》，法律出版社1996年版，第64页。

[3] 参见周祺、赵骏：《国际民商事协议管辖制度理论的源与流》，载《南京社会科学》2014年第6期。

[4] 2018年《国际商事法庭规定》第2条第1款规定，国际商事法庭受理的案件包括当事人依照《民事诉讼法》第34条的规定协议选择最高人民法院管辖且标的额为人民币3亿元以上的第一审国际商事案件。在2023年《民事诉讼法》中，原先的第34条变成了第35条。2023年《民事诉讼法》第35条规定："合同或者其他财产权益纠纷的当事人可以书面协议选择被告住所地、合同履行地、合同签订地、原告住所地、标的物所在地等与争议有实际联系的地点的人民法院管辖，但不得违反本法对级别管辖和专属管辖的规定。"

[5] Zhu Weidong, "The China International Commercial Court in the Context of the Belt and Road Initiative: Operational Mechanism, Practical Survey and Future Development", *China Legal Science*, Vol. 11, No. 5, 2023, p. 22.

涉外商事审判领域，我国需要做的是更加彻底地给协议管辖"松绑"：一是，我国应摒弃当事人协议选择最高人民法院国际商事法庭管辖时的实际联系要求，以求我国各级人民法院均享有充分的协议管辖权；二是，我国法院应借2023年《民事诉讼法》出台之契机，改变以实际联系要求限制当事人协议管辖的旧有观念和司法实践，以求形成一个更加开放的涉外商事审判格局。

在国际商事纠纷解决领域，当事人出于诉讼的公正性、便利性、可预见性的考虑，更愿意选择那些中立性强、专业水平高的法院来审理他们的纠纷。增强我国涉外商事审判国际公信力和国际影响力的落脚点在于吸引更多的当事人选择我国法院。我国法院只有通过审理形形色色的涉外商事案件，才能够在解决当事人纷争之余，对全球经济治理持续地施加特有的影响。自2011年起，迪拜国际金融中心法院允许当事人在纠纷发生之前或之后达成书面约定，将纠纷提交本院解决，只要该约定是明确的、清楚的；新加坡国际商事法庭同样对协议管辖持开放态度，不会仅以当事人之间的纠纷与新加坡以外的国家有关为由，而拒绝行使管辖权。[1]迪拜国际金融中心法院和新加坡国际商事法庭的做法具有重要的参考意义。放开实际联系要求对协议管辖的束缚是我国涉外商事审判在与国际接轨过程中需要迈出的一步。

二、构建诉调仲有机衔接的涉外商事纠纷解决机制

我国自古便有"天下无讼"的愿景。这里的"无讼"并非意指杜绝一切讼争，而是强调通过多种渠道妥善化解矛盾，促进社会和谐。20世纪60年代，浙江省诸暨市枫桥镇创造了"枫桥经验"。它的精髓在于矛盾纠纷的多元化解和源头治理。它是中华优秀传统法律文化的绝佳体现。[2]自党的十八大以来，习近平总书记从推进国家治理体系和治理能力现代化的高度，围绕如何预防和化解社会矛盾提出了一系列新理念、新思想、新战略，为人民法院发展新时代"枫桥经验"提供了根本指引。"一站式"多元纠纷解决机制的建设是弘扬新时代"枫桥经验"的重要载体。2018年《国际商事

---

〔1〕参见何其生课题组：《论中国国际商事法庭的构建》，载《武大国际法评论》2018年第3期；黄进、刘静坤、刘天舒：《中国国际商事法庭制度改革探析》，载《武大国际法评论》2020年第6期。

〔2〕参见王斌通：《新时代"枫桥经验"与矛盾纠纷源头治理的法治化》，载《行政管理改革》2021年第12期。

第七章　以对接全球经济治理为导向的我国涉外商事审判的机制完善

争端解决意见》明确提出，在国际商事纠纷解决领域，我国应充分考虑"一带一路"建设参与主体的多样性、纠纷类型的复杂性以及各国立法、司法、法治文化的差异性，积极培育并完善诉讼、调解、仲裁有机衔接的争端解决机制。

调解是《国际商事争端解决意见》提到的除诉讼之外的一种常见的国际商事纠纷解决方式。根据《最高人民法院国际商事法庭程序规则（试行）》（以下简称《国际商事法庭程序规则》）的规定，最高人民法院国际商事法庭负责组织审前调解。这里的审前调解分为两种：一种是由最高人民法院国际商事专家委员会的专家委员进行的审前调解；另一种是由国际商事调解机构进行的审前调解。对于前一种审前调解，当事人可以合意选择1至3名专家委员担任调解员，若不能就此形成一致意见，则由国际商事法庭指定1至3名专家委员担任调解员；专家委员应在各方自愿的基础上，以不公开的方式进行调解，促成当事人达成和解；如果当事人要求终止调解程序、当事人在期限内未能达成调解协议或者专家委员无法履行职责，调解应当终止。对于后一种审前调解，当事人可以在最高人民法院公布的国际商事调解机构名单[1]中合意选择调解机构，所选机构应当遵照该机构的调解规则或者当事人协商确定的规则进行调解。无论是由专家委员还是国际商事调解机构主持的调解，在当事人达成调解协议后，国际商事法庭应进行审查并制发调解书，应当事人的要求，国际商事法庭可以制发判决书。其他非由最高人民法院国际商事法庭受理的涉外商事案件的调解应适用《民事诉讼法》。根据2023年《民事诉讼法》第8章"调解"的规定，法院应依据当事人自愿的原则进行调解；调解可以由审判员1人主持，也可以由合议庭主持；如果当事人经调解达成协议，法院应制作调解书，调解书经双方当事人签收后，即具有法律效力；如果当事人未能达成调解协议或者在调解书送达前反悔，法院应及时作出判决。

仲裁是另一种常见的国际商事纠纷解决方式。根据《国际商事法庭规定》

---

[1] 2018年《最高人民法院办公厅关于确定首批纳入"一站式"国际商事纠纷多元化解决机制的国际商事仲裁及调解机构的通知》提到，根据相关机构申报，经综合考虑各机构前期受理国际商事纠纷案件的数量、国际影响力、信息化建设等因素，确定中国国际经济贸易仲裁委员会、上海国际经济贸易仲裁委员会、深圳国际仲裁院、北京仲裁委员会、中国海事仲裁委员会以及中国国际贸易促进委员会调解中心、上海经贸商事调解中心，作为首批纳入"一站式"国际商事纠纷多元化解决机制的仲裁和调解机构。

和《国际商事法庭程序规则》的规定，仲裁保全、撤销或者执行仲裁裁决属于最高人民法院国际商事法庭的职责范围。对于仲裁保全，如果当事人协议选择经最高人民法院甄选的国际商事仲裁机构[1]进行仲裁，其可以在申请仲裁前或者仲裁程序开始后，向国际商事法庭申请证据、财产或者行为保全；在标的额人民币3亿元以上或者其他有重大影响的国际商事案件中，若当事人申请保全，国际商事仲裁机构应将当事人的申请提交国际商事法庭，由国际商事法庭审查并作出裁定。对于撤销或者执行仲裁裁决，针对经最高人民法院甄选的国际商事仲裁机构就标的额人民币3亿元以上或者其他有重大影响的国际商事案件作出的仲裁裁决，若当事人申请撤销或者执行，其应当向国际商事法庭提交申请书以及仲裁裁决原件，由国际商事法庭审查并作出裁定。除前述由特定国际商事仲裁机构受理的符合条件的国际商事案件以外的其他仲裁案件应由地方法院根据《民事诉讼法》和《仲裁法》的规定处理仲裁保全、撤销或者执行仲裁裁决的事宜。对于仲裁保全，2023年《民事诉讼法》第289条规定，如果当事人申请采取保全，我国的涉外仲裁机构应将当事人的申请提交被申请人住所地或者财产所在地的中级人民法院；《仲裁法》第68条规定，如果当事人申请证据保全，我国的涉外仲裁机构应将当事人的申请提交证据所在地的中级人民法院。对于撤销或者执行仲裁裁决，如果当事人能够证明存在2023年《民事诉讼法》第291条[2]规定的情形之一，其可以向仲裁机构所在地的中级人民法院申请撤销裁决；如果一方当事人不履行仲裁裁决，对方当事人可以向被申请人住所地或者财产所在地的中级人民

---

〔1〕 2018年11月发布的《最高人民法院办公厅关于确定首批纳入"一站式"国际商事纠纷多元化解决机制的国际商事仲裁及调解机构的通知》和2022年6月发布的《最高人民法院办公厅关于确定第二批纳入"一站式"国际商事纠纷多元化解决机制的国际商事仲裁机构的通知》将以下机构列为最高人民法院选定的符合条件的国际商事仲裁机构：中国国际经济贸易仲裁委员会、上海国际经济贸易仲裁委员会、深圳国际仲裁院、北京仲裁委员会、中国海事仲裁委员会、广州仲裁委员会、上海仲裁委员会、厦门仲裁委员会、海南国际仲裁院（海南仲裁委员会）、香港国际仲裁中心。

〔2〕 2017年《仲裁法》第70条规定："当事人提出证据证明涉外仲裁裁决有民事诉讼法第二百五十八条第一款规定的情形之一的，经人民法院组成合议庭审查核实，裁定撤销。"（注：经北大法宝编辑团队核实，本条引用的2017年《民事诉讼法》"第二百五十八条第一款"应为"第二百七十四条第一款"。）在2023年《民事诉讼法》中，撤销涉外仲裁裁决的情形出现在第291条中。该条款规定的撤销情形包括：（1）当事人在合同中未订有仲裁条款或者事后没有达成书面仲裁协议；（2）被申请人没有得到指定仲裁员或者进行仲裁程序的通知，或者由于其他不属于被申请人负责的原因未能陈述意见；（3）仲裁庭的组成或者仲裁的程序与仲裁规则不符；（4）裁决的事项不属于仲裁协议的范围或者仲裁机构无权仲裁；（5）法院认定执行仲裁裁决将违背社会公共利益。

第七章 以对接全球经济治理为导向的我国涉外商事审判的机制完善

法院申请执行。

我国已有的法律规范已为诉讼、调解、仲裁有机衔接的涉外商事纠纷解决机制的构建奠定了一定的基础。然而，当前的机制尚有需要完善之处。就调解而言，涉外商事案件当事人达成的调解协议如何得到跨境承认与执行是一个亟待解决的问题。将调解协议转化为判决是一种可行的方法。《国际商事法庭程序规则》第 24 条规定，经国际商事专家委员会专家委员或者国际商事调解机构进行调解后，如果当事人达成调解协议并要求发给判决书，国际商事法庭可以制发判决书。对于其他非由最高人民法院国际商事法庭受理的涉外商事案件的调解，2022 年《民事诉讼法司法解释》第 528 条亦有相似的规定，即在涉外民事诉讼中，如果当事人达成调解协议后要求发给判决书，法院可以依据协议的内容制作判决书送达当事人。一旦调解协议转化为我国法院的判决，该判决便可以根据司法协助条约或互惠原则在其他国家得到承认与执行。除上述方法外，还有两种可能的方案。第一种是将调解协议转化为仲裁裁决。1987 年 4 月，《纽约公约》对我国正式生效。这意味着，我国的仲裁裁决可以在众多《纽约公约》缔约国得到承认与执行。因此，增设由国际商事仲裁机构根据当事人业已达成的调解协议的内容制作仲裁裁决的机制，将在增进调解与仲裁衔接度的同时，大大提升调解协议的域外可执行性。[1] 第二种是发挥《联合国关于调解所产生的国际和解协议公约》（以下简称《新加坡调解公约》）的作用。该公约赋予经调解达成的国际商事和解协议以强制执行力，并对缔约国施加了执行此类协议的义务。[2] 2019 年 8 月，我国签署了《新加坡调解公约》。2020 年 9 月，该公约正式生效。这为我国涉外商事调解协议的跨境承认与执行创造了有利条件。

就仲裁而言，仲裁保全、撤销或者执行仲裁裁决是仲裁与诉讼现有的衔接途径。若要进一步激发仲裁在涉外商事纠纷解决中的作用，则有必要在仲裁与诉讼之间开发新的连接机制。一是，将仲裁作为诉讼的前导纠纷解决方式。2021 年《最高人民法院关于深化人民法院一站式多元解纷机制建设推动矛盾纠纷源头化解的实施意见》提出，要推动形成调解、仲裁等非诉方式挺

---

[1] 参见殷敏：《"一带一路"实践下中国国际商事法庭面临的挑战及应对》，载《国际商务研究》2022 年第 4 期。

[2] 参见薛源、程雁群：《以国际商事法庭为核心的我国"一站式"国际商事纠纷解决机制建设》，载《政法论丛》2020 年第 1 期。

前，诉讼托底的分级纠纷化解模式。目前，调解的挺前地位得到了较好体现，而仲裁则不然。《上海法院涉外商事纠纷诉讼、调解、仲裁多元化解决一站式工作机制的指引（试行）》对于深化诉仲对接进行了有益的尝试。比如，该指引规定，法院对于适宜通过仲裁解决的涉外商事纠纷，应引导当事人将案件提交仲裁机构处理；如果当事人在立案审查阶段同意仲裁、诉前调解不成但同意仲裁并达成仲裁协议，或者在诉讼中同意仲裁并达成仲裁协议，那么当事人需填写《提交仲裁处理同意书》，案件随后由当事人提交仲裁机构处理；法院与仲裁机构协同完成仲裁咨询、接收仲裁申请材料、指导订立仲裁协议等工作。在充分发挥仲裁作为前导性涉外商事纠纷解决方式的效用方面，上海法院的前述做法树立了典范。二是，强化保全措施中的诉仲衔接。我国2023年《民事诉讼法》包含三类保全，即证据保全、财产保全、行为保全。[1]然而，现行《仲裁法》只提到了证据保全和财产保全。[2]尽管如此，我国法院已有支持仲裁申请人申请行为保全的案例。[3]2021年7月公布的《仲裁法（修订）（征求意见稿）》已经明文规定了行为保全。[4]这一修改是十分必要的，因为它明确了仲裁保全的类型，有利于仲裁和诉讼更好地对接。[5]此外，

---

[1] 证据保全出现在2023年《民事诉讼法》第84条中。该条第1款规定："在证据可能灭失或者以后难以取得的情况下，当事人可以在诉讼过程中向人民法院申请保全证据，人民法院也可以主动采取保全措施。"财产保全和行为保全出现在2023年《民事诉讼法》第103条中。该条第1款规定："人民法院对于可能因当事人一方的行为或者其他原因，使判决难以执行或者造成当事人其他损害的案件，根据对方当事人的申请，可以裁定对其财产进行保全、责令其作出一定行为或者禁止其作出一定行为；当事人没有提出申请的，人民法院在必要时也可以裁定采取保全措施。"

[2] 证据保全出现在《仲裁法》第46条中。该条款规定："在证据可能灭失或以后难以取得的情况下，当事人可以申请证据保全。当事人申请证据保全的，仲裁委员会应当将当事人的申请提交证据所在地的基层人民法院。"财产保全出现在《仲裁法》第28条中。该条第1款规定："一方当事人因另一方当事人的行为或者其他原因，可能使裁决不能执行或者难以执行的，可以申请财产保全。"

[3] 在中国国际经济贸易仲裁委员会受理的一起仲裁案中，申请人海南亨廷顿医院管理咨询有限公司提出了行为保全的申请。中国国际经济贸易仲裁委员会将申请提交至海南省第一中级人民法院。法院最终裁定，自裁定送达之日起，被申请人慈铭博鳌国际医院有限公司不得再使用生殖健康与不孕不育科室的医疗设备，生殖健康与不孕不育科室不得再接收新的患者。参见（2019）琼96行保1号。

[4] 《仲裁法（修订）（征求意见稿）》第43条规定："当事人在仲裁程序进行前或者进行期间，为了保障仲裁程序的进行、查明争议事实或者裁决执行，可以请求人民法院或者仲裁庭采取与争议标的相关的临时性、紧急性措施。临时措施包括财产保全、证据保全、行为保全和仲裁庭认为有必要的其他短期措施。"

[5] 参见徐伟功：《论我国商事仲裁临时措施制度之立法完善——以〈国际商事仲裁示范法〉为视角》，载《政法论丛》2021年第5期。

第七章 以对接全球经济治理为导向的我国涉外商事审判的机制完善

关于在法院于诉讼过程中采取保全措施后，当事人又将案件提交仲裁的情况下，仲裁保全应如何进行的问题，现行法律未作规定。《上海法院涉外商事纠纷诉讼、调解、仲裁多元化解决一站式工作机制的指引（试行）》提出，受理案件的仲裁机构应将当事人的保全申请提交有管辖权的法院，原审法院依当事人的申请，应及时向有管辖权的法院发送《诉讼转仲裁财产（证据、行为）保全事项告知函》，有管辖权的法院对原审法院的保全材料进行形式审查后，快速办理仲裁保全。上海法院的这一做法打通了诉讼保全向仲裁保全的转化渠道，是值得推广的。

诉讼、调解、仲裁是不同性质的纠纷解决方式，但是他们之间有相通的可能。公正、高效、便捷地平息纷争是涉外商事案件的当事人选择纠纷解决方式的根本出发点。当谈到增强我国涉外商事审判的国际吸引力时，提高涉外商事审判本身的水平固然是一个决定性的方面，可是强化诉调仲的有机衔接同样可以起到这样的效果，因为诉调仲三者的协调发展对于涉外商事审判而言是锦上添花。打造诉调仲三位一体的涉外商事纠纷解决机制为意图选择涉外商事审判的当事人提供了更为安心的保障。这对于提升涉外商事审判的国际吸引力无疑是个加分项。

三、推进涉外商事审判的信息化建设

我国的司法信息化建设肇始于20世纪90年代。1996年5月，最高人民法院召开了"全国法院通信及计算机工作会议"，对全国法院的计算机网络建设作出了部署，将北京、上海、广东等8个高级人民法院及其所辖下级法院列为试点单位。这被视为我国司法信息化起步的标志。[1]21世纪初到2012年是我国司法信息化全面推进的阶段。最高人民法院于2002年成立了信息化建设工作领导小组。2007年《最高人民法院关于全面加强人民法院信息化工作的决定》明确了司法信息化工作的指导思想、基本原则、工作目标、保障措施等。在2012年党的十八大之后，司法信息化的重心被放在了将信息化技术全面应用于司法审判执行和司法管理的全过程，依靠信息技术把握司法工作规律和提高审判能力，通过信息化与审判工作的高度融合实现审判执行流

---

[1] 也有学者认为，我国的司法信息化起始于20世纪80年代"专家系统"的研究和开发。参见孙海波：《反思智能化裁判的可能及限度》，载《国家检察官学院学报》2020年第5期。

程的再造。[1] 2015年《最高人民法院关于全面深化人民法院改革的意见——人民法院第四个五年改革纲要（2014—2018）》提到了65项司法改革的主要任务，其中有35项不同程度地依赖于信息技术手段。到2016年时，我国法院已经建成了以互联互通为主要特征的人民法院信息化2.0版。[2] 同年发布的《人民法院信息化建设五年发展规划（2016—2020）》提出了在新阶段，加强顶层设计、加快系统建设、强化保障体系、提升应用成效这四个方面的重点建设任务要求。到2020年末，全国法院基本实现了"全业务网上办理、全流程依法公开、全方位智能服务"的人民法院信息化3.0版。2021年发布的《人民法院信息化建设五年发展规划（2021—2025）》又提出了新的目标，即建设以知识为中心、智慧法院大脑为内核、司法数据中台为驱动的人民法院信息化4.0版。在我国司法信息化建设更新迭代、稳步发展的浪潮中，涉外商事审判的信息化建设亦取得了实质性的进展，但尚有可改进的空间。

首先，优化线上诉讼服务。司法信息化的初衷之一是实现诉讼服务流程的再造，借助移动互联技术提升整个诉讼程序的效率，切实减轻当事人及律师的负担。为涉外商事案件的当事人及律师提供贯穿立审执全过程的诉讼服务是涉外商事审判信息化的重要方面。目前，涉外商事审判的线上诉讼服务平台已具雏形。自2022年3月1日起，由"中国移动微法院"升级而来的"人民法院在线服务"开始投入使用。它整合了立案、阅卷、送达、保全等诉讼服务功能。然而，在该平台的英文模式下，当事人及律师只能处理应由最高人民法院国际商事法庭受理的涉外商事案件。对于应由其他法院受理的涉外商事案件，当事人及律师只能在中文模式下进行操作。但是，在许多涉外商事纠纷中，当事人一方为外国的自然人或法人。涉外商事审判的线上诉讼服务应为这部分当事人提供可理解的操作系统，以便司法信息化的成果能够普遍惠及国内外的当事人。

其次，完善裁判文书公开。司法的生命力在于公正，也在于公开透明。为了打造一个现代化、人性化的司法信息公开系统，我国搭建起了中国审判流程信息公开网、中国庭审公开网、中国裁判文书网、中国执行信息公开网

---

〔1〕 参见邓凯：《试论中国司法信息化的演进及其技术路径》，载《决策探索（下）》2021年第1期。

〔2〕 参见李林、田禾、吕艳滨：《中国法院信息化发展报告（2017）》，社会科学文献出版社2017年版，第1~31页。

等平台。[1] 裁判文书的公开是司法信息公开的重要组成部分，因为它为社会公众提供了监督司法的渠道，具有普法宣传的功能，还能够提升当事人及律师对相似案件裁判结果的可预见性。2018年《国际商事争端解决意见》提出，要充分利用智慧法院建设成果，加强对涉"一带一路"建设案件的信息化管理。目前，中国裁判文书网将案件类型分为刑事案件、民事案件、行政案件、赔偿案件、执行案件、管辖案件、区际司法协助、国际司法协助、非诉保全、司法制裁、强制清算与破产等。其中并不包含涉外商事案件这一类别。鉴于当前涉外商事案件数量的增多，以及涉外商事审判专业化的发展趋势，有必要将涉外商事案件的裁判文书列为一个专门的类别，以便当事人、律师及其他人士进行查询。

最后，打造"一站式"纠纷解决网络平台。2018年《国际商事争端解决意见》提出了发展便利、快捷、低成本的"一站式"涉外商事纠纷解决机制的构想。司法信息化建设促成了如今线下与线上双线并行的纠纷解决格局。相应地，打造"一站式"解决涉外商事纠纷的网络平台成为整体提升涉外商事审判效能的重要环节。目前，最高人民法院国际商事法庭网站开设了"一站式"国际商事纠纷多元化解决平台。该平台集合了诉讼、调解、仲裁这三种常见的涉外商事纠纷解决方式。相较而言，"人民法院在线服务"平台现仅有诉讼和调解两大模块。在现有的基础上，该平台可以开辟更加丰富的服务，比如，仲裁咨询、调仲对接、诉仲对接、诉调对接等，以使当事人在同一网络平台上便可得到充分的指引，接触到不同的纠纷解决方式，并实现他们之间的程序转化，真正达到"一站式"解决涉外商事纠纷的目的。

一项事物对于大众的吸引力归根结底来源于大众对该事物有足够的了解，并基于这种了解找到了该事物对于自身所具有的价值。因此，提升我国涉外商事审判国际吸引力的关键在于让涉外商事纠纷的既成主体或潜在主体对我国的涉外商事审判有所认识、能用得上、能用得好。由于涉外商事审判处理的是涉外的商事案件，所以相较于国内案件，这种司法活动的开展和推进有其特殊的难度。司法信息化的蓬勃发展为打破涉外商事审判中的信息壁垒带来了契机，为将我国的涉外商事审判推出国门、推向世界创造了机遇。

---

[1] 参见郭烁：《司法过程的信息化应对——互联网时代法院建设的初步研究》，载《暨南学报（哲学社会科学版）》2017年第10期。

参考文献

（一）中文著作

[1] ［法］高宣扬：《当代政治哲学》（下卷），人民出版社 2010 年版。

[2] 陈德铭等：《经济危机与规则重构》，商务印书馆 2014 年版。

[3] 陈光中主编：《刑事诉讼法》，北京大学出版社、高等教育出版社 2016 年版。

[4] 陈亚军：《实用主义：从皮尔士到普特南》，湖南教育出版社 1999 年版。

[5] 杜万华、胡云腾：《最高人民法院民事诉讼法司法解释逐条适用解析》，法律出版社 2015 年版。

[6] 郭凤英：《从管理到治理：体制转型与理念变迁》，西南交通大学出版社 2016 年版。

[7] 韩德培主编：《国际私法》，高等教育出版社 2014 年版。

[8] 韩德培主编：《国际私法》，高等教育出版社、北京大学出版社 2000 年版。

[9] 韩德培：《国际私法新论》，武汉大学出版社 2003 年版。

[10] 韩铁：《美国宪政民主下的司法与资本主义经济发展》，上海三联书店 2009 年版。

[11] 韩忠谟：《法学绪论》，中国政法大学出版社 2002 年版。

[12] 何志鹏：《国际经济法治：全球变革与中国立场》，高等教育出版社 2015 年版。

[13] 胡键：《资本的全球治理：马克思恩格斯国际政治经济学思想研究》，上海人民出版社 2016 年版。

[14] 黄惠康：《中国特色大国外交与国际法》，法律出版社 2019 年版。

[15] 江伟等：《〈中华人民共和国民事诉讼法〉修改建议稿（第三稿）及立法理由》，人民法院出版社 2005 年版。

[16] 江宜桦：《自由民主的理路》，新星出版社 2006 年版。

[17] 金观涛、刘青峰：《观念史研究：中国现代重要政治术语的形成》，法律出版社 2009 年版。

[18] 李浩培：《国际民事程序法概论》，法律出版社 1996 年版。

[19] 李浩培：《条约法概论》，法律出版社 2003 年版。

[20] 李林、田禾、吕艳滨：《中国法院信息化发展报告（2017）》，社会科学文献出版社

2017 年版。
[21] 李双元、谢石松、欧福永：《国际民事诉讼法概论》，武汉大学出版社 2016 年版。
[22] 梁西主编：《国际法》，武汉大学出版社 2003 年版。
[23] 林端：《儒家伦理与法律文化：社会学观点的探索》，中国政法大学出版社 2002 年版。
[24] 林钰雄：《检察官论》，法律出版社 2008 年版。
[25] 刘金国、蒋立山主编：《中国社会转型与法律治理》，中国法制出版社 2007 年版。
[26] 刘仁山：《国际私法》，中国法制出版社 2012 年版。
[27] 乔欣：《仲裁权论》，法律出版社 2009 年版。
[28] 秦亚青：《霸权体系与国际冲突》，上海人民出版社 1999 年版。
[29] 秦亚青：《全球治理：多元世界的秩序重建》，世界知识出版社 2019 年版。
[30] 桑玉成：《利益分化的政治时代》，学林出版社 2002 年版。
[31] 疏义红：《法律解释学实验教程——裁判解释原理与实验操作》，北京大学出版社 2008 年版。
[32] 宋建立：《涉外商事审判：原理与实务》，法律出版社 2016 年版。
[33] 万鄂湘：《涉外商事海事审判指导（2012 年第 2 辑）》，人民法院出版社 2013 年版。
[34] 万鄂湘等：《国际条约法》，武汉大学出版社 1998 年版。
[35] 汪习根主编：《司法权论——当代中国司法权运行的目标模式、方法与技巧》，武汉大学出版社 2006 年版。
[36] 王利明：《司法改革研究》，法律出版社 2000 年版。
[37] 王铁崖：《国际法》，法律出版社 1981 年版。
[38] 王铁崖：《国际法引论》，北京大学出版社 1998 年版。
[39] 王铁崖：《王铁崖文选》，中国政法大学出版社 2003 年版。
[40] 武树臣等：《中国传统法律文化》，北京大学出版社 1994 年版。
[41] 肖永平：《肖永平论冲突法》，武汉大学出版社 2002 年版。
[42] 谢石松：《商事仲裁法学》，高等教育出版社 2003 年版。
[43] 熊先觉：《司法学》，法律出版社 2008 年版。
[44] 徐冬根：《国际私法趋势论》，北京大学出版社 2005 年版。
[45] 徐锦堂：《当事人合意选法实证研究——以我国涉外审判实践为中心》，人民出版社 2010 年版。
[46] 杨良宜：《国际商务仲裁》，中国政法大学出版社 1997 年版。
[47] 杨泽伟：《国际法史论》，高等教育出版社 2011 年版。
[48] 于晓艺：《最忠诚的反叛者——弗兰克法律现实主义思想研究》，中央编译出版社 2014 年版。

[49] 俞可平等：《全球化与国家主权》，社会科学文献出版社 2004 年版。
[50] 俞可平主编：《治理与善治》，社会科学文献出版社 2000 年版。
[51] 袁发强：《涉外民商事司法环境优化机制研究》，北京大学出版社 2018 年版。
[52] 曾令良：《国际法学》，人民法院出版社 2003 年版。
[53] 张文显主编：《法的一般理论》，辽宁大学出版社 1988 年版。
[54] 张文显：《马克思主义法理学——理论、方法和前沿》，高等教育出版社 2003 年版。
[55] 张小明：《国际关系英国学派——历史、理论与中国观》，人民出版社 2010 年版。
[56] 张宇燕、李增刚：《国际经济政治学》，上海人民出版社 2008 年版。
[57] 张宇燕：《全球经济治理：结构变化与我国应对战略研究》，中国社会科学出版社 2017 年版。
[58] 张志铭：《法律解释学》，中国人民大学出版社 2015 年版。
[59] 赵万一：《商法》，中国人民大学出版社 2017 年版。
[60] 郑世保：《电子民事诉讼行为研究》，法律出版社 2016 年版。
[61] 郑玉波：《法谚》（一），法律出版社 2007 年版。
[62] 中国法律年鉴编辑部：《中国法律年鉴 2002》，中国法律年鉴社 2002 年版。
[63] 最高人民法院编：《人民法院改革开放三十年·大事记（1978—2008）》，人民法院出版社 2008 年版。

（二）中文译著

[1] [奥] 阿·菲德罗斯：《国际法》（上册），李浩培译，商务印书馆 1981 年版。
[2] [德] G·拉德布鲁赫：《法哲学》，王朴译，法律出版社 2005 年版。
[3] [德] 伯恩·魏德士：《法理学》，丁晓春、吴越译，法律出版社 2013 年版。
[4] [德] 弗里德里希·卡尔·冯·萨维尼：《法律冲突与法律规则的地域和时间范围》，李双元等译，法律出版社 1999 年版。
[5] [德] 弗里德里希·卡尔·冯·萨维尼：《论立法与法学的当代使命》，许章润译，中国法制出版社 2001 年版。
[6] [德] 黑格尔：《法哲学原理》，范扬、张企泰译，商务印书馆 1961 年版。
[7] [德] 卡尔·拉伦茨：《德国民法通论》（上册），王晓晔等译，法律出版社 2003 年版。
[8] [德] 卡尔·拉伦茨：《法学方法论》，陈爱娥译，商务印书馆 2003 年版。
[9] [德] 卡尔·马克思、弗里德里希·恩格斯：《马克思恩格斯全集》（第一卷），人民出版社 1956 年版。
[10] [德] 克里斯托夫·默勒斯：《德国基本法：历史与内容》，赵真译，中国法制出版社 2014 年版。
[11] [德] 卢曼：《社会的法律》，郑伊倩译，人民出版社 2009 年版。
[12] [德] 罗伯特·霍恩、海因·科茨、汉斯·G·莱塞：《德国民商法导论》，楚建译，

中国大百科全书出版社 1996 年版。

[13] [德] 萨维尼:《当代罗马法体系 I:法律渊源·制定法解释·法律关系》,朱虎译,中国法制出版社 2010 年版。

[14] [德] 乌尔利希·贝克等:《全球政治与全球治理——政治领域的全球化》,张世鹏等编译,中国国际广播出版社 2004 年版。

[15] [德] 尤尔根·哈贝马斯:《交往与社会进化》,张博树译,重庆出版社 1989 年版。

[16] [法] 卢梭:《社会契约论》,何兆武译,商务印书馆 1982 年版。

[17] [法] 洛伊克·卡迪耶:《法国民事司法法》,杨艺宁译,中国政法大学出版社 2010 年版。

[18] [法] 孟德斯鸠:《论法的精神》(上卷),许明龙译,商务印书馆 2012 年版。

[19] [古希腊] 柏拉图:《理想国》,郭斌和、张竹明译,商务印书馆 1986 年版。

[20] [荷] 马丁·W. 海塞林克:《新的欧洲法律文化》,魏磊杰译,中国法制出版社 2010 年版。

[21] [美] E·博登海默:《法理学——法哲学及其方法》,邓正来、姬敬武译,华夏出版社 1987 年版。

[22] [美] 阿奇博尔德·考克斯:《法院与宪法》,田雷译,北京大学出版社 2006 年版。

[23] [美] 埃里克·A·波斯纳:《法律与社会规范》,沈明译,中国政法大学出版社 2004 年版。

[24] [美] 本杰明·N·卡多佐:《法律的成长:法律科学的悖论》,董炯、彭冰译,中国法制出版社 2002 年版。

[25] [美] 本杰明·卡多佐:《司法过程的性质》,苏力译,商务印书馆 2009 年版。

[26] [美] 伯纳德·施瓦茨:《美国法律史》,王军等译,法律出版社 2007 年版。

[27] [美] 布雷恩·Z. 塔玛纳哈:《论法治——历史、政治和理论》,李桂林译,武汉大学出版社 2010 年版。

[28] [美] 富勒:《法律的道德性》,郑戈译,商务印书馆 2005 年版。

[29] [美] 汉密尔顿、杰伊、麦迪逊:《联邦党人文集》,程逢如译,商务印书馆 1980 年版。

[30] [美] 汉斯·凯尔森:《国际法原理》,王铁崖译,华夏出版社 1989 年版。

[31] [美] 理查德·A·波斯纳:《道德和法律理论的疑问》,苏力译,中国政法大学出版社 2001 年版。

[32] [美] 罗伯特·基欧汉、约瑟夫·奈:《权力与相互依赖》,门洪华译,北京大学出版社 2002 年版。

[33] [美] 罗伯特·吉尔平:《世界政治中的战争与变革》,武军、杜建平、松宁译,中国人民大学出版社 1994 年版。

[34] [美] 玛莎·费丽莫:《国际社会中的国家利益》,袁正清译,浙江人民出版社2001年版。

[35] [美] 曼纽尔·卡斯特:《网络社会的崛起》,夏铸九等译,社会科学文献出版社2001年版。

[36] [美] S.E. 斯通普夫、J. 菲泽:《西方哲学史:从苏格拉底到萨特及其后》,匡宏等译,世界图书出版公司2009年版。

[37] [美] 塞缪尔·P. 亨廷顿:《变化社会中的政治秩序》,王冠华等译,上海人民出版社2008年版。

[38] [美] 斯蒂芬·M·菲尔德曼:《从前现代主义到后现代主义的美国法律思想:一次思想航行》,李国庆译,中国政法大学出版社2005年版。

[39] [美] 亚历山大·温特:《国际政治的社会理论》,秦亚青译,上海人民出版社2000年版。

[40] [美] 约翰·杜威:《确定性的寻求:关于知行关系的研究》,傅统先译,上海人民出版社2004年版。

[41] [美] 詹姆斯·C. 斯科特:《国家的视角:那些试图改善人类状况的项目是如何失败的》,王晓毅译,社会科学文献出版社2004年版。

[42] [挪] G·希尔贝克、N·伊耶:《西方哲学史——从古希腊到二十世纪》,童世骏、郁振华、刘进译,上海译文出版社2012年版。

[43] [日] 北胁敏一:《国际私法——国际关系法Ⅱ》,姚梅镇译,法律出版社1989年版。

[44] [日] 棚濑孝雄:《纠纷的解决与审判制度》,王亚新译,中国政法大学出版社1994年版。

[45] [意] 贝卡利亚:《论犯罪与刑罚》,黄风译,中国大百科全书出版社1993年版。

[46] [英] J·G·斯塔克:《国际法导论》,赵维田译,法律出版社1984年版。

[47] [英] 艾伦·雷德芬等:《国际商事仲裁法律与实践》,林一飞、宋连斌译,北京大学出版社2005年版。

[48] [英] 爱德华·卡尔:《20年危机 (1919—1939):国际关系研究导论》,秦亚青译,世界知识出版社2005年版。

[49] [英] 安东尼·吉登斯:《现代性的后果》,田禾译,译林出版社2011年版。

[50] [英] 戴维·赫尔德等:《全球大变革:全球化时代的政治、经济与文化》,杨雪冬等译,社会科学文献出版社2001年版。

[51] [英] 弗兰西斯·培根:《培根论人生》,何新译,天津人民出版社2007年版。

[52] [英] 弗里德利希·冯·哈耶克:《法律、立法与自由》(第1卷),邓正来、张守东、李静冰译,中国大百科全书出版社2000年版。

[53] [英] 赫德利·布尔:《无政府社会:世界政治秩序研究》,张小明译,世界知识出

版社 2003 年版。

［54］［英］洛克:《政府论》（下篇），瞿菊农、叶启芳译，商务印书馆 1982 年版。

［55］［英］帕特莎·波尼、埃伦·波义尔:《国际法与环境》，那力、王彦志、王小钢译，高等教育出版社 2007 年版。

［56］［英］齐格蒙特·鲍曼:《流动的时代:生活于充满不确定性的年代》，谷蕾、武媛媛译，江苏人民出版社 2012 年版。

［57］［英］施米托夫:《国际贸易法文选》，赵秀文译，中国大百科全书出版社 1993 年版。

［58］［英］伊恩·布朗利:《国际公法原理》，曾令良等译，法律出版社 2003 年版。

（三）英文著作

［1］Aharon Barak, *Purposive Interpretation in Law*, Princeton University Press, 2005.

［2］Andrew T. Guzman, *How International Law Works: A Rational Choice Theory*, Oxford University Press, 2008.

［3］Carolyn Rhodes, *Reciprocity, United States Trade Policy, and the GATT Regime*, Cornell University Press, 1993.

［4］Charles P. Kindleberger, *World Economic Primacy: 1500-1990*, Oxford University Press, 1996.

［5］David Hume, *The History of England*, Vol. 5, Liberty Fund Inc., 1983.

［6］Ephraim Lipson, *The Economic History of England (Volume I)*, Adam & Charles Black, 1947.

［7］Gilbert R. Winham, *International Trade and the Tokyo Round Negotiation*, Princeton University Press, 1986.

［8］H. L. A. Hart, *The Concept of Law*, Oxford University Press, 1994.

［9］Hans J. Morgenthau, *Politics Among Nations: The Struggle for Power and Peace*, Alfred Knopf, 1948.

［10］Ian Brownlie, *Principles of Public International Law*, Oxford University Press, 2003.

［11］Immanuel Wallerstein, *The Politics of the World-Economy: The States, the Movements and the Civilizations*, Cambridge University Press, 1984.

［12］John S. Odell, *U. S. International Monetary Policy: Markets, Power, and Ideas as Sources of Change*, Princeton University Press, 1982.

［13］Joseph S. Nye, Jr., *The Future of Power*, Public Affairs, 2011.

［14］Kenneth N. Waltz, *Theory of International Politics*, McGraw-Hill, 1979.

［15］Kenneth W. Dam, *The GATT: Law and International Economic Organization*, University of Chicago Press, 1970.

［16］Leon E. Trakman, *The Law Merchant: The Evolution of Commercial Law*, Fred B. Rothman & Co., 1983.

［17］Linda Senden, *Soft Law in European Community Law*, Hart Publishing, 2004.

[18] Malcolm N. Shaw, *International Law*, Cambridge University Press, 2008.

[19] Mancur Olson, *The Logic of Collective Action: Public Goods and the Theory of Groups*, Harvard University Press, 1965.

[20] Richard Baldwin, *The Great Convergence: Information Technology and the New Globalization*, Harvard University Press, 2016.

[21] Robert Axelrod, *The Evolution of Cooperation*, Basic Books, 1984.

[22] Robert Gilpin, *U. S. Power and the Multinational Corporation: The Political Economy of Foreign Direct Investment*, Basic Books, 1975.

[23] Robert Gilpin, *War and Change in World Politics*, Cambridge University Press, 1981.

[24] Simon Bromley, *American Hegemony and World Oil: The Industry, the State System, and the World Economy*, Polity Press, 1991.

[25] Symeon C. Symeonides, *Codifying Choice of Law Around the World: An International Comparative Analysis*, Oxford University Press, 2014.

[26] Thomas G. Paterson & J. Garry Clifford, *America Ascendant: US Foreign Relations Since 1939*, D. C. Heath & Company, 1995.

[27] Tim Dunne, *Inventing International Society: A History of the Eaglish School*, Palgrave Macmillan, 1998.

（四）中文论文

[1] ［美］马丁·斯通：《聚焦法律：法律解释不是什么》，载［美］安德雷·马默主编：《法律与解释：法哲学论文集》，张卓明等译，法律出版社2006年版。

[2] ［美］迈尔斯·凯勒：《新兴大国与全球治理的未来》，游腾飞编译，载《学习与探索》2014年第10期。

[3] ［英］格里·斯托克：《作为理论的治理：五个论点》，华夏风译，载《国际社会科学杂志（中文版）》2019年第3期。

[4] 卜璐：《"一带一路"背景下我国国际商事法庭的运行》，载《求是学刊》2018年第5期。

[5] 蔡从燕、王一斐：《大国崛起中的跨国司法对话——中国司法如何促进实施"一带一路"倡议》，载《国际法研究》2022年第1期。

[6] 蔡拓、张冰冰：《从国家主义走向世界主义——自由主义国际秩序的辨析与反思》，载《探索与争鸣》2022年第7期。

[7] 蔡拓：《全球主义观照下的国家主义——全球化时代的理论与价值选择》，载《世界经济与政治》2020年第10期。

[8] 蔡拓：《全球主义与国家主义》，载《中国社会科学》2000年第3期。

[9] 蔡拓：《中国参与全球治理的新问题与新关切》，载《学术界》2016年第9期。

[10] 蔡肖文：《构建和谐社会：司法的功能、作用和使命》，载《太平洋学报》2007 年第 11 期。

[11] 蔡一鸣：《世界经济霸权国家更迭研究》，载《经济评论》2009 年第 5 期。

[12] 蔡一鸣：《西方经济霸权理论：回顾与展望》，载《当代经济研究》2008 年第 7 期。

[13] 曹佳、普畅：《民商事案件域外取证研究——以民事诉讼法为视角》，载《江汉学术》2019 年第 3 期。

[14] 常娱、钱学锋：《制度型开放的内涵、现状与路径》，载《世界经济研究》2022 年第 5 期。

[15] 车丕照、张普：《条约在涉外民商事案件中的适用——以当事人约定适用为前提》，载《河南师范大学学报（哲学社会科学版）》2021 年第 6 期。

[16] 陈安：《美国 1994 年"主权大辩论"及其后续影响》，载《中国社会科学》2001 年第 5 期。

[17] 陈光中、陈瑞华、汤维建：《市场经济与刑事诉讼法学的展望》，载《中国法学》1993 年第 5 期。

[18] 陈金钊：《法官司法的克制主义姿态及其范围》，载陈金钊、谢晖主编：《法律方法》（第七卷），山东人民出版社 2008 年版。

[19] 陈金钊：《法律解释规则及其运用研究（中）——法律解释规则及其分类》，载《政法论丛》2013 年第 4 期。

[20] 陈锦波：《电子送达的实践图景与规范体系》，载《浙江学刊》2020 年第 1 期。

[21] 陈坤：《"法律解释"的概念厘定》，载《法学家》2022 年第 2 期。

[22] 陈婉姝：《国际商事专家委员会运行机制的创新、困境及纾解》，载《武大国际法评论》2022 年第 5 期。

[23] 陈伟光、刘彬、聂世坤：《融合还是分立：全球经济治理制度变迁的逻辑》，载《东北亚论坛》2022 年第 3 期。

[24] 陈伟光、王燕：《全球经济治理制度性话语权：一个基本的理论分析框架》，载《社会科学》2016 年第 10 期。

[25] 陈星儒、周海源：《司法参与社会治理的正当性进路分析》，载《湖北社会科学》2018 年第 4 期。

[26] 陈艳恩：《浅议替代性纠纷解决机制（ADR）》，载《学术论坛》2010 年第 7 期。

[27] 程汉大：《亨利二世司法改革新论》，载《环球法律评论》2009 年第 2 期。

[28] 程永林、黄亮雄：《霸权衰退、公共品供给与全球经济治理》，载《世界经济与政治》2018 年第 5 期。

[29] 丑则静：《维护践行多边主义破解全球治理之困》，载《红旗文稿》2021 年第 10 期。

[30] 崔永东：《司法能动论：历史考察与现实评价》，载《法学杂志》2013 年第 8 期。

[31] 戴建志：《司法宣传：司法活动中的沟通艺术》，载《人民司法》2010年第19期。

[32] 邓凯：《试论中国司法信息化的演进及其技术路径》，载《决策探索（下）》2021年第1期。

[33] 丁丽柏、金华：《论习近平法治思想中的国内法治与国际法治互动理念》，载《广西社会科学》2021年第12期。

[34] 丁伟：《〈民法典〉编纂催生2.0版〈涉外民事关系法律适用法〉》，载《东方法学》2019年第1期。

[35] 丁伟：《我国对涉外民商事案件实行集中管辖的利弊分析——评〈最高人民法院关于涉外民商事诉讼管辖权若干问题的规定〉》，载《法学》2003年第8期。

[36] 董皞：《法官释法的困惑与出路》，载《法商研究》2004年第2期。

[37] 董玉庭：《论法律原则》，载《法制与社会发展》1999年第6期。

[38] 杜焕芳、李贤森：《人类命运共同体思想引领下的国际法解释：态度、立场与维度》，载《法制与社会发展》2019年第2期。

[39] 杜焕芳：《中国法院涉外管辖权实证研究》，载《法学家》2007年第2期。

[40] 杜军：《我国国际商事调解法治化的思考》，载《法律适用》2021年第1期。

[41] 段厚省：《法官造法与司法权威》，载《政治与法律》2004年第5期。

[42] 范冰仪：《我国承认与执行外国判决中适用互惠原则的实证研究》，载《国际经济法学刊》2021年第3期。

[43] 房广亮：《利益衡量方法的司法适用思考——基于274份裁判文书的考察》，载《理论探索》2016年第3期。

[44] 费秀艳：《国际商事调解的法律性质及其制度构建》，载《江汉论坛》2022年第11期。

[45] 福建师范大学竞争力研究中心课题组：《中国共产党百年经济建设的辉煌成就与宝贵经验》，载《东南学术》2021年第4期。

[46] 高宏贵、司珊：《我国处理涉外民商事关系时对国际惯例的适用——以国际私法的渊源为视角》，载《华中师范大学学报（人文社会科学版）》2010年第3期。

[47] 高凛：《全球化进程中国家主权让渡的现实分析》，载《山西师大学报（社会科学版）》2005年第3期。

[48] 高晓力：《中国法院承认和执行外国仲裁裁决的积极实践》，载《法律适用》2018年第5期。

[49] 高杨、曲庆彪：《人类命运共同体理念与新型经济全球化愿景》，载《西北民族研究》2022年第2期。

[50] 高长富：《浅议法律全球化——兼论国际法和国内法的互动》，载《吉首大学学报（社会科学版）》2008年第3期。

[51] 公丕祥：《中国式法治现代化新道路的演进历程》，载《学术界》2022年第4期。

[52] 郭雳：《创新涉外卓越法治人才培养模式》，载《国家教育行政学院学报》2020年第12期。

[53] 郭烁：《司法过程的信息化应对——互联网时代法院建设的初步研究》，载《暨南学报（哲学社会科学版）》2017年第10期。

[54] 郭延军：《循宪法指引理顺法官管理规则体系》，载《政治与法律》2019年第12期。

[55] 郭艳琴：《超越"金德尔伯格陷阱"，开启全球经济治理新时代》，载《经济问题探索》2019年第2期。

[56] 韩家平等：《中国市场主体发展活力研究报告（2021年）》，载《征信》2022年第8期。

[57] 韩永红：《"一带一路"国际合作软法保障机制论纲》，载《当代法学》2016年第4期。

[58] 韩召颖、吕贤：《全球经济治理创新：一项基于议题调适和规则重构的分析》，载《世界经济与政治论坛》2021年第1期。

[59] 何其生课题组：《论中国国际商事法庭的构建》，载《武大国际法评论》2018年第3期。

[60] 何四海、何文燕：《民事公告送达的法理分析——基于传播的视角》，载《求索》2008年第6期。

[61] 何志鹏：《"良法"与"善治"何以同样重要——国际法治标准的审思》，载《浙江大学学报（人文社会科学版）》2014年第3期。

[62] 何志鹏：《国际法治：良法善治还是强权政治》，载《当代法学》2008年第2期。

[63] 何志鹏：《国际法治：一个概念的界定》，载《政法论坛》2009年第4期。

[64] 何志鹏：《国际法治的中国表达》，载《中国社会科学》2015年第10期。

[65] 何志鹏：《国际法治何以必要——基于实践与理论的阐释》，载《当代法学》2014年第2期。

[66] 何志鹏：《国际法治中的"大国不可能三角"》，载《学术月刊》2022年第6期。

[67] 贺荣：《论中国司法参与国际经济规则的制定》，载《国际法研究》2016年第1期。

[68] 贺小荣：《意思自治与公共秩序——公共秩序对合同效力的影响及其限度》，载《法律适用》2021年第2期。

[69] 侯冠华：《习近平多边主义重要论述探析》，载《理论探索》2021年第2期。

[70] 侯明明：《"通过司法判决塑造公众法治观念"命题的逻辑理路》，载《天府新论》2017年第4期。

[71] 侯淑雯：《司法衡平艺术与司法能动主义》，载《法学研究》2007年第1期。

[72] 胡道才：《发挥商事审判的规制指引功能　推进社会管理创新》，载《人民司法》

2011 年第 1 期。
［73］胡键：《全球经济治理体系的嬗变与中国的机制创新》，载《国际经贸探索》2020 年第 5 期。
［74］胡键：《全球经济治理主体间关系研究》，载《国际经贸探索》2021 年第 9 期。
［75］胡铭：《司法公信力的理性解释与建构》，载《中国社会科学》2015 年第 4 期。
［76］胡晓涛：《替代性纠纷解决机制的价值及在中国的适用分析》，载《江西财经大学学报》2011 年第 6 期。
［77］胡晓霞：《论法治化营商环境之司法方案》，载《中国应用法学》2021 年第 6 期。
［78］胡玉鸿：《关于"利益衡量"的几个法理问题》，载《现代法学》2001 年第 4 期。
［79］胡振杰、李双元：《从我国法院的几个案例谈国际私法上公共秩序保留制度的正确运用》，载《政法论坛》1992 年第 5 期。
［80］胡振杰：《不方便法院说比较研究》，载《法学研究》2002 年第 4 期。
［81］黄晖、张春良：《论条约在我国涉外民事关系中的适用——基于规则和实践的考察》，载《法商研究》2014 年第 5 期。
［82］黄惠康：《从战略高度推进高素质涉外法律人才队伍建设》，载《国际法研究》2020 年第 3 期。
［83］黄进、杜焕芳：《"外国法的查明和解释"的条文设计与论证》，载《求是学刊》2005 年第 2 期。
［84］黄进、刘静坤、刘天舒：《中国国际商事法庭制度改革探析》，载《武大国际法评论》2020 年第 6 期。
［85］黄梅波：《国际货币基金组织的内部决策机制及其改革》，载《国际论坛》2006 年第 1 期。
［86］黄鹏、陈靓：《数字经济全球化下的世界经济运行机制与规则构建：基于要素流动理论的视角》，载《世界经济研究》2021 年第 3 期。
［87］黄少安、郭冉：《新中国参与全球治理的回顾和总结》，载《山东社会科学》2020 年第 6 期。
［88］黄双全：《论公开审判制度的完善》，载《中国法学》1999 年第 1 期。
［89］黄薇：《国际组织中的权力计算——以 IMF 份额与投票权改革为例的分析》，载《中国社会科学》2016 年第 12 期。
［90］黄锡生、余晓龙：《以绩效管理为借鉴的法官业绩考评机制再造》，载《东岳论丛》2019 年第 12 期。
［91］黄新华、黄钊璇：《改革开放以来国家治理价值取向的变迁：动因、逻辑与路径》，载《学习论坛》2022 年第 4 期。
［92］黄长营：《替代性纠纷解决机制效率研究》，载《河北法学》2007 年第 1 期。

[93] 黄真：《中国国际合作理论：目的、途径与价值》，载《国际论坛》2007 年第 6 期。

[94] 霍政欣：《论全球治理体系中的国内法院》，载《中国法学》2018 年第 3 期。

[95] 季金华：《司法的法律发展功能及其价值机理》，载《政法论丛》2019 年第 1 期。

[96] 贾少学：《国际法与国内法关系论争的时代危机——对一元论和二元论进路的反思》，载《法制与社会发展》2009 年第 2 期。

[97] 江必新、程琥：《司法程序公开研究》，载《法律适用》2014 年第 1 期。

[98] 江必新：《商事审判与非商事民事审判之比较研究》，载《法律适用》2019 年第 15 期。

[99] 江必新：《在法律之内寻求社会效果》，载《中国法学》2009 年第 3 期。

[100] 江必新：《正确认识司法与政治的关系》，载《求是》2009 年第 24 期。

[101] 江河：《国家主权的双重属性和大国海权的强化》，载《政法论坛》2017 年第 1 期。

[102] 江时学：《"逆全球化"概念辨析——兼论全球化的动力与阻力》，载《国际关系研究》2021 年第 6 期。

[103] 姜保忠：《法律解释及其在法律适用中的作用》，载《法学杂志》2011 年第 6 期。

[104] 姜丽丽：《论我国仲裁机构的法律属性及其改革方向》，载《比较法研究》2019 年第 3 期。

[105] 蒋红珍、李学尧：《论司法的原初与衍生功能》，载《法学论坛》2004 年第 2 期。

[106] 蒋明、蒋海曦：《现阶段全球经济新秩序初论》，载《当代经济研究》2013 年第 7 期。

[107] 蒋欣娟、孙倩倩、吴福象：《技术专业化分工、地区创新能力演化与区域协调发展》，载《城市问题》2022 年第 1 期。

[108] 蒋银华：《论司法的功能体系及其优化》，载《法学论坛》2017 年第 3 期。

[109] 解永照：《论法律解释的目标》，载《山东社会科学》2017 年第 3 期。

[110] 金彭年、王健芳：《国际私法上意思自治原则的法哲学分析》，载《法制与社会发展》2003 年第 1 期。

[111] 鞠海亭：《电子方式送达法律文书问题研究》，载《人民司法》2006 年第 5 期。

[112] 康宁：《契约性与司法化——国际商事仲裁的生成逻辑及对"一带一路"建设的启示》，载《政法论坛》2019 年第 4 期。

[113] 柯卫、马腾：《新自然法学法治论之旨趣及启示》，载《广东社会科学》2017 年第 1 期。

[114] 孔庆江、梅冰：《国际条约在涉外审判中的适用》，载《国际商务研究》2022 年第 3 期。

[115] 李炳烁：《通过司法的基层社会治理：解释框架与转型空间》，载《江苏社会科学》2018 年第 3 期。

[116] 李朝祥、韩璞庚：《国际话语权的三重维度和基本构成》，载《学习与探索》2019年第5期。

[117] 李敦瑞：《全球经济治理体系变革的机制及其趋势》，载《治理研究》2021年第5期。

[118] 李桂林：《司法能动主义及其实行条件——基于美国司法能动主义的考察》，载《华东政法大学学报》2010年第1期。

[119] 李浩：《民事诉讼专属管辖制度研究》，载《法商研究》2009年第2期。

[120] 李红勃：《通过政策的司法治理》，载《中国法学》2020年第3期。

[121] 李辉：《司法能动主义与司法克制主义的比较分析》，载陈金钊、谢晖主编：《法律方法》（第八卷），山东人民出版社2009年版。

[122] 李慧英、黄桂琴：《论国家主权的让渡》，载《河北法学》2004年第7期。

[123] 李建伟：《习近平法治思想中的营商环境法治观》，载《法学论坛》2022年第3期。

[124] 李健男：《论国际惯例在我国涉外民事关系中的适用——兼评〈涉外民事关系法律适用法〉》，载《太平洋学报》2011年第6期。

[125] 李金华：《供给侧改革背景下新兴经济体发展现实比较及延伸思考》，载《财贸经济》2020年第4期。

[126] 李晶：《涉外民事管辖权立法完善研究》，载《政治与法律》2013年第8期。

[127] 李力、韩德明：《解释论、语用学和法律事实的合理性标准》，载《法学研究》2002年第5期。

[128] 李少军：《论国家利益》，载《世界经济与政治》2003年第1期。

[129] 李双元、邓杰、熊之才：《国际社会本位的理念与法院地法适用的合理限制》，载《武汉大学学报（社会科学版）》2001年第5期。

[130] 李旺：《当事人意思自治与国际条约的适用》，载《清华法学》2017年第4期。

[131] 李旺：《论承认外国法院判决的互惠原则》，载《南大法学》2022年第1期。

[132] 李文健：《转型时期的刑诉法学及其价值论》，载《法学研究》1997年第4期。

[133] 李晓峰：《略论西方法治理论的发展及其思想渊源》，载《法学评论》2000年第4期。

[134] 李晓燕：《从多边主义到新多边主义：共识稀缺困境及其出路》，载《学术界》2022年第5期。

[135] 李晓燕：《多边主义再思考与世界秩序重构》，载《东北亚论坛》2021年第6期。

[136] 李永军：《从契约自由原则的基础看其在现代合同法上的地位》，载《比较法研究》2002年第4期。

[137] 李由：《全球经济治理机制变迁与中美方案的历史考察》，载《经济问题》2018年第6期。

[138] 李玉璧、李刈：《论法治社会中的司法公正》，载《西北师大学报（社会科学版）》

2000 年第 4 期。

[139] 廖凡：《多边主义与国际法治》，载《中国社会科学》2023 年第 8 期。

[140] 廖诗评：《条约解释方法在解决条约冲突中的运用》，载《外交评论》2008 年第 5 期。

[141] 廖永安、胡军辉：《试论我国民事公告送达制度的改革与完善》，载《太平洋学报》2007 年第 11 期。

[142] 林福辰：《中国国际商事法庭的运行机制研究》，载《四川师范大学学报（社会科学版）》2022 年第 1 期。

[143] 林燕萍、黄艳如：《外国法为何难以查明——基于〈涉外民事关系法律适用法〉第 10 条的实证分析》，载《法学》2014 年第 10 期。

[144] 林跃勤：《全球经济治理变革与新兴国家制度性话语权提升研究》，载《社会科学》2020 年第 11 期。

[145] 刘彬、陈伟光：《制度型开放：中国参与全球经济治理的制度路径》，载《国际论坛》2022 年第 1 期。

[146] 刘东杰：《我国社会治理的历史变迁、内在逻辑与未来展望》，载《湖南社会科学》2022 年第 4 期。

[147] 刘风景：《法律原则的结构与功能——基于窗户隐喻的阐释》，载《江汉论坛》2015 年第 4 期。

[148] 刘宏松、程海烨：《跨境数据流动的全球治理——进展、趋势与中国路径》，载《国际展望》2020 年第 6 期。

[149] 刘敬东：《浅析 WTO 未来之路——WTO 改革动向及思考》，载《法学杂志》2013 年第 4 期。

[150] 刘静：《比较法视野下中国国际商事法庭的创设与运作》，载《商事仲裁与调解》2022 年第 3 期。

[151] 刘俊敏、童铮恺：《"一带一路"背景下我国国际商事法庭的建设与完善》，载《河北法学》2019 年第 8 期。

[152] 刘明：《全球治理语境中的世界共同体观念——主题、类型及其治理逻辑》，载《南开学报（哲学社会科学版）》2022 年第 4 期。

[153] 刘萍、马慧珠：《公共秩序保留制度及其在我国的运用》，载《理论导刊》2003 年第 7 期。

[154] 刘青建：《国家主权理论探析》，载《中国人民大学学报》2004 年第 6 期。

[155] 刘卿、刘畅：《深刻理解"两个大局"的理论逻辑与外交指导意义》，载《国际问题研究》2021 年第 5 期。

[156] 刘仁山、陈杰：《我国面临的国际平行诉讼问题与协调对策》，载《东岳论丛》2019

年第 12 期。

[157] 刘仁山、徐敏：《论国家主权理论的新发展》，载《南京社会科学》2002 年第 9 期。

[158] 刘仁山：《"直接适用的法"在我国的适用——兼评〈涉外民事关系法律适用法解释（一）〉第 10 条》，载《法商研究》2013 年第 3 期。

[159] 刘世强：《霸权依赖与领导国家权势衰落的逻辑》，载《世界经济与政治》2012 年第 5 期。

[160] 刘晓红、周祺：《我国建立临时仲裁利弊分析和时机选择》，载《南京社会科学》2012 年第 9 期。

[161] 刘晓红、周祺：《协议管辖制度中的实际联系原则与不方便法院原则——兼及我国协议管辖制度之检视》，载《法学》2014 年第 12 期。

[162] 刘晓源：《法律解释的难题——关于形式合理性与实质正义的取舍》，载《东岳论丛》2009 年第 12 期。

[163] 刘雪红：《论条约演化解释对国家同意原则的冲击》，载《法律科学（西北政法大学学报）》2017 年第 3 期。

[164] 刘勇、王怀信：《全球经济治理中制度性话语权的三重特征》，载《江苏大学学报（社会科学版）》2020 年第 3 期。

[165] 刘志云：《论国家利益与国际法的关系演变》，载《世界经济与政治》2014 年第 5 期。

[166] 刘仲屹：《司法实践对我国立法完善的必要性分析——以司法实践与立法完善的关系为视角》，载《比较法研究》2016 年第 2 期。

[167] 柳亦博：《由"化繁为简"到"与繁共生"：复杂性社会治理的逻辑转向》，载《北京行政学院学报》2016 年第 6 期。

[168] 卢江、许凌云、梁梓璇：《世界经济格局新变化与全球经济治理模式创新研究》，载《政治经济学评论》2022 年第 3 期。

[169] 陆寒寅：《再议金本位制和 30 年代大危机：起因、扩散和复苏》，载《复旦学报（社会科学版）》2008 年第 1 期。

[170] 罗国强：《一般法律原则的困境与出路——从〈国际法院规约〉第 38 条的悖论谈起》，载《法学评论》2010 年第 2 期。

[171] 罗豪才、宋功德：《认真对待软法——公域软法的一般理论及其中国实践》，载《中国法学》2006 年第 2 期。

[172] 罗来军：《推动全球治理体制更加公正合理》，载《红旗文稿》2021 年第 3 期。

[173] 吕岩峰：《限制当事人意思自治问题之探讨》，载《吉林大学社会科学学报》1993 年第 5 期。

[174] 麻锦亮：《"走出去"纠纷：涉外商事审判面临的挑战与应对》，载《法律适用》

2014 年第 12 期。

[175] 马超、王岩：《逆全球化思潮的演进、成因及其应对》，载《思想教育研究》2021 年第 6 期。

[176] 马明飞、蔡斯扬：《"一带一路"倡议下外国法查明制度的完善》，载《法学》2018 年第 3 期。

[177] 马明飞、蔡斯扬：《我国承认与执行外国判决中的互惠原则：困境与破解》，载《政治与法律》2019 年第 3 期。

[178] 马相东、王跃生：《新时代吸引外资新方略：从招商政策优惠到营商环境优化》，载《中共中央党校学报》2018 年第 4 期。

[179] 马忠法、赵建福：《全球治理语境下的商业组织与国际法》，载《学海》2020 年第 1 期。

[180] 毛晓飞：《独特的德国国际商事法庭模式——解析〈联邦德国引入国际商事法庭立法草案〉》，载《国际法研究》2018 年第 6 期。

[181] 米健：《一个西方学者眼中的中国法律文化——读何意志近著〈中国法律文化概要〉》，载《法学家》2001 年第 5 期。

[182] 闵春雷：《以审判为中心：内涵解读及实现路径》，载《法律科学（西北政法大学学报）》2015 年第 3 期。

[183] 倪弘：《司法公正与法治国家》，载《西南民族学院学报（哲学社会科学版）》1999 年第 2 期。

[184] 聂友伦：《论司法解释的立法性质》，载《华东政法大学学报》2020 年第 3 期。

[185] 庞正：《论权力制约的社会之维》，载《社会科学战线》2016 年第 2 期。

[186] 裴长洪：《全球经济治理、公共品与中国扩大开放》，载《经济研究》2014 年第 3 期。

[187] 裴长洪：《用科学发展观丰富利用外资的理论与实践》，载《财贸经济》2005 年第 1 期。

[188] 彭启福、钟俊：《论法院自由裁量权的规范——基于法律解释方法的分析》，载《烟台大学学报（哲学社会科学版）》2015 年第 2 期。

[189] 彭向刚、马冉：《政企关系视域下的营商环境法治化》，载《行政论坛》2020 年第 2 期。

[190] 浦兴祖：《重新认识"被选举权"》，载《探索与争鸣》2016 年第 3 期。

[191] 齐崇文：《浅议法院在多元化纠纷解决机制构建中的角色定位——以"能动司法"与"被动司法"之争为视角》，载《东岳论丛》2011 年第 3 期。

[192] 钱鸿猷：《西方法治精神和中国法治之路》，载《中外法学》1995 年第 6 期。

[193] 钱静、肖永平：《全球治理视阈下的国际法治构建》，载《学习与实践》2016 年第

11 期。

[194] 强世功：《"法治中国"的道路选择——从法律帝国到多元主义法治共和国》，载《文化纵横》2014 年第 4 期。

[195] 强世功：《权力的组织网络与法律的治理化——马锡五审判方式与中国法律的新传统》，载《北大法律评论》2000 年第 2 期。

[196] 秦亚青：《国际制度与国际合作——反思新自由制度主义》，载《外交学院学报》1998 年第 1 期。

[197] 秦亚青：《全球治理失灵与秩序理念的重建》，载《世界经济与政治》2013 年第 4 期。

[198] 秦亚青：《世界秩序的变革：从霸权到包容性多边主义》，载《亚太安全与海洋研究》2021 年第 2 期。

[199] 邱本：《论市场竞争法的基础》，载《中国法学》2003 年第 4 期。

[200] 任际：《国际私法中公共秩序保留的综合要素及适用趋势》，载《武汉大学学报（哲学社会科学版）》2013 年第 6 期。

[201] 上官丕亮：《法官法律解释权刍议》，载《江海学刊》2010 年第 3 期。

[202] 邵方：《法人类学视野下的互惠原则》，载《政法论坛》2021 年第 3 期。

[203] 邵明：《宪法视野中的民事诉讼正当程序——兼论我国〈民事诉讼法〉的修改理念》，载《中国人民大学学报》2009 年第 6 期。

[204] 申伟：《中国司法的"系统—功能"定位》，载《环球法律评论》2021 年第 5 期。

[205] 沈芳君：《"一带一路"背景下涉外商事纠纷多元化解机制实证研究》，载《法律适用》2022 年第 8 期。

[206] 沈红雨：《外国民商事判决承认和执行若干疑难问题研究》，载《法律适用》2018 年第 5 期。

[207] 沈四宝、谢进：《论国际条约在我国的适用》，载《甘肃社会科学》2010 年第 3 期。

[208] 沈伟：《国际商事法庭的趋势、逻辑和功能——以仲裁、金融和司法为研究维度》，载《国际法研究》2018 年第 5 期。

[209] 盛斌、黎峰：《经济全球化中的生产要素分工、流动与收益》，载《世界经济与政治论坛》2021 年第 5 期。

[210] 施卫萍、王会花：《国际合作理论的中国创新：多文明国际合作理论》，载《社会主义研究》2022 年第 4 期。

[211] 石先钰：《论公开审判的价值及制度完善》，载《社会主义研究》2004 年第 1 期。

[212] 时飞：《最高人民法院政治任务的变化——以 1950—2007 年最高人民法院工作报告为中心》，载《开放时代》2008 年第 1 期。

[213] 舒国滢：《法律原则适用中的难题何在》，载《苏州大学学报（哲学社会科学版）》

2004 年第 6 期。

[214] 舒建中:《试论美国与布雷顿森林体系的解体》,载《西南大学学报(社会科学版)》2017 年第 3 期。

[215] 舒小庆:《试论司法在国家治理中的地位和作用》,载《求实》2014 年第 12 期。

[216] 宋保振:《司法的社会功能及其实现》,载《济南大学学报(社会科学版)》2020 年第 6 期。

[217] 宋朝武:《民事电子送达问题研究》,载《法学家》2008 年第 6 期。

[218] 宋旭光:《论法律原则与法律规则的区分:从逻辑结构出发》,载《浙江社会科学》2022 年第 2 期。

[219] 宋阳:《论国际商事惯例的性质及司法适用》,载《法学杂志》2015 年第 9 期。

[220] 宋远升:《司法能动主义与克制主义的边界与抉择》,载《东岳论丛》2017 年第 12 期。

[221] 苏力:《解释的难题:对几种法律文本解释方法的追问》,载《中国社会科学》1997 年第 4 期。

[222] 孙海波:《"后果考量"与"法条主义"的较量——穿行于法律方法的噩梦与美梦之间》,载《法制与社会发展》2015 年第 2 期。

[223] 孙海波:《反思智能化裁判的可能及限度》,载《国家检察官学院学报》2020 年第 5 期。

[224] 孙吉胜:《新冠肺炎疫情与全球治理变革》,载《世界经济与政治》2020 年第 5 期。

[225] 孙立平:《社会转型:发展社会学的新议题》,载《社会学研究》2005 年第 1 期。

[226] 孙尚鸿:《国际私法的逻辑体系与立法定位》,载《法学评论》2019 年第 2 期。

[227] 孙笑侠、吴彦:《论司法的法理功能与社会功能》,载《中国法律评论》2016 年第 4 期。

[228] 孙笑侠:《论司法多元功能的逻辑关系——兼论司法功能有限主义》,载《清华法学》2016 年第 6 期。

[229] 陶富源:《关于逆全球化的当代主要矛盾论分析与应对》,载《安徽师范大学学报(人文社会科学版)》2022 年第 1 期。

[230] 陶凯元:《国际法与国内法关系的再认识——凯尔森国际法学思想述评》,载《暨南学报(哲学社会科学)》1999 年第 1 期。

[231] 陶立峰、高永宸:《我国三类特殊涉外经济合同纠纷专属管辖条款之重构》,载《国际商务研究》2013 年第 4 期。

[232] 佟家栋、何欢、涂红:《逆全球化与国际经济新秩序的开启》,载《南开学报(哲学社会科学版)》2020 年第 2 期。

[233] 万鄂湘、余晓汉:《国际条约适用于国内无涉外因素的民事关系探析》,载《中国法

学》2018 年第 5 期。

[234] 王斌通：《新时代"枫桥经验"与矛盾纠纷源头治理的法治化》，载《行政管理改革》2021 年第 12 期。

[235] 王帆：《责任转移视域下的全球化转型与中国战略选择》，载《中国社会科学》2018 年第 8 期。

[236] 王公龙等：《二十大报告读解：促进世界和平与发展，推进构建人类命运共同体》，载《国际关系研究》2022 年第 5 期。

[237] 王贵国：《百年变局下之国际法治——中华传统文化的视角》，载《中国法律评论》2022 年第 1 期。

[238] 王虹霞：《司法裁判中法官利益衡量的展开——普通法系下的实践及其启示》，载《环球法律评论》2016 年第 3 期。

[239] 王建平：《邮寄送达制度研究》，载《政治与法律》2010 年第 1 期。

[240] 王静：《通过司法的治理——法治主导型社会管理模式刍论》，载《法律适用》2012 年第 9 期。

[241] 王联合：《美国单边主义：传统、历史与现实的透视》，载《国际观察》2006 年第 5 期。

[242] 王琳：《所有法律适用都涉及法律解释吗？》，载《华东政法大学学报》2020 年第 3 期。

[243] 王胜明：《涉外民事关系法律适用法若干争议问题》，载《法学研究》2012 年第 2 期。

[244] 王夏昊：《论法律解释方法的规范性质及功能》，载《现代法学》2017 年第 6 期。

[245] 王祥修：《论不方便法院原则》，载《政法论丛》2013 年第 2 期。

[246] 王晓烁：《论中国法官的个案法律解释权》，载《河北大学学报（哲学社会科学版）》2005 年第 5 期。

[247] 王燕、陈伟光：《经济全球化与全球经济治理的制度转型》，载《学术界》2018 年第 4 期。

[248] 王艺：《法院地法扩大适用探因——中、美两国比较研究》，载《现代法学》2015 年第 3 期。

[249] 王逸舟：《国家利益再思考》，载《中国社会科学》2002 年第 2 期。

[250] 王勇亮：《论国际法渊源中"一般法律原则"的法律性质》，载《政治与法律》1995 年第 2 期。

[251] 王在帮：《布雷顿森林体系的兴衰》，载《历史研究》1994 年第 4 期。

[252] 王哲：《论西方法治理论的历史发展》，载《中外法学》1997 年第 2 期。

[253] 王中美：《跨境数据流动的全球治理框架：分歧与妥协》，载《国际经贸探索》2021

年第 4 期。

[254] 王忠福:《市场主体经济人地位与和谐社会诚信建设》,载《商业时代》2007 年第 31 期。

[255] 韦群林:《从"经济"到"秩序":论司法对市场经济秩序的保障作用》,载《中国市场》2007 年第 40 期。

[256] 魏冬、冯采:《对滞胀问题的研究:一个文献综述》,载《价格理论与实践》2021 年第 4 期。

[257] 魏治勋:《文义解释在法律解释方法中的优位性及其限度》,载《求是学刊》2014 年第 4 期。

[258] 文正邦:《论现代市场经济是法治经济》,载《法学研究》1994 年第 1 期。

[259] 翁杰:《涉外民事案件法律适用释法说理问题研究》,载《政法论丛》2019 年第 3 期。

[260] 吴卡:《国内法院解释条约的路径选择与优化生成》,载《法商研究》2021 年第 4 期。

[261] 吴卡:《中国法院发展国际规则的逻辑进路与实践取向》,载《法学评论》2022 年第 5 期。

[262] 吴杨伟、王胜:《建设自由贸易试验区升级版的探讨——新型全球化经济要素流动的视角》,载《国际贸易》2018 年第 3 期。

[263] 吴英姿:《司法的公共理性:超越政治理性与技艺理性》,载《中国法学》2013 年第 3 期。

[264] 吴英姿:《司法的限度:在司法能动与司法克制之间》,载《法学研究》2009 年第 5 期。

[265] 吴永辉:《论新〈民诉法〉第 34 条对涉外协议管辖的法律适用》,载《法律科学(西北政法大学学报)》2016 年第 5 期。

[266] 习近平:《坚持严格执法公正司法深化改革 促进社会公平正义保障人民安居乐业》,载《人民检察》2014 年第 1 期。

[267] 习近平:《以提高司法公信力为根本尺度 坚定不移深化司法体制改革》,载《人民检察》2015 年第 7 期。

[268] 肖冰:《国际法治、国际法律秩序变革与中国的角色——兼及世界贸易组织的危机与改革》,载《外交评论(外交学院学报)》2021 年第 2 期。

[269] 肖芳:《我国法院对"外国法无法查明"的滥用及其控制》,载《法学》2012 年第 2 期。

[270] 肖金明:《改革开放以来中国共产党的法治观及其实践形式》,载《法学论坛》2011 年第 4 期。

[271] 肖晞、宋国新：《共同利益、身份认同与国际合作：一个理论分析框架》，载《社会科学研究》2020 年第 4 期。

[272] 肖永平、龙威狄：《论中国国际私法中的强制性规范》，载《中国社会科学》2012 年第 10 期。

[273] 肖永平：《论法治中国建设背景下的中国国际法研究》，载《法制与社会发展》2015 年第 4 期。

[274] 肖永平：《提升中国司法的国际公信力：共建"一带一路"的抓手》，载《武大国际法评论》2017 年第 1 期。

[275] 谢晖：《论理解释与法律模糊的释明》，载《法律科学（西北政法大学学报）》2008 年第 6 期。

[276] 谢晖：《中国古典法律解释的三种样式——官方的、民间的和司法的》，载《甘肃政法学院学报》2006 第 1 期。

[277] 谢文哲：《国际惯例若干基本理论问题探讨》，载《学海》2009 年第 3 期。

[278] 谢新胜：《条约与互惠缺失时中国判决的域外执行——以美国法院执行中国民商事判决第一案为视角》，载《环球法律评论》2010 年第 4 期。

[279] 徐崇利：《冲突法之悖论：价值取向与技术系统的张力》，载《政法论坛》2006 年第 2 期。

[280] 徐贵权：《论价值取向》，载《南京师大学报（社会科学版）》1998 年第 4 期。

[281] 徐浩：《中世纪西欧商人法及商事法庭新探》，载《史学月刊》2018 年第 10 期。

[282] 徐杰：《关于我国加入 1969 年维也纳条约法公约的探讨》，载《法学评论》1996 年第 4 期。

[283] 徐锦堂：《关于国际条约国内适用的几个问题》，载《国际法研究》2014 年第 3 期。

[284] 徐明：《文义解释的语用分析与构建》，载《政法论丛》2016 年第 3 期。

[285] 徐鹏：《涉外法律适用的冲突正义——以法律关系本座说为中心》，载《法学研究》2017 年第 3 期。

[286] 徐鹏：《外国法解释模式研究》，载《法学研究》2011 年第 1 期。

[287] 徐伟功：《论公共秩序保留的功能与限制》，载《河北大学学报（哲学社会科学版）》2004 年第 5 期。

[288] 徐伟功：《论我国商事仲裁临时措施制度之立法完善——以〈国际商事仲裁示范法〉为视角》，载《政法论丛》2021 年第 5 期。

[289] 徐伟功：《我国承认与执行外国法院判决制度的构建路径——兼论我国认定互惠关系态度的转变》，载《法商研究》2018 年第 2 期。

[290] 徐显明：《论坚持建设中国特色社会主义法治体系》，载《中国法律评论》2021 年第 2 期。

[291] 徐孝明:《第二次石油危机的动因及其影响新探》,载《首都师范大学学报(社会科学版)》2009年第4期。

[292] 徐秀军:《新兴经济体与全球经济治理结构转型》,载《世界经济与政治》2012年第10期。

[293] 许军珂:《论涉外审判中当事人意思自治的实现》,载《当代法学》2017年第1期。

[294] 许士密:《"逆全球化"的生成逻辑与治理策略》,载《探索》2021年第2期。

[295] 薛安伟、张道根:《全球治理的主要趋势、诱因及其改革》,载《国际经济评论》2020年第1期。

[296] 薛澜、俞晗之:《迈向公共管理范式的全球治理——基于"问题—主体—机制"框架的分析》,载《中国社会科学》2015年第11期。

[297] 薛亚梅、赵长峰:《全球化进程中的国际合作与和谐世界》,载《学术论坛》2007年第1期。

[298] 薛源、程雁群:《以国际商事法庭为核心的我国"一站式"国际商事纠纷解决机制建设》,载《政法论丛》2020年第1期。

[299] 杨建军:《法治国家中司法与政治的关系定位》,载《法制与社会发展》2011年第5期。

[300] 杨建军:《通过司法的社会治理》,载《法学论坛》2014年第2期。

[301] 杨建军:《重访司法能动主义》,载《比较法研究》2015年第2期。

[302] 杨洁勉:《牢固树立人类命运共同体理念》,载《求是》2016年第6期。

[303] 杨利雅:《冲突法语境中的单边主义》,载《当代法学》2010年第3期。

[304] 杨临萍:《"一带一路"国际商事争端解决机制研究——以最高人民法院国际商事法庭为中心》,载《人民司法》2019年第25期。

[305] 杨佩卿:《人类命运共同体视阈的全球治理体系价值旨归与变革路径》,载《人文杂志》2022年第7期。

[306] 杨宇冠:《论刑事司法制度的基本价值目标:自由与秩序》,载《广东社会科学》2012年第2期。

[307] 杨玉成、赵乙儒:《论新自由主义的源流、性质及局限性》,载《世界社会主义研究》2022年第2期。

[308] 杨知文:《"同案同判"的性质及其证立理据》,载《学术月刊》2021年第11期。

[309] 姚建宗:《法律的政治逻辑阐释》,载《政治学研究》2010年第2期。

[310] 姚建宗:《关于司法解释的分析与思考》,载《现代法学》1992年第3期。

[311] 姚莉:《比较与启示:中国法官遴选制度的改革与优化》,载《现代法学》2015年第4期。

[312] 姚莉:《法院在国家治理现代化中的功能定位》,载《法制与社会发展》2014年第

5期。

[313] 姚树洁：《中国高水平对外开放的内在逻辑及战略路径》，载《人民论坛·学术前沿》2022年第1期。

[314] 易新：《回顾与展望——访中国高级法官培训中心办公室主任梁宝俭》，载《法律适用》1993年第5期。

[315] 殷敏：《"一带一路"实践下中国国际商事法庭面临的挑战及应对》，载《国际商务研究》2022年第4期。

[316] 余文健：《拉美债务危机：成因与对策》，载《求是学刊》1992年第2期。

[317] 俞可平：《经济全球化与治理的变迁》，载《哲学研究》2000年第10期。

[318] 俞可平：《全球治理引论》，载《马克思主义与现实》2002年第1期。

[319] 虞子瑾、李健：《论我国条约司法适用制度的困境与出路》，载《政治与法律》2016年第8期。

[320] 袁发强：《法院地法适用的正当性证成》，载《华东政法大学学报》2014年第6期。

[321] 袁发强：《确立我国涉外民商事管辖权的考量因素》，载《法学》2006年第12期。

[322] 袁莉：《营商环境法治化构建框架与实施路径研究》，载《学习与探索》2022年第5期，第82页。

[323] 袁泉：《不方便法院原则二题》，载《中国法学》2003年第6期。

[324] 曾令良：《国际法治与中国法治建设》，载《中国社会科学》2015年第10期。

[325] 曾巧生：《全球治理的价值、内涵及中国的国家定位》，载《求实》2016年第11期。

[326] 占善刚、张博：《比例原则在民事诉讼中的适用与展开》，载《学习与实践》2019年第1期。

[327] 张斌、韩润江：《多边贸易体制互惠原则探析——兼论多边贸易体制对发展中和"非市场经济"成员的差别待遇》，载《国际商务研究》2011年第1期。

[328] 张春良：《论"一带一路"视域下中国涉外司法公信力铸造之道——以最高人民法院为中心的考察》，载《四川大学学报（哲学社会科学版）》2022年第5期。

[329] 张春良：《直接适用的法与相关制度的体系平衡》，载《法学研究》2018年第3期。

[330] 张春良：《制度型对外开放的支点：私法关系涉外性之界定及重构》，载《中国法学》2019年第6期。

[331] 张发林、朱小略：《国家利益的国内基础——一个动态分析框架》，载《太平洋学报》2020年第11期。

[332] 张建英：《经济全球化中的国家主权让渡与维护》，载《社会科学战线》2002年第4期。

[333] 张晋红、蔡伟珊：《论民事诉讼公告送达制度的完善》，载《人民论坛》2010年第

14 期。

[334] 张康之：《现代权力关系的交换属性及其超越方案》，载《南京师大学报（社会科学版）》2014 年第 1 期。

[335] 张锐智：《社会主义市场经济与司法体制改革——关于司法体制改革价值定位的思考》，载《社会科学战线》2004 年第 2 期。

[336] 张生：《荷兰国际商事法庭的建设与特色》，载《中国审判》2019 年第 2 期。

[337] 张绳祖：《论涉外司法文书的送达》，载《人民司法》2006 年第 2 期。

[338] 张文显：《市场经济与现代法的精神论略》，载《中国法学》1994 年第 6 期。

[339] 张新庆：《中国国际商事法庭建设发展路径探析》，载《法律适用》2021 年第 3 期。

[340] 张兴平：《论国际法与国内法的关系——以国际政治为视角》，载《甘肃社会科学》2003 年第 5 期。

[341] 张秀孪、陈新岗：《试论凯恩斯主义经济学对美国经济史的影响》，载《山东社会科学》2007 年第 5 期。

[342] 张学慧、谭红：《全球化背景下对国家主权的再思考》，载《当代法学》2004 年第 6 期。

[343] 张雪：《新时代中国参与全球经济治理：进展、挑战与努力方向》，载《国际问题研究》2022 年第 2 期。

[344] 张幼文：《要素流动下世界经济的机制变化与结构转型》，载《学术月刊》2020 年第 5 期。

[345] 张媛媛：《大变局下中国参与全球治理的机遇、挑战与策略》，载《甘肃社会科学》2021 年第 4 期。

[346] 张志铭：《社会主义法治理念与司法改革》，载《法学家》2006 年第 5 期。

[347] 张智奎：《新时代推动制度型开放的挑战与路径选择》，载《国际贸易》2021 年第 7 期。

[348] 赵曾臻：《人类命运共同体对全球治理体系的历史性重构》，载《哈尔滨工业大学学报（社会科学版）》2022 年第 6 期。

[349] 赵海怡：《中国地方营商法治环境的优化方向及评价标准》，载《山东大学学报（哲学社会科学版）》2019 年第 3 期。

[350] 赵骏：《全球治理视野下的国际法治与国内法治》，载《中国社会科学》2014 年第 10 期。

[351] 赵立行：《论中世纪的"灰脚法庭"》，载《复旦学报（社会科学版）》2008 年第 1 期。

[352] 赵龙跃、李家胜：《WTO 与中国参与全球经济治理》，载《国际贸易》2016 年第 2 期。

[353] 赵龙跃:《高水平对外开放的理论创新与战略抉择》,载《人民论坛·学术前沿》2022年第1期。

[354] 赵龙跃:《全球价值链时代国际规则重构与中国对策》,载《国际经济法学刊》2016年第2期。

[355] 赵勤轩:《强权政治的历史与现实》,载《社会科学战线》1992年第2期。

[356] 赵汀阳:《以天下重新定义政治概念:问题、条件和方法》,载《世界经济与政治》2015年第6期。

[357] 赵万一:《民商合一体制下商法独立的可能性及其实现路径》,载《法学杂志》2021年第7期。

[358] 赵旭东:《互惠逻辑与"新丝路"的展开——"一带一路"概念引发的人类学方法论的转变》,载《探索与争鸣》2016年第11期。

[359] 赵旭东:《互惠人类学再发现》,载《中国社会科学》2018年第7期。

[360] 郑继汤:《习近平关于构建法治化营商环境重要论述的逻辑理路》,载《中共福建省委党校学报》2019年第6期。

[361] 周安平:《社会交换与法律》,载《法制与社会发展》2012年第2期。

[362] 周翠:《协议管辖问题研究:对〈民事诉讼法〉第34条和第127条第2款的解释》,载《中外法学》2014年第2期。

[363] 周道鸾:《论司法解释及其规范化》,载《中国法学》1994年第1期。

[364] 周海源:《迈向规则主义的司法——中国司法改革回顾与展望》,载《天津行政学院学报》2015年第4期。

[365] 周丕启:《合法性与霸权的衰落》,载《世界经济与政治》2005年第3期。

[366] 周祺、赵骏:《国际民商事协议管辖制度理论的源与流》,载《南京社会科学》2014年第6期。

[367] 周绍东:《分工与专业化:马克思经济学与西方经济学比较研究的一个视角》,载《经济评论》2009年第1期。

[368] 周玉华:《发挥好司法"三大功能"是现代法治的根本要求》,载《中国党政干部论坛》2012年第12期。

[369] 朱景文:《西方法治模式和中国法治道路》,载《人民论坛·学术前沿》2022年第2期。

[370] 朱伟东:《国际商事法庭:基于域外经验与本土发展的思考》,载《河北法学》2019年第10期。

[371] 朱志晟、张亮:《条约在国内适用的若干问题探讨》,载《现代法学》2003年第4期。

[372] 卓泽渊:《中国法治的过去与未来》,载《法学》1997年第8期。

[373] 左卫民、周洪波:《论公开审判》,载《社会科学研究》1999 年第 3 期。

(五) 英文论文

[1] A. N. Zhilsov, "Mandatory and Public Policy Rules in International Commercial Arbitration", *Netherlands International Law Review*, Vol. 42, No. 1, 1995.

[2] Andrew T. Guzman, "The Design of International Agreements", *EuropeanJournal of International Law*, Vol. 16, No. 4, 2005.

[3] Antonios Tzanakopoulos & Christian J. Tams, "Introduction: Domestic Courts as Agents of Development of International Law", *Leiden Journal of International Law*, Vol. 26, No. 3, 2013.

[4] Anu Bradford & Eric A. Posner, "Universal Exceptionalism in International Law", *Harvard International Law Journal*, Vol. 52, No. 1, 2011.

[5] Berthold Goldman, "The Applicable Law: General Principles of Law-The Lex Mercatoria", in Julian D. M. Lew ed., *Contemporary Problems in International Arbitration*, Springer, 1987.

[6] Brock F. Tessman, "System Structure and State Strategy: Adding Hedging to the Menu", *Security Studies*, Vol. 21, No. 2, 2012.

[7] Charles Gross, "The Court of Piepowder", *The Quarterly Journal of Economics*, Vol. 20, No. 2, 1906.

[8] Charles P. Kindleberger, "International Public Goods without International Government", *The American Economic Review*, Vol. 76, No. 1, 1986.

[9] Christopher A. Whytock, "Domestic Courts and Global Governance", *Tulane Law Review*, Vol. 84, No. 1, 2009.

[10] Curtis A. Bradley, "The Charming Betsy Canon and Separation of Powers: Rethinking the Interpretive Role of International Law", *Georgetown Law Journal*, Vol. 86, No. 3, 1997.

[11] David Luban, "What's Pragmatic about Legal Pragmatism", *Cardozo Law Review*, Vol. 18, No. 1, 1996.

[12] David M. Trubek, M. Patrick Cottrell & Mark Nance, "'Soft Law', 'Hard Law' and EU Integration", in Gráinne de Búrca & Joanne Scott eds., *Law and New Governance in the EU and the US*, Hart Publishing, 2006.

[13] Francesco Sindico, "Soft Law and the Elusive Quest for Sustainable Global Governance", *Leiden Journal of International Law*, Vol. 19, No. 3, 2006.

[14] Francis Snyder, "Soft Law and International Practice in the European Community", in Stephen Martin ed., *The Construction of Europe: Essays in Honour of Emile Noël*, Springer, 1994.

[15] G. John Ikenberry, "The Future of the Liberal World Order: Internationalism after America", *Foreign Affairs*, Vol. 90, No. 3, 2011.

[16] G. Richard Shell, "Trade Legalism and International Relations Theory: An Analysis of the World Trade Organization", *Duke Law Journal*, Vol. 44, No. 5, 1995.

[17] Gregory C. Shaffer & Mark A. Pollack, "Hard vs. Soft Law: Alternatives, Complements, and Antagonists in International Governance", *Minnesota Law Review*, Vol. 94, No. 3, 2010.

[18] Helmut Philipp Aust, Alejandro Rodiles & Peter Staubach, "Unity or Uniformity? Domestic Courts and Treaty Interpretation", *Leiden Journal of International Law*, Vol. 27, No. 1, 2014.

[19] Inge Kaul, Isabelle Grunberg & Marc A. Stern, "Defining Global Public Goods", in Inge Kaul, Isabelle Grunberg & Marc A. Stern eds., *Global Public Goods: International Cooperation in the 21st Century*, Oxford University Press, 1999.

[20] James D. Morrow, "Modeling the Forms of International Cooperation: Distributive Versus Information", *International Organization*, Vol. 48, No. 3, 1994.

[21] James N. Rosenau, "Governance, Order, and Change in World Politics", in James N. Rosenau & Ernst-Otto Czempiel eds., *Governance without Government: Order and Change in World Politics*, Cambridge University Press, 1992.

[22] Jan Klabbers, "On Rationalism in Politics: Interpretation of Treaties and the World Trade Organization", *Nordic Journal of International Law*, Vol. 74, No. 3, 2005.

[23] Janet Koven Levit, "The Dynamics of International Trade Finance Regulation: The Arrangement on Officially Supported Export Credits", *Harvard International Law Journal*, Vol. 45, No. 1, 2004.

[24] John Finnis, "Natural Law Theory: Its Past and Its Present", *The American Journal of Jurisprudence*, Vol. 57, No. 1, 2012.

[25] John J. Mearsheimer, "Bound to Fail: The Rise andFall of the Liberal International Order", *International Security*, Vol. 43, No. 4, 2019.

[26] Kenneth Dowler, "Media Consumption and Public AttitudesToward Crime and Justice: The Relationship Between Fear of Crime, Punitive Attitudes, and Perceived Police Effectiveness", *Journal of Criminal Justice and Popular Culture*, Vol. 10, No. 2, 2003.

[27] Kenneth W. Abbott & Duncan Snidal, "Hard and Soft Law in International Governance", *International Organization*, Vol. 54, No. 3, 2000.

[28] Kenneth W. Abbott et al., "The Concept of Legalization", *International Organization*, Vol. 54, No. 3, 2000.

[29] Martha Finnemore & Kathryn Sikkink, "International Norm Dynamics and Political Change", *International Organization*, Vol. 52, No. 4, 1998.

[30] Martha Finnemore & Stephen J. Toope, "Alternatives to 'Legalization': Richer Views of Law and Politics", *International Organization*, Vol. 55, No. 3, 2001.

[31] Mattias Kumm, "International Law in National Courts: The International Rule of Law and the Limits of the Internationalist Model", *Virginia Journal of International Law*, Vol. 44, No. 1, 2003.

[32] Michael Moore, "A Natural Law Theory of Interpretation", *Southern California Law Review*, Vol. 58, No. 2, 1985.

[33] Oliver Morrissey, Dirk Willemte Velde & Adrian Hewitt, "Defining International Public Goods: Conceptual Issues", in Inge Kaul et al. eds., *Providing Global Public Goods: Managing Globalization*, Oxford University Press, 2003.

[34] Oliver Wendell Holmes, "The Path of the Law after One Hundred Years", *Harvard Law Review*, Vol. 110, No. 5, 1997.

[35] Paul A. Samuelson, "The Pure Theory of Public Expenditure", *The Review of Economics and Statistics*, Vol. 36, No. 4, 1954.

[36] Peter J. Katzenstein, Robert O. Keohane & Stephen D. Krasner, "International Organization and the Study of World Politics", *International Organization*, Vol. 52, No. 4, 1998.

[37] Peter Singer, "Famine, Affluence, and Morality", *Philosophy & Public Affairs*, Vol. 1, No. 3, 1972.

[38] R. Michael Gadbaw, "Reciprocity and Its Implications for U.S. Trade Policy", *Law and Policy in International Business*, Vol. 14, No. 3, 1982.

[39] Randall L. Schweller, "Realism and the Present Great Power System: Growth and Positional Conflict over Scarce Resources", in Ethan B. Kapstein & Michael Mastanduno eds., *Unipolar Politics: Realism and State Strategies after the Cold War*, Columbia University Press, 1999.

[40] Richard Falk, "Re-framing the Legal Agenda of World Order in the Course of a Turbulent Century", *Transnational Law & Contemporary Problems*, Vol. 9, No. 2, 1999.

[41] Richard N. Cooper, "Prolegomena to the Choice of an International Monetary System", *International Organization*, Vol. 29, No. 1, 1975.

[42] Robert Braucher, "The Inconvenient Federal Forum", *Harvard Law Review*, Vol. 60, No. 6, 1947.

[43] Robert Keohane & Joseph S. Nye, "Introduction", in Joseph S. Nye & John D. Donahue eds., *Governance in a Globalizing World*, Brookings Institution Press, 2000.

[44] Robert O. Keohane, "International Institutions: Two Approaches", *International Studies Quarterly*, Vol. 32, No. 4, 1988.

[45] Ronald I. McKinnon, "The Rules of the Game: International Money in Historical Perspective", *Journal of Economic Literature*, Vol. 31, No. 1, 1993.

[46] S. I. Strong, "Beyond International Commercial Arbitration? The Promise of International

Commercial Mediation", *Washington University Journal of Law & Policy*, Vol. 45, No. 1, 2014.

[47] Scott Soames, "Toward a Theory of Legal Interpretation", in Scott Soames ed., *Analytic Philosophy in America: And Other Historical and Contemporary Essays*, Princeton University Press, 2014.

[48] Stanley Fish, "There is no Textualist Position", *San Diego Law Review*, Vol. 42, No. 2, 2005.

[49] Vivian Lei, Steven Tucker & Filip Vesely, "Foreign Aid and Weakest-Link International Public Goods: An Experimental Study", *European Economic Review*, Vol. 51, No. 3, 2007.

[50] Wolfgang Reinicke & Jan Martin Witte, "Interdependence, Globalization, and Sovereignty: The Role of Non-Binding International Legal Accords", in Dinah Shelton ed., *Commitment and Compliance: The Role of Non-Binding Norms in the International Legal System*, Oxford University Press, 2007.

[51] Zhu Weidong, "The China International Commercial Court in the Context of the Belt and Road Initiative: Operational Mechanism, Practical Survey and Future Development", *China Legal Science*, Vol. 11, No. 5, 2023.

（六）中文案例

[1]（印度）拉迪恩航运有限公司诉（中国）五矿贸易有限公司提单记载与实际货物不符损害赔偿纠纷案，(2002) 鲁民四终字第 24 号。

[2] Cova 国际企业有限公司诉佳啤贸易（上海）有限公司股东知情权纠纷案，(2014) 沪一中民四（商）终字第 S2030 号。

[3] 澳大利亚帕克兰动力设备有限公司与江苏沃得植保机械有限公司国际货物买卖合同纠纷案，(2019) 苏民终 54 号。

[4] 巴润摩托车有限公司诉美顺国际货运有限公司海上货物运输合同纠纷案，(2009) 浙辖终字第 81 号。

[5] 北京佳程房地产开发有限公司诉香港佳程广场有限公司等借款合同纠纷再审案，(2016) 最高法民申 578 号。

[6] 北京颖泰嘉和生物科技有限公司与美国百瑞德公司（BIOREDOXINC）居间合同纠纷上诉案，(2013) 高民终字第 1270 号。

[7] 彼克托美术式有限公司与上海创艺宝贝教育管理咨询有限公司申请承认与执行外国法院民事判决案，(2020) 沪 01 执 1342 号。

[8] 重庆正通药业有限公司、国家工商行政管理总局商标评审委员会与四川华蜀动物药业有限公司商标行政纠纷案，(2007) 行提字第 2 号。

[9] 崔综元（CHOIJONGWON）申请承认与执行韩国水原地方法院民事判决案，(2019) 鲁 02 执 535 号。

[10] 大连市海洋与渔业局与昂迪玛海运有限公司、博利塔尼亚汽船保险协会海域污染损害赔偿纠纷再审审查案,(2015)民申字第1637号。

[11] 大舜食品(上海)有限公司与艾迪尔理德国际有限公司买卖合同纠纷案,(2020)沪0115民初42206号。

[12] 俄罗斯国家交响乐团和阿特蒙特有限责任公司申请承认英国高等法院判决案,(2004)二中民特字第928号。

[13] 俄罗斯欧凯有限公司(O'KEY Logistics LLC)与广东南方富达进出口有限公司仲裁裁决申请案,(2013)穗中法民四初字第12号。

[14] 泛亚班拿国际运输代理(中国)有限公司与俄罗斯空桥货运航空公司航空货物运输合同纠纷案,(2019)沪0115民初81742号。

[15] 芬兰邦-邦萨默国际有限公司诉北京银富利进出口有限公司买卖合同纠纷案,(2002)年二中民初字第01764号。

[16] 弗里古波尔股份有限公司与宁波市甬昌工贸实业公司国际货物买卖合同申请案,(2013)浙甬民确字第1号。

[17] 高尔集团股份有限公司(Kolmar Group AG)与江苏省纺织工业(集团)进出口有限公司申请承认和执行外国法院民事判决纠纷案,(2016)苏01协外认3号。

[18] 广东本草药业集团有限公司与意大利贝斯迪大药厂产品责任纠纷案,(2019)最高法商初1号。

[19] 广东省佛山市中级人民法院承认意大利米兰法院破产判决案,(2000)佛中法经初字第633号。

[20] 广东省广州市中级人民法院承认法国普瓦提艾商业法院破产判决案,(2005)穗中法民三初字第146号。

[21] 哈池曼海运公司与上海申福化工有限公司、日本德宝海运株式会社海上货物运输合同货损纠纷案,(2013)民提字第6号。

[22] 海南亨廷顿医院管理咨询有限公司与慈铭博鳌国际医院有限公司行为保全案,(2019)琼96行保1号。

[23] 韩国进出口银行与苏州甲乙电子有限公司金融借款合同纠纷案,(2019)苏05民初359号。

[24] 汉城工业株式会社与宇岩涂料株式会社等票据追索权纠纷上诉案,(2010)苏商外终字第0027号。

[25] 赫伯特等诉江西省李渡烟花集团有限公司赔偿金裁定案,(2016)赣01民初354号。

[26] 原告华恒国际实业有限公司与被告高明国际贸易有限公司、第三人宁波创富金属制品有限公司股权转让合同纠纷案,(2012)浙甬商外初字第16号。

[27] 江苏中江泓盛房地产开发有限公司诉陈跃石损害责任纠纷案,(2014)盐民终字第

2352 号。

[28] 李强、丁凤静申请承认与执行外国法院民事判决案，（2018）鲁 14 协外认 1 号。

[29] 辽宁省抚顺市中级人民法院承认法国巴黎商业法院判决案，（2016）辽 04 协外认第 6 号。

[30] 刘本元不服蒲江县乡镇企业管理局侵犯财产权、经营自主权处理决定行政纠纷案，《最高人民法院公报》1994 年第 2 期。

[31] 刘利与陶莉等申请承认和执行外国法院民事判决纠纷案，（2015）鄂武汉中民商外初字第 00026 号。

[32] 刘某与宿迁宏毅国际贸易有限公司、陈某股东资格确认纠纷案，（2020）苏民终 400 号。

[33] 马格内梯克控制系统（上海）有限公司诉李建斌、张佳榕、施慧玲、埃姆埃（香港）自动化控制技术与服务有限公司、朱家文侵害商业秘密、其他不正当竞争纠纷案，（2016）沪 0110 民初 788 号。

[34] 脉织控股集团有限公司诉交通银行股份有限公司银行信用证纠纷案，（2017）沪民终 408 号。

[35] 美国联合企业有限公司诉中国山东省对外贸易总公司烟台公司购销合同纠纷案，（1998）经终字第 358 号。

[36] 栖霞市绿源果蔬有限公司与中国银行股份有限公司北京市分行信用证转让纠纷再审案，（2013）民申字第 1296 号。

[37] 日本公民五味晃申请中国法院承认和执行日本法院判决案，《最高人民法院今报》1996 年第 1 期。

[38] 日立金融（香港）有限公司与佳联有限公司、东莞市虹旭塑胶制品有限公司融资租赁合同纠纷案，（2014）东三法民四初字第 121 号。

[39] 如皋市金鼎置业有限公司、叶宏滨与吴良好等股东资格确认纠纷案，（2019）苏民终 1194 号。

[40] 赛奥尔航运有限公司与唐山港陆钢铁有限公司错误申请海事强制令损害赔偿纠纷上诉案，（2012）津高民四终字第 4 号。

[41] 厦门建发化工有限公司诉瑞士艾伯特贸易有限公司买卖合同纠纷案，（2016）沪 01 民终 3337 号。

[42] 杉浦立身（SUGIURATATSUMI）诉龚茵股权转让纠纷案，（2018）沪 74 民初 585 号。

[43] 上海宽娱数码科技有限公司诉福州市嘀哩科技有限公司、福州羁绊网络有限公司、福建天下无双投资集团有限公司侵害作品信息网络传播权纠纷案，（2019）沪 0110 民初 8708 号。

[44] 上海振华港口机械有限公司诉美国联合包裹运送服务公司国际航空货物运输合同标

书快递延误赔偿纠纷案，（1994）静经初字第 14 号。

[45] 泰国华彬国际集团公司诉红牛维他命饮料有限公司股东资格确认纠纷案，（2019）最高法民辖 27 号。

[46] 万宝集团广州菲达电器厂诉美国总统轮船公司海上货物运输无提单放货案，（1996）广经终字第 35 号。

[47] 乌拉尔钾肥股份有限公司与济南槐荫化工总厂中外合资经营合同纠纷案，（2002）鲁民四终字第 2 号。

[48] 五矿东方贸易进出口公司诉罗马尼亚班轮公司海上货物运输损害赔偿案，（1996）粤法经二上字第 49 号。

[49] 徐州天业金属资源有限公司与圣克莱蒙特航运股份公司等海上货物运输合同纠纷再审案，（2015）民申字第 1896 号。

[50] 盐城市世标机械制造有限公司与招商银行股份有限公司盐城分行服务合同纠纷案，（2021）苏 09 民终 3513 号。

[51] 杨德望侮辱尸体案，《最高人民法院公报》1999 年第 6 期。

[52] 杨新宙诉堀雄一朗损害股东利益责任纠纷案，（2020）沪 01 民终 7597 号。

[53] 意大利科玛克股份公司与上海迅维机电设备有限公司国际货物买卖合同纠纷上诉案，（2011）沪高民二（商）终字第 18 号。

[54] 印度国家银行诉瓦伦亚洲私人有限公司金融借款合同纠纷案，（2018）沪 72 民初 4268 号。

[55] 圆谷制作株式会社诉北京燕莎友谊商城有限公司侵犯署名权纠纷案，（2004）二中民初字第 12687 号。

[56] 源诚（青岛）国际货运有限公司诉栖霞市恒兴物业有限公司无正本提单放货纠纷案，（2002）鲁民四终字第 22 号。

[57] 越海航运公司诉中保财产保险有限公司湛江经济技术开发区支公司海上货物运输货损货差纠纷案，（2001）粤高法经二终字第 80 号。

[58] 渣打银行（中国）有限公司诉张家口联合石油化工有限公司金融衍生品种交易纠纷案，（2020）沪 74 民终 533 号。

[59] 张晓曦申请承认外国法院民事判决案，（2015）沈中民四特字第 2 号。

[60] 长三角商品交易所有限公司诉卢海云返还原物纠纷案，（2014）锡民终字第 1724 号。

[61] 闽东丛贸船舶实业有限公司与招商局物流集团上海奉贤有限公司、中外运物流华东有限公司所有权确认纠纷案，（2020）沪 02 民终 550 号。

[62] 赵涛诉姜照柏、上海鹏欣（集团）有限公司、高汉中及美国 MPI 股份有限公司出资纠纷案，（2003）沪一中民五（商）初字第 116 号。

[63] 浙江隆达不锈钢有限公司诉 A.P. 穆勒—马士基有限公司海上货物运输合同纠纷案，

(2017)最高法民再412号。

[64] 中国安徽省服装进出口股份有限公司诉法国薛德卡哥斯公司等海上货物运输合同货损索赔纠纷案,(2001)武海法商字第19号。

[65] 中国航空技术上海有限公司与中国出口信用保险公司上海分公司财产保险合同纠纷案,(2018)沪02民终10680号。

[66] 中国人民保险公司北京市分公司诉日本株式会社商船三井海上货物运输合同货损赔偿纠纷案,(2002)沪海法商初字第440号。

[67] 中国人民保险公司广东省分公司诉塞浦路斯海运有限公司等海上货物运输合同货差赔偿纠纷案,(2000)广海法事字第79号。

[68] 中国人民保险公司湖北省分公司与湖北省技术进出口公司保险索赔纠纷案,(2002)鄂民四终字第11号。

[69] 中化国际(新加坡)有限公司诉蒂森克虏伯冶金产品有限责任公司国际货物买卖合同纠纷案,(2013)民四终字第35号。

[70] 中金汇理商业保理(新加坡)有限公司诉东莞市入世丰针织有限公司其他合同纠纷案,(2020)沪0106民初17032号。

[71] 卓越诉南京电声股份有限公司欠款纠纷案,(2004)宁民五初字第7号。

(七)英文案例

[1] Abbott v. Abbott, 130 S. Ct. 1983 (2010).
[2] Macoun v. Commissioner of Taxation, [2015] HCA 44 (2015).
[3] Maloney v. The Queen, [2013] HCA 28 (2013).
[4] Murray v. The Charming Betsey, 6 U. S. 64 (1804).
[5] The Bremen v. Zapata Off-Shore Co., 407 U. S. 1 (1972).
[6] Tyrer v. United Kingdom, App. No. 5856/72, A/26, [1978] ECHR 2.
[7] United States v. Alvarez-Machain, 504 U. S. 655 (1992).
[8] World Trade Organization Appellate Body Report, China-Measures Affecting Trading Rights and Distribution Services for Certain Publications and Audiovisual Entertainment Products, WT/DS363/AB/R.

(八)报纸文章

[1] 蔡蕾:《湖北高院对"营商环境问题投诉"联动办理》,载《人民法院报》2021年5月7日,第1版。

[2] 杜涛、叶珊珊:《国际商事法庭:一个新型的国际商事纠纷解决机构》,载《人民法院报》2018年7月10日,第2版。

[3] 何晶晶:《一带一路建设中的商事争端解决》,载《中国社会科学报》2018年12月5日,第5版。

[4] 江必新：《能动司法：依据、空间和限度》，载《光明日报》2010年2月4日，第9版。

[5] 凌捷：《司法能动主义的改革方向》，载《法制日报》2010年3月17日，第12版。

[6] 王洁瑜：《吉林部署推进法治化营商环境建设》，载《人民法院报》2020年6月24日，第1版。

[7] 习近平：《营造稳定公平透明的营商环境，加快建设开放型经济新体制》，载《人民日报》2017年7月18日，第1版。

[8] 尹飞：《激发企业创新创造活力，以法治手段优化营商环境》，载《人民日报》2020年10月30日，第9版。

[9] 张磊：《健全完善符合审判职业特点的法官管理制度》，载《人民法院报》2020年9月15日，第2版。

（九）网络资源

[1] "中共中央关于坚持和完善中国特色社会主义制度　推进国家治理体系和治理能力现代化若干重大问题的决定"，载http://www.gov.cn/zhengce/2019-11/05/content_ 5449023.htm。

[2] Burkhard Hess, "The Justice Initiative Frankfurt am Main 2017", http://conflictoflaws.net/2017/the-justice-initiative-frankfurt-am-main-2017-law-made-in-frankfurt.

[3] European Council, "A Single Market for Citizens", https://eur-lex.europa.eu/legal-content/EN/TXT/PDF/? uri=CELEX：52007DC0060&rid=1.

[4] General Agreement on Tariffs and Trade, "Review Working Party II on Tariffs, Schedules and Customs Administration: Draft Report to the Contracting Parties", 23 February 1955, https://docs.wto.org/gattdocs/q/GG/SPEC/55-163R1.PDF.

[5] Hague Conference on Private International Law (HCCH), "Status Table-Convention of 2 July 2019 on the Recognition and Enforcement of Foreign Judgmentsin Civil or Commercial Matters", https://www.hcch.net/en/instruments/conventions/status-table/? cid=137.

[6] International Monetary Fund, "Press Release: IMF Executive Board Approves Major Overhaul of Quotas and Governance", 5 November 2010, https://www.imf.org/en/News/Articles/2015/09/14/01/49/pr10418.

[7] 阿布扎比全球市场法院官方网站，https://www.adgm.com/adgm-courts/judges。

[8] 迪拜国际金融中心法院官方网站，https://www.difccourts.ae/about/court-structure/judges。

[9] 国家外汇管理局国际收支分析小组："2021年中国国际收支报告"，载http://www.gov.cn/shuju/2022-03/25/content_ 5681503.htm。

[10] 卡塔尔金融中心民商事法院官方网站，https://www.qicdrc.gov.qa/courts/court。

[11] 李建国:"关于《中华人民共和国民法总则(草案)》的说明",载 http://www.xinhuanet.com/2017-03/09/c_129504877.htm。

[12] 王新萍等:"平等、开放、合作、共享,共同完善全球经济治理",载 http://world.people.com.cn/n1/2016/0918/c1002-28719448.html。

[13] 王战涛:"巴黎上诉法院新设英法双语国际商事法庭欲填补英国退欧空白",载 https://news.sina.com.cn/w/2018-02-11/doc-ifyrkrva7142369.shtml。

[14] 习近平:"共同构建人类命运共同体——在联合国日内瓦总部的演讲",载 http://www.xinhuanet.com/2017-01/19/c_1120340081.htm。

[15] 冼小堤:"服务更高水平对外开放:打造国际司法优选地",载 https://cicc.court.gov.cn/html/1/218/149/156/2175.html。

[16] 新加坡国际商事法庭官方网站,https://www.sicc.gov.sg/about-the-sicc/judges。

简称对照表

全　　称	简　　称
《承认及执行外国仲裁裁决公约》	《纽约公约》
《承认与执行外国民商事判决公约》	《海牙判决公约》
《关税与贸易总协定》	GATT
《关于建立"一带一路"国际商事争端解决机制和机构的意见》	《国际商事争端解决意见》
《关于向国外送达民事或商事司法文书和司法外文书公约》	《海牙送达公约》
《联合国关于调解所产生的国际和解协议公约》	《新加坡调解公约》
《中华人民共和国保险法》	《保险法》
《中华人民共和国法官法》	《法官法》
《中华人民共和国公务员法》	《公务员法》
《中华人民共和国国家赔偿法》	《国家赔偿法》
《中华人民共和国海商法》	《海商法》
《中华人民共和国海事诉讼特别程序法》	《海事诉讼特别程序法》
《中华人民共和国合同法》	《合同法》
《中华人民共和国继承法》	《继承法》
《中华人民共和国监察法》	《监察法》
《中华人民共和国民法通则》	《民法通则》
《中华人民共和国民事诉讼法》	《民事诉讼法》
《中华人民共和国民用航空法》	《民用航空法》

续表

全　称	简　称
《中华人民共和国票据法》	《票据法》
《中华人民共和国人民法院组织法》	《人民法院组织法》
《中华人民共和国人民陪审员法》	《人民陪审员法》
《中华人民共和国商标法》	《商标法》
《中华人民共和国涉外经济合同法》	《涉外经济合同法》
《中华人民共和国涉外民事关系法律适用法》	《涉外民事关系法律适用法》
《中华人民共和国收养法》	《收养法》
《中华人民共和国外商投资法》	《外商投资法》
《中华人民共和国宪法》	《宪法》
《中华人民共和国刑法》	《刑法》
《中华人民共和国仲裁法》	《仲裁法》
《最高人民法院关于贯彻执行〈中华人民共和国民法通则〉若干问题的意见（试行）》	《民通意见》
《最高人民法院关于人民法院进一步为"一带一路"建设提供司法服务和保障的意见》	《进一步司法服务和保障意见》
《最高人民法院关于人民法院为"一带一路"建设提供司法服务和保障的若干意见》	《司法服务和保障意见》
《最高人民法院关于设立国际商事法庭若干问题的规定》	《国际商事法庭规定》
《最高人民法院关于涉外民商事案件管辖若干问题的规定》	《案件管辖规定》
《最高人民法院关于涉外民商事案件诉讼管辖若干问题的规定》	《诉讼管辖规定》
《最高人民法院关于审理涉外民事或商事合同纠纷案件法律适用若干问题的规定》	《涉外民商事合同规定》
《最高人民法院关于适用〈中华人民共和国民事诉讼法〉的解释》	《民事诉讼法司法解释》
《最高人民法院关于适用〈中华人民共和国涉外民事关系法律适用法〉若干问题的解释（一）》	《法律适用法司法解释（一）》

续表

全　　称	简　　称
《最高人民法院国际商事法庭程序规则（试行）》	《国际商事法庭程序规则》
《最高人民法院国际商事专家委员会工作规则（试行）》	《工作规则》
东南亚国家联盟	东盟
国际货币基金组织	IMF
世界贸易组织	WTO